国家社科基金“数字经济下中国与东盟国家税收征管合作
机制的重构研究”（20XJY020）资助项目

税负公平问题研究

SHUIFU GONGPING WENTI YANJIU

蒋励佳◎著

中国财经出版传媒集团
中国财政经济出版社

图书在版编目（CIP）数据

税负公平问题研究 / 蒋励佳著.--北京：中国财政经济出版社，2021.12

ISBN 978-7-5223-1050-3

Ⅰ.①税… Ⅱ.①蒋… Ⅲ.①公平税负－研究－中国 Ⅳ.①F812.42

中国版本图书馆CIP数据核字（2021）第269627号

责任编辑：胡　博　张晓丽　　　　责任印制：刘春年

封面设计：孙俪铭　　　　责任校对：徐艳丽

税负公平问题研究

SHUIFU GONGPING WENTI YANJIU

中国财政经济出版社 出版

URL：http：//www. cfeph. cn

E-mail：cfeph@ cfeph. cn

社址：北京市海淀区阜成路甲28号　邮政编码：100142

营销中心电话：010-88191522

天猫网店：中国财政经济出版社旗舰店

网址：https：//zgczjjcbs. tmall. com

北京财经印刷厂印刷　　各地新华书店经销

成品尺寸：185mm×260mm　16开　17.25印张　327 000字

2021年12月第1版　2021年12月北京第1次印刷

定价：68.00元

ISBN 978-7-5223-1050-3

（图书出现印装问题，本社负责调换，电话：010-88190548）

本社图书质量投诉电话：010-88190744

打击盗版举报热线：010-88191661　QQ：2242791300

序　言

真正有品格的学术研究应当是，而且必须是问题导向的学术研究。惟有秉持问题导向的理念，勇于直面国家与社会运行发展中存在的问题，并致力于探究其发生之因由、影响及应对之策，才有可能做出有分量的，有助益于改善国家决策和国家治理，推动社会文明进步的研究成果。中国财政经济出版社即将出版的蒋励佳博士的专著《税负公平问题研究》，就是这样的体现作者政治情怀与人文关怀精神的学术力作。

秉持问题导向的理念进行税负公平问题研究，是本书最重要的特点之一。从根本上说，进行学术研究，就是为了发现、认知和回应人类社会存续发展运行中，在包括价值与文明、社会与政治、科学与技术各层面，所面临或可能面临的各种问题或挑战，探求改善之道或破解之策。从国家治理与社会运行层面看，以问题为导向进行学术研究，就是要直面各种存在的问题，着力探赜洞微，破疑解难，且冀求钩深致远，探寻路向。或是进行理论层面的学术探究，尝试建构新的理论思路或新的分析模式；或是以理论工具对现实问题进行考量剖析，追因寻解；或是针砭时弊，评析时政。在学术研究的界面上通过各种方式的努力，促进国家治理和社会文明发展进步。

从治国理政与社会运行层面观之，秉持问题导向的理念进行学术研究符合现代政治文明的要求。由于现代社会公权力设置与运行的合法性与正当性皆源于人民的授权，因而公权力各级机构的运行，各级各部门机构公职人员的公务行为，都理所当然地必须能代表和维护人民的利益，必须有利于增进人民的福祉，必须有利于促进社会公平正义，并且必须能够接受公众的批评、监督和制约。公权力各级各部门机构，各级政府工作人员及其所做的工作与效度，能否和在多大程度上愿意接受公众的批评、监督与制约，是衡量公权力各级部门机构及其工作人员是否真正能够代表和维护人民的利益，他们以公权力名义所进行的管理活动是否具真正具有合法性的试金石。不允许批评、监督，不接受制约的公权力机构及其管理行为不具备合法性，不允许公众批评、监督，不受公众制约的政府机构和国家工作人员背离现代政治文明，是公权力与公共管理的异化。

从社会科学研究选题方向层面观之，秉持问题导向的理念进行学术研究正是学术研究的价值所在。以税负公平问题研究为例。作为公权力重要机构之一的政府税收部门及其政策与行为，同样应当接受社会公众的批评、监督和制约。税务政策与税负问题与现实生活中民众权益福祉密切相关，更是如此。税务政策与税负问题涉及诸如财政汲取的是否公平公正，公民的权利与义务是否对等，以及如何实现资源配置协调与利益平衡等问题，必然会出现各种复杂的问题甚至难以破解的矛盾。进行这方面的学术研究，主要就是针对政府的税收理念、税收政策、税务运行模式、税收征管过程、税负合法合理程度及其后果，诊断和揭示问题，并探求改善与优化之方式，探究前行之可能路向。这样的研究之重要价值不言而喻。

从学术研究方法论层面观之，秉持问题导向的理念进行学术研究才是有的放矢的研究。针对国家治理和现实公共生活中急需解决的问题进行研究，更能激发和砥砺研究者直面问题的勇气、求实创新的学术精神与为国为民奉献担当的精神。有了这样的敢于披坚执锐迎难而上的勇气和担当，才能在研究中不畏艰辛，不惧繁难，不为事物表象所迷惑，以坚定、坚忍、坚韧的精神在研究中探赜索微，去伪存真，获取真知。从税务与税负问题研究界面看，研究税负公平问题是考察研究税务征管政策、税务运行方式与税收使用的合法性正当性的一个重要界面，以问题导向的方式切入研究这些问题，才会以强烈的责任心和担当精神关照现实，才能够勇于和善于发现问题，并深入探讨问题产生的原因，以及可能的对策。坚持问题导向，并为促进社会公平正义而研究，就必定会使学术研究获得源源不竭的强大动力与沛然莫之能御的活力。

本书的重要特点之二，是拓展了税负公平的研究视野和研究方法，从政治学、公共管理学等多学科视域，而不是仅从经济学和财政学的界面来审视税负公平问题，强调从国家征税权力与公民应有和应受益权利之关系来分析税负公平，以求在更深层次系统探讨和解释中国的税负问题及其因由与影响，并为公权力相关部门改进工作提供对策建言。

政治学的本质，是研究如何以符合正义的方式进行社会资源特别是公共资源，包括公权力与制度资源的配置，如何促进社会各阶层收入分配与利益关系协调，如何通过促进和实现社会公正，促进经济社会良性运行以增进社会福祉。从政治学层面审视税负公平问题，可以从政治合法性理论、政治秩序理论与承认政治理论的视域来分析。

以政治合法性理论审视，本质而言，本书所探讨的税负公平问题，即是作为一种重要政府行为的税务政策及税务实施运行的政治合法性或政治合法性程度的问题（以下简称合法性）。现代政府行为合法性与政府合法性密切相关，二者互为表里。什么是政府合法性与政府行为合法性？现代政府及其行为的合法性包括两个方面："其一是形式上的合法性，即合法律性，指向对政府权力的来源、政府管理的运行方式及其效果是否符合既定法律法规的考量；其二是实质上的合法性，即政治学意义上的合法性。这是政府合法性的核心与根基，它体现为公众在如下四个层面对政府的认同和支持：政府所主导和维护的政治理念与价值，政府所主导和维护的政治制度，政府所制定和实施的经济社会政策，政府的施政行为及其施政效果。对这四个层面所包含的内容认同和支持的程度越高，政府的合法性就越强；反之则越弱。这种政治学意义上的合法性，即实质上的合法性要重于其形式上的合法性即合法律性"。[①]哈贝马斯指出，"一个合法的秩序应该得到承认。合法性意味着某种政治秩序被认可的价值"[②]。哈贝马斯所强调的这一重要价值正是清晰地指向实质合法性。实质合法性何以重于形式合法性？一者，法有良莠之分，或比较好或比较不好之分，一些地方甚至还存在恶法。因此，合法律性的组织、政策、言论与行为不一定具备实质合法性。再者，任何制度、政策或法律法规，即便是比较好的制度、政策或法律法规一旦制定，随着时间的推移，其原初预期适用的法律环境或制度政策环境会发生不断变化，这包括政策受众的情况及其诉求也会发生变化。这些，都必然会使制度与法律的不适应性或滞后性也就会日益显现，甚至会发展得比较严重。这就使得既有法律、制度和政策的形式合法性与实质合法性都会在发生变化，特别是实质合法性有可能不断消减乃至丧失。因此，任何法律与制度，任何政策与各种政府行为都不可能自制定或确定之后便可一劳永逸地墨守成规，而是要善于和勇于发现其滞后性或不适应性，使其形式合法性与实质合法性都能够与时俱进，得到不断完善和增强。同样，税收政策和税务运行方式也会发生上述的不适应与滞后的情况，从而导致税负公平出现问题甚至严重的问题，因而也需要对这些方面状态持续观察、审视与评估，并及时施以应对之策，以求改变矫正其中有可能消解或侵蚀其合法性的因素。

以政治秩序理论考量税负公平问题，是对税收政策的合法性、税务运行方式的正当性与税负公平状况的认知与思考的特别视角。政治秩序即是指政治系统的主体或公共机构按照某种普遍性的价值原则对社会关系进行协调、整合所形成的一种能够有效运行的社会建构和政治格局。说到底，政治是对利益的分配或再分配，以及为实现这样的分配或再分配，所提出的理论、方法、路径，与所进行的努力及其结果。毫无疑义，在一个国家或地区，或一个社会共同体中，税收体制、税收政策与税收行为即是一种政治秩序，也是一种价值分配方式和分配秩序，因而必须具备合法性，必须得到民众的认可和支持，必须符合价值正义、程序正义和结果正义的原则。基于这样的理念来观察和分析税负公平问题，有助于深刻地认知税收政策、税

---

① 黄健荣：论现代政府合法性递减：成因、影响与对策，《浙江大学学报（人文社会科学版）》，2011年第1期，第27页。

② ［德］尤尔根·哈贝马斯：《交往与社会进化》，张博树译，重庆：重庆出版社，1989年版，184页。

收方式及税收所得的使用这样的秩序应当如何建构，应当依据何种价值取向并以何种方式来建构，从而使之具备充分的合法性和正当性。从这样的视界来认知和分析问题，能够更准确到位地理解税负公平问题的本质，更精准明晰地探求促进税负公平的方向与路径。

以承认政治理论考察税负公平问题，是认知审视税务理念、税务政策和税务运行方式的又一个重要界面。承认，指向个体与个体之间，个体与共同体之间，不同的共同体之间在平等的基础上的互相认可和承认，特别是各种形式的个体与共同体之间在平等对待基础上的互相认可和承认。这种互相认可和承认是建构合法性与秩序的前提条件。运用相互承认政治的理论对税收合法性进行分析，可以清晰地看到，税收合法性蕴涵着对公民权利和自由的尊重，这种“相互承认关系的完整性结构”既是税收获得征纳双方承认的价值理由，也体现了个人权利与国家权力之间的博弈与合作关系。一方面，是公民对国家征税权力的承认，另一方面，是国家对公民财产权和其他合法权利的承认和保障。只有在平等的基础上互相承认对方权利与权利，强调税收治理的理性、公平、有效等原初价值的基础和意义，国家征税的权力和公民的合法权利才值得承认和被承认。税收合作治理需要基于政府与公民间相互承认的信任。因此，建立相互承认的税收理论的有助于为实现税负公平提供理论依据，有利于构建一种在平等的基础上相互承认的税收行动规则，塑造政府公权力与公民私权利协调关系的治理结构，增进国家与公民的相互信任与合作，通过税收权力运行的规范化、民主化和法治化实现税负公平，促进社会总体福利的增长。

从政治合法性、政治秩序与承认政治的三种理论界面探讨税负公平问题，可以看到三者的视界之间既有交叠关联，又各有其特点。透过这样的理论的多棱镜，能使我们更好地认知剖析税负问题本质的复杂光谱，从而加深对这一问题的透视把握。

从公共管理学层面审视税负公平问题，即需要从体现公共管理本质的公共性、服务性与合作共治性三个方面来考察税务政策的制定和税务工作的运行及其结果，考察国家通过税收获得的财政汲取在供给公共物品、保障民生、促进公平和增进社会福祉等方面取得的绩效与存在的问题。

从恪守税收工作的公共性方面检视，就是要从税收的合法性在于其必须是为实现和增进公共利益，保障公共物品供给，增进人民福祉而存在和运行的理念来考量税负公平问题。税收作为一种非常重要的政策工具，其存在的意义和价值是使国家能够以有效并且公平的方式向社会提供公共产品和调节社会收入分配，满足社会共同需要。如果不能体现这样的公共性，税收的合法性与正当性则不复存在。

从恪守税收的服务性方面检视，即是要考量分析税收工作是否能够持服务于增进民众福祉和经济社会的发展，服务于促进社会公平正义；是否有利于服务于国家和社会的根本利益，服务于社会公共物品的保障供给与公平供给，而不是仅仅服务于国家的财政汲取和促进经济发展；税负公平状态是否有利于上述服务目标的实现。

从践行税收的合作共治性方面检视，就是要研究税收的政策制定及其施行是否通过国家与社会的合作来实现，是否不仅让公众享有充分的知情权和参与权，而且享有充分的监督权和批评权。只有实现国家与社会的充分认同与合作，才有可能实现国家税赋的有效治理，从而促进税负公平问题不断得到改善。

秉持问题导向的学术研究方向，并且从多学科的视界来研究税负公平问题，这就为对这一问题的深入探讨拓展了新的路径并提供了获取创新性成果的可能性。然而，把可能性转化为现实，还需要研究者具备足够的理论功力，以及对所研究问题的深度认知和把握。本书作者蒋励佳博士具备了这样的条件。

蒋励佳是我的2010级博士生。与大多数的博士生不一样，她不是那种从书斋到书斋，从大学本科到博士毕业甚至博士后出站，都一直浸泡在学校主要通过书本获得理论学养和专业知识的学院型研究者，而是具有比较丰富相关实践经验的很接地气的学术探索者。她先后在武汉大学、华中科技大学和南京大学求学，之后又在中国社会科学院财经战略研究院进行应用经济学博士后研究，具有较扎实的理论功底。同时，她具有较丰富的税收与金融工作的经验。在攻读博士之前，她已经在地方税务部门有过较长时间的工作经历。博士毕业后，又先后在税务部门和金融机构工作，前后共有24年财税和金融工作经历，先后从事税收政策研究、税源管理、税收征管、金融服务等工作。这样的学术和实践经历，使她既具有扎实的理论学养和学术研究能力，又积累了丰富的财税、金融实务及政府部门工作经验。专业理论指导其实践；而她在实践工作中遇到问题渴望得到理论的阐释与回应，又增强了其学术追求的动力。理论素养的持续提升与对实践认知的累积深化，给予她在相关领域学术研究的道路上鼓勇前行的助力与双翼，这使她的学术研究更具有自身的特色并不断积蓄新的发展潜力。

基于这样的条件，这一在其博士学位论文基础上进一步开掘拓展的学术专著《税负公平问题研究》屡经淬火锤炼得以顺利完成。论著的研究所达到的深度与其独到之处值得关注，特别是对税负现状与其因由，以及应当如何全面评价税负问题的分析所拓展的视界与理路，给人以重要启示；对如何通过改善国家财税治理机制增强税收合法性、公共性和可持续性，促进中国税负公平公正，进而增进民生福祉和促进经济社会发展所提出的对策建言有很好的参考价值。

可以预期，这一很有特色的学术力作将在学术界和税收实务界引发积极的反响，并将对促进我国税务政策与税收运行之优化，促进税负公平之改善有所助益。

黄健荣

2022年2月8日于南京秦淮亦柳斋

前　言

伴随着改革开放和经济社会结构转轨的历史进程，四十多年来中国经济持续增长，但是，各种经济和社会问题也在不断累积。随着我国经济从高速增长阶段走向高质量发展阶段，民众对于贫富悬殊、收入分配不公等问题更为关注。如何建设公平正义的制度，在高质量发展中促进共同富裕，成为民众关注的焦点。因此，究竟应如何评价福布斯税负痛苦排行榜对中国税负水平的判断？如何客观评价中国的税负公平状况？进而应如何促进中国的税负公平？这些对理论与现实的追问不容回避。回应与破解这些问题，正是本研究的宗旨与价值所在。

国内现有研究主要集中于税负公平概念、判断标准、原则等方面内容，且主要从经济学意义上论及税负公平，描述性研究较多，对现实关照不足，形成长于经济效率分析，短于权利义务考察的现状，限制了税负公平研究的深度与广度。因此，本书主要从公共管理的视角出发，系统地研究税负公平状况、实现条件与实现过程，不仅有利于税收征管的改善、提升政府合法性、促进社会公平正义的实现，也可以丰富和发展税负公平和税收善治理论，为中国税收制度的改革与和谐社会的建设提供理论依据和有益参考。

本书首先从财政汲取和支出两方面讨论税负公平概念，将税负公平界定为纳税人承受的税收负担与其经济状况以及获得的公共产品与公共服务水平相匹配。这个定义不是局限于从财政资源的汲取范围讨论税负公平，而是拓展至财政支出的数量与质量对税负公平进行考察，凸显国家税收权力与公民权利的对应关系，以丰富税负公平的概念内涵。其次，在明晰概念的基础上，通过在规范性的善治理论范畴重新探讨税负公平的标准和原则，构建国家治理与善治视阈下涵盖税负公平导向、体现税负公平原则的税收合法性、公共性和可持续性三维分析框架：（1）税收合法性维度，包括税收法定、税收民主和税收法治因素；（2）税收公共性维度，包括公共收入与支出的科学性与透明性、税收管理公共性因素；（3）税收可持续性维度，包括体现公平的税制结构、税权划分的规范性与绿色税收体系因素。这一分析框架试图融合税负公平研究中关注的起点公平、过程公平、经济公平、社会公平、代际公平等多重内涵，既强调税负在全体纳税人之间合理分配，又要求国家征收的税收总量与国家为社会全体成员提供的总体福利相对称，从而通过促进税负公平，推动经济、社会与国民福祉的同步协调增长。最后，综合采用系统分析、比较分析、实证分析等研究方法，运用所构建的税负公平的三维分析框架对中国税负状况进行综合分析，得出以下主要结论：

第一，虽然中国宏观税负不高，但由于各种非税收入占政府财政收入比重较大，导致非税负担偏高，并且税负结构失衡，主要表现为地区间、产业间、所有制间、社会阶层间和代际间税负分配不均。

第二，税收合法性、公共性与可持续性不足是造成中国税负不公的主要原因。（1）由于税收制度供给不均衡、税收理念的滞后造成中国税收合法性有待进一步完善；（2）由于公共服务投入与税收增长的不同步以及税收管理公共性的滞后，中国税收公共性有待进一步提升；（3）由于税制结构的失衡、税收竞争异化导致税收利维坦的快速扩张、忽视税收代际公平，影响中国税收的可持续性。

第三，民众实际缴纳的税收与所需政府提供的公共产品和服务不匹配是造成民众税负痛苦的最主要原因。民众的税负痛苦与税负公平感不仅仅指向政府收入口径的问题或者单纯衡量税负水平的高低，更大程度取决于纳税人的主观感受，即实际缴纳的税收与期望所得（所需政府提供的公共产品和服务）的匹配程度。因而，衡量税负痛苦根本性问题不是税负的高低本身，而是责、权、利的一致性和成本与受益的对称性。

第四，增强税收合法性、公共性和可持续性是促进中国税负公平的必由之路。（1）建立政府与公民间相互承认的税收，强调税收治理的理性、公平、有效等原初价值和基础性意义，在积极促进合作性税收信任合作关系与行为模式的基础上，形成国家权力与公民权利的耦合，从而增强税收的合法性；（2）优化税收治理的运作场域，通过搭建税收善治的机制与平台，推动税收合作治理的发展，建立税收信用制度，并通过增强公共收入与开支的科学性与透明度，提升税收的公共性；（3）改善税制结构，保持适度张力的秩序建构，完善税收管理体制，合理划分税权，构建绿色税收体系，促进税负代际公平，以实现税收的可持续性。

本书的创新主要表现在以下几个方面：首先是研究视角上的创新，从政治学、经济学、公共管理学多角度审视税负公平问题，努力拓宽税负公平研究视野，强调从国家征税权力与公民权利的关系来分析税负公平，尝试在更深层次系统探讨和解释中国税负不公问题，为相关研究提供理论与方法上的借鉴。其次是内容上的创新，构建了中国税负公平的三维分析框架，这一分析框架不仅拓展了税负公平研究的视野，也在一定程度上有助于深化国家税收治理的研究。最后是若干新颖的研究发现与研究观点：认为税收理念滞后是造成征纳双方税收不遵从的深层原因；运用相互承认政治的理论对税收合法性进行分析，指出税收合法性蕴涵着对公民权利和自由的尊重，归纳了税收相互承认关系的完整性结构。

税负公平的实现不能仅仅局限于税收负担的公平分配，还必须拓展至政府财政收入的公平支出，与公共产品和公共服务的提供和国民福祉的增长结合起来。要促进税负公平，国家财税治理机制必须有效运行。只有在建立民生财政、预算国家、服务型政府基础上的财税善治才能使税负公平从理论走向现实。

目　　录

图表目录

图目录

表目录

第一章

导　论

问题研究

公平问题，是人类社会在其发展过程中始终绕不开的一个重要的理论与现实问题，从某种意义上说，历史的前进就是一个人类不断追求公平正义的过程。税负公平作为公平范畴的重要组成部分，与社会生活各领域密切相关，在政府调控宏观经济运行和国民收入分配与再分配方面发挥重要作用。税负公平与否，直接关系到经济主体之间的公平竞争和收入的公平分配，进而对社会的整体公平乃至社会稳定产生重要影响。

第一节 研究缘起

税收作为政府参与经济活动的杠杆，具有筹集财政资金、调控宏观经济、调节收入分配等功能。作为税收研究的重要方面——税收负担是纳税人依法履行纳税义务而造成的一种经济负担，既涉及国家通过税收手段聚集财力的多少，又决定着税收对纳税人经济利益的影响程度，反映着国家和纳税人、纳税人和纳税人之间在收入分配、财产和社会资源占有上的数量关系。税收负担水平的确定及其分配关系到政府职能的履行和税收政策的实现。因此，如何建立一种公平的税负体系，既能为政府筹集足够的财政收入以有效提供公共产品和公共服务，又能在促进经济健康持续发展的同时实现社会的公平和正义，以使不同的纳税人承受的税收负担与其经济状况相适应，并使纳税人之间的负担水平保持均衡是国家税收治理的核心问题。

一、当下中国税负公平问题的提出

建立一个民主、法治和责任政府，是现代政府治理的基本目标。要实现这个目标，税收无疑是关键环节之一。税收存在的先决条件是基于一国或地区政府的公共职能，由于公共职能的存在，因而一方面需要一定的物质基础来支撑公共职能的实施，另一方面只有运用公权力才能使税收的征收成为可能。因此，税收从财产的角度说明了国家存在的最基本关系——公共权力与公民权利之间的关系。国家是否能够成功地汲取足够的财政收入，取决于政府是否采取了一系列行动来建立一个可以有效汲取所需资源的合理机制。从这个意义上说，征多少税、如何征税固然是一个财政问题，但更是一个国家治理的问题。对于政府而言，秉承什么样的税收观，对其政府治理的方向和结果产生直接的影响。如果政府只是追求税收的高速增长，而不考虑经济发展情况和纳税人纳税能力等因素，就会直接影响到政府治理的有效性，进而影响政府治理的合法性。因此，税负公平问题作为对国家治理的重要方面，促进税负公平既是建立良善国家治理的目的，也是其实现的重要前提。

中国自1994年分税制改革以来，税收收入保持较为高速的增长，1993年中国税收收入仅为4255亿元，2020年达到136780亿元，27年间增长了32倍，平均每年增幅高达14.52%，由于受到减税降费政策及新冠肺炎疫情的影响，除2020年税收增长率为−2.06%外，每年都是正增长。而且在2014年以前，税收收入增速远超过GDP的增长速度。（见图1−1）

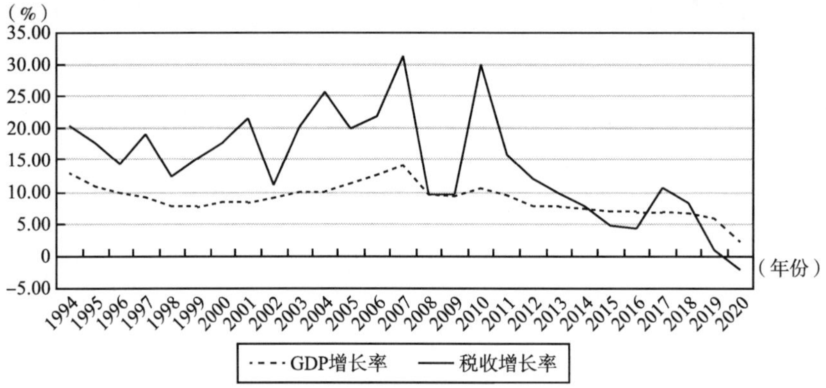

图1−1　中国GDP增速与税收增速对比

资料来源：《中国统计年鉴2020》，北京：中国统计出版社，2021年版。

税收收入的高速增长引发了人们对于税负水平问题的关注。国家税务总局收入规划核算司课题组在《中国税务报》发表有关宏观税负水平的分析文章，指出中国宏观税负目前仍处于世界较低水平。[①]但是这项研究结果立即引起广泛质疑，被认为不尊重客观现实和民众的感受。中国的税负到底是高还是低，为什么政府的评价和民众的感觉大相径庭？透过民众与政府在税负问题上的争议，可以发现民众关心的并不仅仅是税负的高低轻重问题，还关心税负是否公平这一根本问题。

国家治理的所有活动都依赖于有限资源的权威分配而展开，税收作为国家治理的一个重要方面，是联结政府权力与公民权利的重要媒介和纽带。国家的征税的权威来自社会契约，来自国民的支持和社会价值的认可，国家通过制度设计的方式提供了一种秩序，使社会利益合作和分配能够在规则的框架下进行。因此，政府行使征税权力的最终落脚点应在于努力增进公共福利。进而言之，权力及其运行并没有

① 国家税务总局收入规划核算司课题组："我国宏观税负目前仍处世界较低水平"，《中国税务报》，2009年9月2日第5版。

改变资源的稀缺性，而且其存在和发展也必须受到资源稀缺的制约，如何运用有限的资源来满足广泛的社会需求，这不仅是市场机制的中心任务，更是一个国家治理必须要面对并竭力解决的问题。从这个意义上说，判断宏观税负水平的高低不仅在于政府征收多少税，更在于政府财政收入中真正用于民生支出规模占财政支出总规模的比重。宏观税负水平可以通过数据进行计算，而税负公平更大程度上取决于纳税人的主观感受，即实际付出缴纳的税收与期望所得（所需政府提供的公共产品和服务）的匹配程度。如果纳税人认为付出和回报是匹配的，就不会有税负沉重的感觉，相反，如果民众感觉纳税后并没有得到相应的公共产品与公共服务，就会认为税负较重。因此，税负的高低本身不是衡量税负公平和税负痛感的根本性问题，关键在于责、权、利的一致性与成本受益的对称性。宏观税负水平高并不一定表明税痛感强，反之，宏观税负低也并不意味着税痛感轻。因此，中国的"税痛之争"既蕴涵着一种现代政府必须为公民服务的责任意识，也是民众对国家税收治理合法性、公共性与持续性的拷问，进而言之，实际上是在讨论税负公平背后国家治理正当性的问题。

二、选题目的

公平，越来越成为公众关注的话题，而税收作为政府调控宏观经济运行和国民收入分配的重要手段，无疑正是"公平"这一古老命题在当代被重新审视的众多领域之一。改革开放四十多年来，中国的经济建设取得了举世瞩目的成就，已经成为全球第二大经济体。但在中国经济高速增长的同时，各种经济和社会问题也在社会内部不断累积，经济持续增长与资源环境约束的矛盾、公共服务需求全面快速增长与基本公共产品短缺的矛盾逐渐凸显，阻塞了"国富"转化为"民富"和公平分配的路径，"国富"并未给普通民众带来相应的福利增长，相对的剥夺感和弱势感成为激化收入、医疗、教育、住房等问题的催化剂，也成为社会分化的重要原因。因此，GDP、财政收入、外汇储备等具有象征意义的"国富"数据最终也几乎会导向同样的话题：做大的蛋糕如何取之于民、用之于民，缓解民众对生活保障与自身权利的焦虑？在社会资源与资金出现向政府集中趋势的情况下，政府的税收权力应该如何受到限制？政府又应当如何更公平、透明、科学地筹集和使用财政资金？正如对幸福越来越敏感一样，面对国家强大的税收权力，国民的纳税人权利意识逐渐觉醒，要求税负公平的呼声日益高涨。2011年进行的《中华人民共和国个人所得税法修正案（草案）》在全国范围内受到民众前所未有的关注，中国人大网公布的声明显示，一个多月的草案征集意见数多达23万条，创人大单项立法征求意见数之最。

公众如此高的参与度，既表达了公众对参与式治理的需求①，也体现出公众在税收问题上对知情权、参与权、表达权和监督权的强烈渴望。因此，政府如何在发展过程中建立更公平公正的规则，将“国富”转化为国民幸福，并通过税收等政策手段调节经济运行和促进社会公平，从而增进国民的福祉，是服务型政府必须承担的最重要的公共责任。

对于税收负担和税负公平问题，世界各国理论界和财税部门进行了大量的研究。但现有研究大多局限于财政收入领域，把税负公平作为一个技术问题或者统计问题，主要从经济学的视角聚焦于建立税收负担的衡量指标与具体测算方法，而缺乏从政治学和公共管理学等视角对税负公平进行深入和系统的研究。加上国内研究囿于对税收后面隐含的公权力与私权利博弈的长期忽视，使税负公平研究形成长于经济效率分析，短于权利义务的学术品位。而且在目前的研究中，许多税收理论仅着墨于税收筹集财政资金和配置资源的经济功能上，要么将社会正义规范作为已知范畴，要么完全忽略其存在②，与规范性的公平问题区隔开来。即使汲取了公平理论的一些观点，也只是抽象层面上对公平的广泛探讨，并没有对其内涵进行深入的分析和阐述，从而限制了税负公平研究的深度与广度。因此，本研究试图从公平与税收理论的发展中去探寻、挖掘税负公平的原则内容、理念思想、价值法则，通过借鉴课税依据、税收原则、最优税制、税权划分、国家治理和新制度主义等相关理论和研究成果对税负公平进行学理上的阐释，试图构建一个综合分析税负公平的解释性框架，并立足中国实际，通过探究中国税负公平存在的主要问题、形成机理及其成因，以及借鉴西方优化税负公平的实践经验，进一步拓宽税收改革的视野，进而探求变革税收制度、优化税负公平的路径与对策。

三、选题意义

税收负担历来是关系国计民生的关键问题之一，而税收负担的核心问题就在于税负公平，税负公平作为税收的基本原则，既是制定税收政策所要遵循的基本原则，也是评价国家税收治理优劣的重要准绳。如果脱离了对税负公平的深度解读，就不能完整、深刻地说明税收负担作为政府调节经济的意义，更难以解释作为税收治理目的的税负公平在政府治理变迁中的变化及作用。因此，在现代国家治理中，增进税收治理的合法性、公共性和可持续性的逻辑是理解中国税收体制改革的一条重要线索，也是公共管理理论研究与实践的重要任务。

---

① 蒋励佳：“我国个人所得税政策制定中的公民有效参与研究”，《河北经贸大学学报（综合版）》，2011年第3期，第63–68页。

② Marjorie E. Kornhauser（1996）. Equality，Liberty，and a Fair IncomeTax，23，Fordham Urb. L. J. p.614.

（一）理论意义

通过对税负公平的研究，为研究政府治理和税收研究拓展理论视角，使追求公平正义成为学术界研究政府税收的学术自觉，从而为国家治理和公平理论的进一步研究作出有价值的学术努力。首先，税收作为国家治理的一个重要方面，是连结政府权力与公民权利的重要媒介和纽带，体现了公民权利与国家权力之间的博弈。税负公平既关注每个纳税人的平等与自由，又强调通过税收为国家筹集必要的财政收入提供公共服务和公共产品。由此，在保护并尊重个人权利的前提下，国家通过税收权力合理行使促进经济发展和社会整体福利的增长，实现公共利益，构建一个具有民主、法治、公正、和谐且经济可持续增长与长期繁荣的良序社会，这既是税负公平的根本目的，也是实现良善国家治理的内在要求。因此，税负公平的理论研究，对进一步丰富国家治理理论体系有一定的理论意义。其次，政府税收是国家筹集财政收入的一种社会分配方式，税收政策制定和执行需要权衡诸多的标准。在税收实践中，税收制度和政策的分析主要采用经济学的标准。实际上，政府如何征税以及与此相关的政府如何使用税款的问题，根本上来说是个政治问题，更应该从政治层面来讨论。①因此，本研究从税负公平的角度出发，综合采用政治学、经济学和公共管理学理论，多角度审视税负公平问题，努力拓宽税负公平研究视野，尝试在更深层次系统探讨和解释税负不公问题，为相关研究提供理论与方法上的借鉴，有利于进一步拓宽政府税收研究的领域。最后，公平问题是人类社会在其发展过程中极为重要的一个理论问题。关于公平的理论繁多，著述浩如烟海。综合各种不同理论体系，可以看出公平作为一种社会道德规范和价值追求并不是抽象的和绝对的，而是具体的和相对的。因此，通过税负公平的研究，从公平与税收理论的发展中去探寻、挖掘这些原则内容、理念思想、价值法则，并加以总结，有利于从一个具体视角充实公平理论的研究。

（二）实践意义

通过分析税负公平的内涵与原则，构建一套综合的解释性框架，为客观评价中国税收负担水平提供理论依据，并通过分析中国税负公平存在问题、原因及其形成机理，探索政府税负公平优化的路径，为中国税收改革提供参考。第一，当下中国政府税收负担的高低，存在着不同意见。特别是运用不同的分析工具与方法，得出的结论大相径庭。由此，通过多视角的综合解释框架对政府税负公平进行评价，为确定合理税收的收入规模与优化税负结构提供决策研判，并为进一步的税收改革提

① ［美］盖伊·彼得斯：《税收政治学》，郭为桂、黄宁莺译，南京：江苏人民出版社，2008年版，第2页。

供理论参考。第二，公民参与既是现代民主发展的推动力量，又是其发展的必然结果。中国税收民主的发展需要公民积极主动、理性有序的参与。培育公民的参与意识与能力、拓宽公民参与渠道、完善公民参与机制是税收民主进程发展的必然要求，也是实现合作共治的税收治理现实之路。而税负公平的优化，必然需要不断扩大公民参与，拓宽公民参与的广度和深度，使公民有效地监督国家税收权力的运行，并通过国家与公民的合作不断推动税收治理合法化进程，提高税收决策的合理化与科学化。第三，现代社会的发展需要公共权力对公共事务进行有效管理以维持社会的稳定与秩序。税收治理的公共性要求政府作为人民委托权力的执行者，应按照社会的共同利益和人民的意志，从保障公民利益的基本点出发，履行调节收入分配、保障公民权利、提供公共产品和公共服务等公共责任以促进社会总福利的增长。因此，在税收善治的语境下，通过优化税负公平的分析，可以为税务部门制定税收收入规划和税收征管实践提供决策依据，促进有效分配税收管理资源，提高税收征管的质量和效率，并从责任出发完善为纳税人服务的体系，不断提高征纳双方税收遵从度。第四，税负公平不仅包括国家间、地区间、企业间和个人间的代内税负公平，还包括代际间的税负公平。税负公平强调机会选择的平等性和资源分配的公正性，关注环境、经济和社会的均衡系统可持续发展，以期在满足当代人需求的同时，不损害后代人满足其需求能力的发展，是一个复合的税收发展目标体系。因此，通过促进税收治理的结构转型，维持公平合理的获得性机会和环境，在基于相互承认的税收合作治理的基础上提供可持续发展所需的条件和平台，对推动生态、经济和社会系统的协同进化具有一定的现实意义。

第二节 研究文献述评

税收负担是纳税人因税收而承受的福利损失，税负水平的确定既涉及国家集中财力的多少，又必须考虑纳税人承受能力的大小。因此，确定合理的税收负担水平，对于保证政府有足够的财力履行其职能，保障经济稳定与发展，促进社会和谐有着重要而深远的意义。随着市场经济的发展，税收在社会中的地位日益重要，税负尤其是宏观税负的高低与税负公平逐渐成为公众关心的敏感话题。学术界从不同的角度丰富和深化了对税收负担和税负公平的研究，对本书具有重要的启发意义。

一、国外研究综述

税负公平思想作为西方税收理论最基本的内容之一，从17世纪发端以来随着税收原则理论的演变而不断发展，逐步形成了能力赋税和利益赋税两大公平原则并日益融合，成为税收制度制定所必须遵循的重要标准。最早提出税负公平思想的是英国学者威廉·配第，他首次提出了公平、缴纳方便和最少征收费用原则，认为“不管租税多么沉重，如果它对所有人都按适当比例征税的话，则任何人都不致因负担租税而使财富有所损失”①。亚当·斯密在其《国民财富的性质和原因的研究》提出了公平、确实、便利和最少征收费用四原则，并将税负公平列至税收四原则之首，认为税负公平就是“按各自能力的比例纳税”和“按各自在国家保护下享得的收入比例纳税”②。19世纪德国社会政策学派的代表者阿道夫·瓦格纳对亚当·斯密的税收原则进行拓展，提出涉及财政政策、国民经济、社会公正、税务行政的税收四项九目原则，成为税收原则理论的集大成者。③其税负公平原则包括课税普遍和课税平等原则，税收负担必须普遍地分担于全体国民，国民按照各自纳税能力纳税，以使能力大者多缴税、能力小者少缴税、无能力者不缴税，并通过税收矫正因自由竞争而产生的所得和财富分配的不公。④理查德·A. 马斯格雷夫在其经典的财政学教材《财政理论与实践》中提出了财政、公平、效率、稳定、政策、明确和省费7项税收原则，认为税负公平就是“每个人承担合理的份额”⑤。萨缪尔森提出了“对于情况相同的人征收相同的赋税，对于情况不同的人征收不同的赋税”，以实现纵向公平和横向公平的“公平合理”原则⑥。美国当代经济学者斯蒂格利茨在主张改革和完善现行税制的基础上，提出了公平、效率、管理、灵活性、政治负责性5项税收原则，指出税制应通过对纳税人的区别待遇而实现税负公平的目标，并认为税负公平首先是横向公平，“若税收制度对各有关方面的情况都相同的人公平对待”就是税负横向公平。⑦

对于税负公平的判断标准，亚当·斯密的税负公平理论考虑了人民的负担能力和受益大小以确定每个纳税人是否支付其“合理的份额”，后世将其发展成为受益

---

① ［英］威廉·配第：《赋税论：献给英明人事货币略论》，陈冬野译，北京：商务印书馆，1978年版，第30页。
② ［英］亚当·斯密：《国民财富的性质和原因的研究》（下卷），郭大力、王亚南译，北京：商务印书馆，1994年版，第384页。
③ 曾康华：《当代税收理论与税制改革研究》，北京：中国税务出版社，2011年版，第252页。
④ ［日］坂入长太郎：《欧美财政思想史》，张淳译，北京：中国财政经济出版社，1987年版，第307–309页。
⑤ ［美］理查德·A. 马斯格雷夫、佩吉·B. 马斯格雷夫：《财政理论与实践》，邓子基译，北京：中国财政经济出版社，2002年版，第228–229页。
⑥ ［美］保罗·A. 萨缪尔森：《经济学》（上册），高鸿业译，北京：商务印书馆，1979年版，第230页。
⑦ 胡怡建：《税收经济学》，北京：经济科学出版社，2009年版，第19–20页。

原则和能力原则，并成为税负公平研究的两大传统税收理论。根据受益原则，孟德斯鸠提出以财富多寡为判断标准的“保险费观点”；亚当·斯密认为税额应尽可能地接近个人所享受的出于国家保护之下的收入比例，主张以收入为衡量标准；霍布斯则主张以消费作为课税基础，以衡量纳税人从政府提供的公共服务中享受福利的多少来确定应承担的税收负担。由于受益原则对于受益的衡量和人际受益比较问题难以找到令人满意的解答，也由于没有考虑到税收之前的收入分配是否合理，影响了其对现实税收现象的解释力。英国学者约翰·穆勒在其1848年出版的《政治经济学原理及其在社会哲学上的若干应用》一书中提出应当用“全体最小牺牲”的标准来分配税收负担，认为“课税公平作为一条政治公理意味着牺牲的相等”①。英国经济学者埃奇沃斯主张税负公平应体现纳税人之间边际平等牺牲。荷兰学者司徒华德进一步提出绝对平等牺牲和比例平等牺牲。美国学者塞利格曼也推崇能力原则，认为“我们付税不是因为我们从国家得到多少利益，而是因为我们有扶持国家的义务”②，因此，每个公民都有依其能力纳税的义务，而不是计量国家给与利益多少而纳税。他提出能力原则的客观衡量标准，认为以所得为标准相对来说是最能反映纳税人能力的。英国剑桥学派的创始人和微观经济学的集大成者马歇尔在其著作《经济学原理》提出了均等牺牲（或称为等量均等牺牲），指出要使每个纳税人的牺牲的总效用相等，就必须对边际效用小的收入征重税，对边际效用大的收入征轻税，意即对高收入者征重税，对低收入者征轻税。③英国学者道尔顿的税收思想建立在“最大社会利益原则基础上”，认为税负公平应根据纳税人能力的大小，来确定其负担税额或作出纳税牺牲的多少来实现税负的公平分配，并指出实现税负公平就必须把国家税收大部分负担放在“肩头较硬”④的富者身上，因此他主张实行累进税制。瑞典学者维克塞尔在其《财政理论考察——兼论瑞典的税收制度》中强调税负公平的受益原则，认为税收应该使个人因纳税损失的财富与国家付给个人的公共产品的边际效用相等。他将政治过程引入公共经济分析的政治决策，提出“一致原则”，把赋税问题与公共产品的提供的决定权一道交给政治程序，以期通过每个人投票显示他在课税与政府中的受益情况。瑞典学者林达尔继承和发展了维克塞尔的受益原则理念，建立公共产品供应的林达尔均衡模型，并正式提出税收价格论，认为个人所支付的税收份额等于每人所获得的公共产品边际效用的价值，并且所有人的税额总计等于公共产品提供的成本。为了实现公平的利益赋税，政府应该按照个体对公共产品的边际效用来确定其纳税份额。福利经济学派的代表人物庇古以边际效益递

① ［英］约翰·斯图亚特·穆勒：《政治经济学原理及其在社会哲学上的若干应用》（下卷），赵荣潜、胡企林、朱泱译，北京：商务印书馆，1991年版，第376页。

② E. R. Seligman（1931）. Essays In Taxation，Macmillan，p. 75.

③ ［英］马歇尔：《经济学原理》（上册），朱志泰、陈良壁译，北京：商务印书馆，1994年版，第115页。

④ 胡怡建：《税收经济学》，北京：经济科学出版社，2009年版，第15–16页。

减规律为依据，以纳税人的总牺牲或总满足在原则上可以计量为前提条件，提出了税收的最小牺牲原则，即政府课税应当在最小限度内减少人民经济福利的损失，并把最小牺牲原则视为税收的最高原则且看作是衡量税收制度是否公平、合理和有利于国民经济的“试金石”①。在具体的税种上，庇古认为对所得课税比对商品课税更加容易贯彻最小牺牲原则。凯恩斯认为税收要有利于收入的再分配，即政府通过开征累进税，对高收入者实行较高的税率，对低收入者实行较低的税率，再通过政府的转移支付实现收入的再分配，缓解收入差距过大带来的社会、政治和经济矛盾。英国剑桥大学教授卡尔多主张将能力原则和受益原则结合起来进行考虑，并以消费代替财产和收入作为衡量纳税能力的标准，“因为它使用了较多的社会资源来满足自己的愿望”②。斯蒂格利茨主张以消费作为纳税能力的具体标准来实现税负的纵向公平，甚至主张以消费税来部分取代所得税。布坎南认为税收必须通过集体行动和政治过程来决定公共物品的需求、供给和产量而走向公平。罗尔斯认为政府需要通过税收和对财产权的必要调整来维持分配份额的一种恰当正义，他指出遗产税与馈赠税的目的不是要提高财政收入，而是逐渐地、持续地纠正财富分配中的错误并避免有害于政治自由的公平价值和机会公正平等的权力集中。他以其“原初状态”③理论为依托，认为理想的税收环境下，一种按比例的支出税可能是最佳征税方案，但在一个非正义的现实社会中累进税制为保有自由和机会具有不可替代之作用。

二、国内研究综述

虽然税负公平问题始终贯穿于中国的税收实践中，但从严格意义上说国内对于税收负担和税负公平的研究始于20世纪80年代末期。④在中国几千年皇粮国税的历史中，税收在很大程度上总是与“横征暴敛”联系在一起，税收负担问题并未成为统治者考虑的重点。1949年中华人民共和国成立后，国家建立起以公有制和计划配置资源为特征的经济体制。在传统的社会主义计划经济体制下，由于一切资源为国家控制，基本的分配形式是企业利润上缴国家，因此缺乏税收负担研究的现实基础。改革开放以后，随着社会主义市场经济的不断完善，经济主体呈现多元化的局面，税收收入占财政收入的比重逐步提高，税收负担问题也逐渐受到重视。国内学者对税负水平和税负公平问题开展了大量研究并获得了一定成果。研

① 胡怡建：《税收经济学》，北京：经济科学出版社，2009年版，第17–18页。

② 胡怡建：《税收经济学》，北京：经济科学出版社，2009年版，第18–19页。

③ ［美］约翰·罗尔斯：《正义论》，何怀宏、廖申白、何包钢译，北京：中国社会科学出版社，1988年版，第278页。

④ 上海财经大学公共政策研究中心：《2011年中国财政发展报告——中国宏观税负及其扩展研究》，上海：上海财经大学出版社，2011年版，第176–177页。

究成果主要集中于对宏观税负衡量口径、判断标准与影响因素、合理水平的估测等方面。

（一）中国宏观税负水平的衡量口径

在对中国宏观税负的衡量指标上，国内学者主要从政府财政分配关系、预算管理和非税收入等不同角度予以阐述和划分：（1）从政府间财政分配关系考察宏观税负。袁振宇等在《税收经济学》中根据政府间财政关系，提出了口径不同的三个宏观税负衡量指标：一是中央政府的税收收入总额占国民生产总值（GNP）或国内生产总值（GDP）的比重；二是包括地方政府在内的各级政府税收收入占GNP或GDP的比重；三是各级政府财政收入占GNP或者GDP的比重。[①]（2）从政府收入的预算管理角度考察宏观税负。刘秋生首先提出预算内收入占国民收入比重、预算内外收入占国民收入比重、预算内外收入加上补贴、赤字调整后占国民收入的三个不同口径的宏观税负衡量标准，[②]但没有提出税收占国民收入比重标准。(3）政府非税收入视角下的宏观税负。李文、樊丽明认为必须将非税收入纳入政府收入进行宏观税负的计算，并将宏观税负分为小口径税负和包含“税外之税”的大口径宏观税负。[③]（4）社会保障收入视角下的宏观税负。刘涵指出中国的社会保障职能由不同的部门承担，在做国际比较时必须考虑宏观税负口径的调整，因此宏观税负可分为包含社保基金与不包含社保基金两种衡量口径。[④]（5）大、中、小口径宏观税负的提出和形成。安体富和岳树民针对中国政府收入来源的现实情况，将宏观税负的口径分为大、中、小三个口径，分别是税收收入、财政收入（预算内收和政府收入占GDP比重。[⑤]也有学者将其区分为狭义、中义和广义的宏观税负衡量标准。李波在其研究中进一步将大口径的宏观税负分解为税收收入、非税收入和制度外收入三个层次。[⑥]综合考虑三个不同的口径，安体富认为“大口径”税收负担最为真实、全面地反映整个国民经济的负担水平，但存在着统计数据和技术的障碍等问题，而中、小口径指标更能说明政府财政有效管理和控制的水平。[⑦]何平进一步指出，宏观税负的评价要通过公共服务水平、政府提供公共服务的支出来源等因素综合评定。[⑧]

---

① 袁振宇、朱青、何乘才、高培勇：《税收经济学》，北京：中国人民大学出版社，1995年版，第49-50页。
② 刘秋生：“关于财政收入占国民收入比重的几个问题”，《经济研究》，1991年第10期，第22-26页。
③ 李文、樊丽明：“影响宏观税负的因素分析”，《税务研究》，1998年第8期，第15-18页。
④ 刘涵：“我国宏观税负国际比较的不同口径研究”，《经济论坛》，2008年第10期，第83-87页。
⑤ 安体富、岳树民：“我国宏观税负水平的分析判断及其调整”，《经济研究》，1999年第3期，第41-47页。
⑥ 李波：“我国宏观税负水平的测度与评判”，《税务研究》，2007年第2期，第18-22页。
⑦ 安体富：“当前世界减税趋势与中国税收政策取向”，《经济研究》，2002年第2期，第17-22页。
⑧ 何平：“宏观税负判断性标准研究”，《财政科学》，2019年第6期，第54-61页。

（二）中国宏观税负的判断标准

对于中国宏观税负的判断标准，国内主要有生产力发展或经济增长水平、合理的财政支出规模、税收收入与经济同步和税负幸福指数四种评价依据。安体富和岳树民将税负水平判断标准确定为与经济增长同步和满足政府最低水平支出。[①]叶振鹏、张馨认为当政府新增公共服务单位所提供的利益与该单位服务相应的税款所产生的利益相等时，此时公共财政规模处于最佳状态，相应的宏观税负水平也为最佳。逄锦聚、孙飞认为应该从税收与财政的关系出发，即从税收服务的对象财政支出的角度来确定中国宏观税负合理水平，强调政府征税的根本目的是为社会提供公共产品和公共服务。[②]赵志耘、夏杰长、李勇坚指出确定一个国家合理的宏观税负不是为了使政府收入最大化，而是为必要的政府开支提供资金来源。[③]安体富、岳树民认为在政府职能既定的前提下，宏观税负的水平的确定应该以取得的税收收入能够维持政府正常行使职能的经费支出及公共产品的最基本供给的资金需要为标准。[④]李波指出宏观税负水平的根本标准取决于是否提升国民福利，只有税收收入转化为国民福利，国民才能充分享受到税收带来的利益。针对“税负痛苦指数”，刘新利提出用“幸福指数”评价付出税收所获得的公共产品和公共服务的质量以及消费公共产品所获得的满足感。[⑤]高培勇认为只有从财政收入与财政支出、价格高低与质量好坏相对接的线索上去评价税负水平，才能得出比较全面和合乎情理的结论。[⑥]

（三）中国宏观税负水平的估测及判断

学者们根据税负水平统计的衡量口径与判断标准，通过对中国宏观税负水平的实证研究，主要得出税负水平偏低、税负水平偏高和税负水平适当三种评价：（1）认为中国宏观税负偏低。夏杰长、王新丽通过对中国财政收支的平衡状况的纵向比较以及发展中国家、转轨国家的横向比较，认为中国的宏观税负水平较低，不能满足财政支出的需要。[⑦]朱青指出按照国际通行的税负口径，与主要国家相比，我国的宏观税率并不高。[⑧]肖捷认为目前中国政府集中的税收收入还无法满足迅速增长的公共支出需求，有必要随着经济的发展逐步合理提高税收收入GDP的比重，中国税

---

① 安体富、岳树民：“我国宏观税负水平的分析判断及其调整”，《经济研究》，1999年第3期，第41-47页。
② 逄锦聚、孙飞：“中国宏观税负合理水平的分析判断”，《南开经济研究》，2000年第4期，第33-40页。
③ 赵志耘、夏杰长、李勇坚：“我国宏观税负的定量分析与政策取向”，《数量经济技术经济研究》，2001年第4期，第28-31页。
④ 安体富、岳树民：“加入WTO后的中国税收负担与经济增长”，《中国人民大学学报》，2003年第2期，第50-57页。
⑤ 刘新利：“论我国宏观税负的发展趋势”，《税务研究》，2007年第12期，第9-17页。
⑥ 高培勇：“什么才是衡量税负水平高低的根本标准”，《财会研究》，2012年第5期，第20-21页。
⑦ 夏杰长、王新丽：“目前宏观与税制结构对经济增长的消极影响”，《税务研究》，2003年第4期，第13-17页。
⑧ 朱青：“对当前我国税负问题的看法”，《税务研究》，2017年第3期，第3-8页。

负不仅有上升的需要，也有上升的空间。[①]彭高旺和李里认为中国宏观税收负担的提高只是一种恢复性增长，税收负担在世界范围仍处于偏低水平。[②]林赟、李大明、邱世峰按照国际经济合作与发展组织界定的宏观税负概念，在强调宏观税负的税收属性基础上对税负水平进行国际比较后认为中国宏观税负目前仍处于世界较低水平。[③]李永刚通过中外比较和数理模型分析，认为现阶段中国真正意义上的宏观税负水平并不高。[④]倪红福、吴延兵和周倩玲认为我国宏观税收负担率低于OECD等发达国家水平。[⑤]（2）认为中国宏观税负水平偏高。贾明琪、李秉文、付春香通过从税收绝对额、税负口径以及纳税人的主观感受方面的综合分析，认为目前中国宏观税负偏重。[⑥]李波经过对1994—2006年三种口径宏观税负水平的测算，认为目前小口径宏观税负水平确实不高，但是大口径宏观税负偏高，远高于中低收入国家的合理水平，并接近发达国家宏观税负水平。[⑦]靳东升、陈琍指出国际上多数国家政府收入形式主要依靠税收而其他收费较少，而研究中国的宏观税负水平必须考虑收费问题，应该大力削减政府收费，提高税收比重。[⑧]吕冰洋、禹奎通过对中国历年资金流量表进行分析，认为中国目前宏观税收负担已经偏高，由于中国正处于由人口红利、技术模仿、工业化和城市化进程带来的税收增长红利的集中释放期，促使税收增长幅度长期超过GDP。[⑨]（3）认为中国宏观税负水平与经济发展水平相适应。钟鸣明认为由于各国经济水平、结构、体制和管理模式不尽相同，很难仅根据税收收入水平判断税收负担是否过高。在经济发展过程中，对公共品需求的数量和质量都会发生变化，最优税负也在变化之中，当前中国宏观税负水平与经济发展水平基本是适应的。[⑩]

（四）税负公平相关研究

国内现有对于税负公平的研究主要将税负公平作为税收公平的一个组成部分或者衡量标准进行研究。杨斌在《治税的效率与公平》中指出税收公平的含义不是一元的，而是多元的，不是单一的，而是多层次的，主要包括税收负担的公平、税收

---

① 肖捷："走出宏观税负的误区"，《中国改革》，2010年第10期，第23-25页。
② 彭高旺、李里："我国税收负担：现状与优化"，《中央财经大学学报》，2006年第2期，第11-14页。
③ 林赟、李大明、邱世峰："宏观税负的国际比较：1994—2007年——基于OECD的概念界定"，《学习与实践》，2009年第1期，第29-33页。
④ 李永刚："中国宏观税负是高还是低——基于国际比较和经济增长视角"，《华中科技大学学报（社会科学版）》，2010年第6期，第85-90页。
⑤ 倪红福、吴延兵、周倩玲："企业税负及其不平等"，《财贸经济》，2020年第10期，第49-64页。
⑥ 贾明琪、付春香、李秉文："新形势下的宏观税负问题探讨——基于税收平滑线模型的分析"，《税务与经济》，2006年第2期，第26-30页。
⑦ 李波："我国宏观税负水平的测度与评判"，《税务研究》，2007年第12期，第18-22页。
⑧ 靳东升、陈琍："90年代中国宏观税负的国际比较研究"，《财政研究》，2003年第5期，第40-42页。
⑨ 吕冰洋、禹奎："我国税收负担的走势与国民收入分配格局的变动"，《财贸经济》，2009年第3期，第72-77页。
⑩ 钟鸣明："我国当前的税负水平评析"，《税务研究》，2007年第12期，第29-33页。

的经济公平和税收的社会公平三个层次。认为税负公平即“税收负担与纳税人的条件是否一致”[①]。税负公平形成两个制约，一是具有相同条件的人纳同样的税，这是对征税合理性的制约；二是就社会整体而言，纳税人因付出税款而减少的价值至少必须与纳税人获得的因税款使用增加而增加价值相一致，这是对征税规模和税款使用合理性的一种制约。王鸿貌认为税收公平包括税收权力的分配公平、税收权利与义务的分配公平、税收负担分配公平三个内容。[②]林晓认为税收公平主要体现在四个方面：一是定税公平，指课税制度设计上的公平；二是分税公平，指政府间的税收分配公平；三是征税公平，指税收征收管理上的公平；四是用税公平，指纳税人在税款使用中的监督权利与平等受益的公平。[③]郝如玉、曹静韬认为“税收公平只是一种相对公平，包含税负公平和机会均等两个层次。税负公平是指纳税人的负担要与其收入相适应。这必须考虑到两个层次：横向公平和纵向公平。”[④]潘石、孙飞认为税负公平原则作为现代税收原则之一，其内涵不仅包括税收本身的公平，即在起点和过程中实现经济意义上的公平，还包括结果上进行税收调节实现社会意义上的公平。[⑤]周全林在《税收公平研究》一书中指出税收公平包含税收负担公平、税收经济公平和税收的社会公平。税收负担公平作为税收本身的公平具有两方面的意义，并形成两种制约：一是经济条件或纳税能力不同的人应当缴纳相同的税收；二是就纳税人整体而言，纳税人获得的因政府税收的使用而增加的价值必须与纳税人付出税款而减少的价值相近或一致。[⑥]岳希明、张斌、徐静指出中国税制整体是累退的，有效税率与收入之间的关系在城乡之间存在明显的差异。[⑦]曹润林、陈海林提出要根据各地区税负承受能力和经济结构差异设定税收负担和税制结构，为促进地区经济高质量发展营造良好的税制环境。[⑧]

三、综合评析

循着上述文献分析的线索考察可以看出，国外关于税负公平的研究主要集中于作为税制设计和运行的指导原则而开展的。税负公平的理论经历了从绝对公平到相对公平、从受益原则到能力原则并逐步融合的发展过程，研究者根据他们所处的不

① 杨斌：《治税的效率与公平》，北京：经济科学出版社，1999年版，第239–243页。
② 王鸿貌：“税收公平原则新论”，《浙江学刊》，2005年第1期，第178–180页。
③ 林晓：“税收公平的四种体现与重塑我国税收公平机制”，《税务研究》，2002年第4期，第6–9页。
④ 郝如玉、曹静韬：《当代税收理论研究》，北京：中国财政经济出版社，2008年版，第83页。
⑤ 潘石、孙飞：“论中国税负公平原则”，《税务与经济》，1999年第2期，第13–17页。
⑥ 周全林：《税收公平研究》，南昌：江西人民出版社，2007年版，第69–71页。
⑦ 岳希明、张斌、徐静：“中国税制的收入分配效应测度”，《中国社会科学》，2014年第6期，第96–117页。
⑧ 曹润林、陈海林：“税收负担、税制结构对经济高质量发展的影响”，《税务研究》，2021年第1期，第126–133页。

同历史时期以及政治、经济、社会环境，不断拓展税负公平内涵、税负公平衡量标准以及纳税能力测量标准的研究空间。税负的绝对公平强调每个纳税人都应按同一比例纳税，要求税收制度实行比例税率；税负相对公平强调征税要考虑纳税人的纳税能力，以使相同经济状况的纳税人承受同等的税负，反映到税收制度上就是实行累进税率。在税收公平的衡量标准方面，逐渐发展出税负公平的受益原则和能力原则两大税负公平的基本原则。受益原则是根据纳税人从政府提供的公共产品和公共服务中享受福利的多少来确定征税数额；能力原则是以纳税人的经济条件和纳税能力来确定应缴税款。无论是受益原则对于税收在公共部门和私人部门之间配置的重视，还是能力原则对税负在个人和个人之间平等分配的强调，二者皆为税负公平的应有之意，缺一不可。[①]因此，“在设计公平的税收结构方面，两个原则都有其重要性”[②]，公平的税制设计有赖于两个原则的配合使用。税负公平理论的发展，促进了当代西方税收制度的建立和完善。在当代西方国家，普遍建立了以所得税和财产税为主体的复合税收体系，实际上是税收公平理论在西方税制建设上的应用。国内对于税负公平的研究主要集中于对宏观税负水平衡量口径、标准和判断的研究。对于宏观税负的概念和衡量口径的界定，学界基本达成共识，认同宏观税负大、中、小三种口径的划分标准，认为按照不同口径测算宏观税负符合中国的现实国情，更能反映国民财富分配中国家占有的真实份额。但由于对各个口径特别是大口径宏观税负的具体内容缺乏深入探讨，因此尚未形成规范的税负度量体系标准。从判断宏观税负水平的标准研究来看，对税负水平的研究从原来只关注财政收入逐渐拓展到财政支出、国民福利等视角，为更为全面客观地评价中国税负公平问题奠定了基础。国内外学者的大量研究为进一步研究积累了大量有启发意义的知识成果，为进一步开展研究夯实了基础，但国外对税负公平的研究主要聚焦于经济公平，对税负的政治和社会公平研究关注不足。而国内关于税负公平的研究还处于一个初期阶段，少有结合中国具体政治体制探讨税负公平的研究成果。总体而言，对于中国税负公平的研究还存在着一些拓展的空间。

首先，国外对于税负公平的研究主要集中税负公平的内涵、税负公平的衡量标准和纳税能力的测量标准等方面。税负公平内涵的横向与纵向公平、税收公平原则的受益原则与能力原则、纳税能力的主观和客观衡量标准都为税负公平的研究提供了广阔的视野和坚实的理论基础。但既有研究大多从税收的经济公平进行研究，对于税收的政治与社会公平涉及较少，在一定程度上淡化了税负公平的政治和社会意蕴。特别在对中国的税负公平研究中多侧重于分析税负水平与经济增长的关系，形

① Isensee（1977）. Steuerstaats als Staatsform，FS für Hans Peter Ipsen，S. 420.

② ［美］理查德·A. 马斯格雷夫：《美国财政理论与实践》，邓子基、邓力平译，北京：中国财政经济出版社，1987年版，第191页。

成了长于经济效率分析，短于权利义务的学术品位，尤其在当下中国经济转轨和社会发展目标转变的背景下，税负公平的影响因素更为复杂，需要研究者从一个较为综合与全面的视角进行研究，因此，将税负公平研究拓展到政治和社会层面具有一定的现实意义。

其次，国内现有对税负公平的研究主要是对税负公平做一般性描述，没有针对税负公平的内涵、构成、要素等进行系统阐述。现有研究大多将税负公平作为税收公平的一个组成部分，局限从税收收入的公平进行研究，既未讨论税收征管、税款支用的公平，也忽略了税负的政治和社会公平，更未涉及税负的代内公平和代际公平，尚未形成一个税负公平的论证框架，限制了对相关问题研究的深度与广度。而且税收作为国家治理的一个重要方面，是连结政府权力与公民权利的媒介和纽带，因而税负公平研究很大程度上也属于公共管理的一个研究范畴，现有研究缺乏与政治学、公共管理等学科结合起来进行多学科的综合分析。据此，需要对原有的视角进行整合，立足中国实际，借鉴西方优化税负公平的理论与实践经验，综合运用治理理论、新制度主义经济学理论以及经济学、公共管理学、政治学中相关研究成果从国家治理的视角对当下中国税负公平进行研究。进而言之，将税负公平的优化置于国家治理这样一个大背景下进行研究能赋予其更深刻的理论与现实意义。

最后，国内对于税负公平研究起步较晚，虽然对税负公平进行了一定的分析和界定，但基本多为对国外税负公平理论的学习与综述，以及对税负水平衡量指标和评价标准的初步探讨，而结合中国具体政治和社会背景的研究并不多见。实际上，在优化税负公平的过程，需要考虑诸多因素，不仅要考虑政治经济等大环境，还要考虑在政策执行中的组织行为因素，因为再好的政策都必须由人来执行。而现有的税收研究大多忽视了国家体制的适应性调整及背后的影响机制转化对税收以及国家治理的影响。因此，在中国式财政分权的大背景下，中央与地方税权的划分、税收制度、干部晋升制度等对税负公平的影响还存在着较大的研究空间。

第三节 核心概念解析

一、税收

“税收”概念的界定因其历史悠久、演变复杂，在不同的学科、不同的历史阶段被赋予不同的意义。英文的“Tax”一词来源于拉丁文“TAXAKE”，有“承受痛苦”之意。法语的税为“Impot”，是“使其承担恼人的负担”之意。德语Abgaben意为“共同分担国家应支的钱”。作为西方财税研究理论体系的重要概念，古典经济学派代表人物亚当·斯密在《国富论》中认为税收是人民拿出自己一部分收入给国家或君主作为公共收入。[①]他从国民财富的形成和发展过程探讨税收的源泉，强调国家的大部分经费应该来源于各种税收。孟德斯鸠指出税收是“每个公民付出自己财产的一部分，以确保其余财产的安全”[②]。英国学者埃德蒙·柏克（Edmund Burke）认为国家税收就是国家，并将国家的税收看作是一切权力的来源[③]。美国学者布坎南认为“从某种宽泛而有用的概念意义上讲，捐税也是一种由个人或个人团体以集体方式提供的公共劳务所支付的价格”[④]。法国经济学者萨伊认为“所谓课税，是指一部分国民产品从个人之手转到政府之手，以支付公共费用或提供公共消费”[⑤]。美国法律学者波斯纳认为“税收主要是用于为公共服务支付费用的”[⑥]。日本法律学者金子宏认为“税收是依据法律规定向私人所课的金钱给付，以实现提国家供公共服务而筹集资金这一目的”[⑦]。

在中国历史上，“税”的文字记载最早可见于《春秋》所记鲁宣公十五年（公元前594年）实行的“初税亩”制度，即不论公田、私田一律按亩征税。“税”，在《说文解字》中的解释是“税，租也，从禾从兑”。“禾”为谷物，泛指土地出产，“兑”为送达和转交的意思，也就是把土地出产的农产品交给国家。董庆铮认为税收是“国家为了实现其职能，制定并依据法律规定的标准，强制地、无偿地取得财政收入的一种手段”[⑧]。胡怡建把税收定义为“是国家为社会提供公共品，凭借行政权力，按照法定标准，向居民和经济组织强制、无偿地征收取得的一种财政收入”[⑨]。郝如玉等在《当代税收理论研究》中认为：“税收是国家凭借政治权力，无偿地征收实物或货币，以取得财政收入的一种工具。”[⑩]还有学者认为：“税收是一国公共部门或政府通过政治权力，采取强制手段，向政治权力所及范围的国民和经济主体征收国家所需的人、财、物的一种社会分配方式。”[⑪]

在梳理了古今中外一些具有代表性的税收概念之后，本研究认为税收是一个不

---

① ［英］亚当·斯密：《国民财富的性质和原因的研究》（下卷），郭大力、王亚南译，北京：商务印书馆，1994年版，第383页。
② ［法］孟德斯鸠：《论法的精神》（上），张雁深译，北京：商务印书馆，1961年版，第213页。
③ ［英］柏克：《法国革命论》，何兆武、许振洲、彭刚译，北京：商务印书馆，1998年版，第292页。
④ ［美］詹姆斯·M.布坎南：《民主财政论》，穆怀鹏译，北京：商务印书馆，1993年版，第16页。
⑤ ［法］萨伊：《政治经济学概论》，陈福生、陈振骅译，北京：商务印书馆，2009年版，第550页。
⑥ ［美］理查德·A.波斯纳：《法律的经济分析》（下），蒋兆康译，北京：中国大百科全书出版社，1997年版，第625页。
⑦ ［日］金子宏：《日本税法》，战宪斌，等译，北京：法律出版社，2004年版，第7页。
⑧ 董庆铮：《国家税收》，大连：东北财经大学出版社，1991年版，第1页。
⑨ 胡怡建：《税收学》，上海：上海财经大学出版社，1999年版，第1页。
⑩ 郝如玉、曹静韬：《当代税收理论研究》，北京：中国财政经济出版社，2008年版，第1页。
⑪ 庞凤喜、薛刚、高亚军：《税收原理与中国税制》，北京：中国财政经济出版社，2008年版，第1页。

断发展的概念，对税收的分析应建立在不同学科领域和具体分析情境中，随着人类知识的积累，对税收的认识还会不断深化和提高。基于本研究的立场和视角，将税收界定为一国或地区公共部门为履行公共职能，根据法律规定通过公共权力取得财政收入的一种形式。这个定义包括以下几个方面的考量：（1）税收的主体是公共部门；（2）征税凭借的是公共权力；（3）征税的目的是满足公共部门履行公共职能的需要；（4）税收活动必须依照法律规定进行。

一国或地区除了税收以外还有其他收入来源，为了更深一步理解税收的概念，必须了解国家公共收入体系，以区分税收与非税收入。我国《宪法》除税收外，并未规定其他财政收入形式，但在实际公共权力运行中，非税收入也是中国立法实践中承认的现实。[①]我国的公共收入由税收收入和非税收入两大类组成，除了税收收入外，国家还通过政府性基金、罚没收入、捐赠收入、国有资产收益、政府性收费、特许权收入六项收入取得公共收入。[②]国家公共收入体系如图1-2所示。

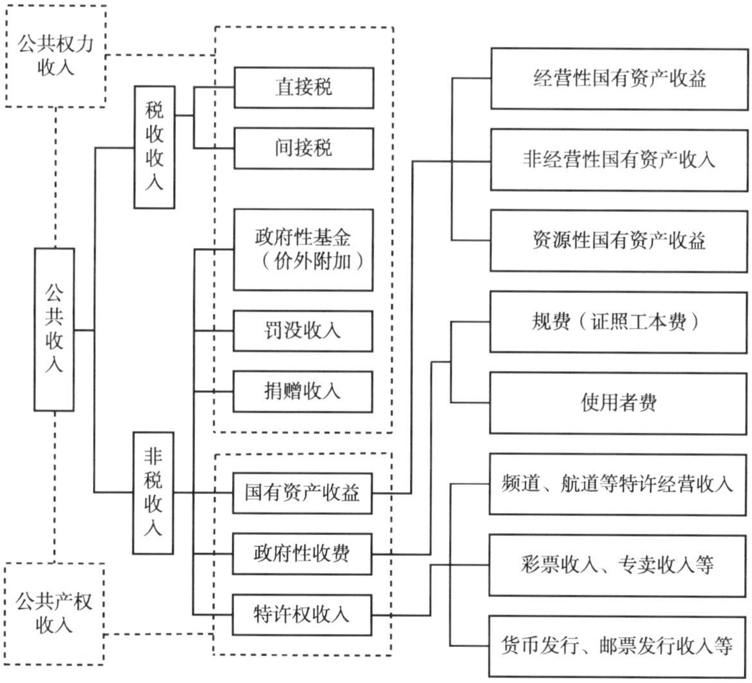

图1-2 公共收入的形式结构

资料来源：财政部财政科学研究所课题组："优化公共收入结构：财政增收的重要途径之一"，《经济研究参考》，2005年第49期，第3页。

① 《中华人民共和国预算法》第十九条规定，预算由预算收入和预算支出组成。预算收入包括：（1）税收收入；（2）依照规定应当上缴的国有资产收益；（3）专项收入；（4）其他收入。

② 财政部财政科学研究所课题组："优化公共收入结构：财政增收的重要途径之一"，《经济研究参考》，2005年第49期，第2-12，33页。

如图1-2所示，根据取得收入的依据，公共收入还可分为公共权力收入和公共产权收入两大部分。公共权力收入是国家依据政治权力无偿获得的收入，公共产权收入是国家凭借其作为公共产权所有者代表的身份获得的收入。因此，在考察中国的政府收入时，还必须对非税收入进行分析。

二、税负

税收负担（Tax Burden）简称“税负”，就如税收的概念一样，由于研究的角度不同，对税收负担的含义也有不同的理解和表述，主要从国家、政府和纳税主体等角度予以阐述。杨斌认为“税收负担是整个社会或单个纳税人实际承受的税款”①。郝如玉等认为“税负是指纳税人对国家征税所承受的经济负担程度，或负担水平。广义讲，是指社会上各阶级、阶层和各部门对于国家课税的负担；狭义讲，是指纳税人依法向国家缴纳的各种税收的总额”②。曾国祥、刘佐认为“税收负担是纳税人履行纳税义务所承受的一定的经济负担，一般以税额与税基或相关经济指标的比值来表示。税收负担是国家税收政策的综合反映，也是税收收入和经济发展关系的最终反映”③。刘飞鹏将税收负担定义为“国家征税而给纳税人造成的经济利益的损失”④。许善达认为“税收负担是指国家征收的税款占纳税人税源数量的比重，反映税款与社会新增财富之间的关系”⑤。孙玉栋认为“税收负担反映一定时期政府与纳税人之间的税收分配数量关系，一般用政府征收的税款占纳税人税源数量的比重来反映”⑥。英国学者西蒙·詹姆斯和克里斯托弗·诺布斯进一步指出，实施某种税制时所支出的直接费用也是一种税收负担。⑦

以上观点都不同程度为税收负担定义的规范化和科学化作出了重要贡献。但无论从什么角度进行研究，税收负担最终反映的是政府与纳税人之间的利益分配关系，研究税负的目的是衡量纳税人（或负税人）在一定时期内因为缴纳税收而实际承担的经济负担，借以判断国家的税收收入规模是否合理，因此本研究对税负的定义是纳税人依法履行纳税义务而形成的一种经济负担。其实质表现的是一种政府与纳税人之间的分配关系。这种分配关系有三个层次的含义：（1）政府与纳税人之间的分配关系；（2）纳税人相互之间的分配关系；（3）私人产品与公共产品之间的配

① 杨斌：《税收学》，北京：科学出版社，2003年版，第93页。
② 郝如玉、曹静韬：《当代税收理论研究》，北京，中国财政经济出版社，2008年版，第89页。
③ 曾国祥、刘佐：《税收学》，北京：中国税务出版社，2000年版，第362页。
④ 刘飞鹏：《税收负担理论与政策》，北京：中国财政经济出版社，1995年版，第7页。
⑤ 许善达：《国家税收》，北京：中国税务出版社，1999年版，第43页。
⑥ 孙玉栋：《中国税收负担问题研究》，北京：中国人民大学出版社，2006年版，第14页。
⑦ ［英］西蒙·詹姆斯、克里斯托弗·诺布斯：《税收经济学》，罗晓林译，北京：中国财政经济出版社，2002年版，第21页。

置关系。从政府角度看，税负是一种法律制度的要求，政府通过税收获取了相当数量的可供支配的资金；从纳税人的角度看，税负是一种相对应的经济付出。税负问题既涉及国家集中财力的多少，又要考虑纳税人承受能力的大小，反映着国家和纳税人之间在收入分配、财产和社会资源占有上的数量关系。税负适度与否，是衡量税制结构是否合理的重要因素。由于中国正处于经济转型期，政府收入形式还不够规范，不仅包括预算内财政收入，还包括预算外收入，以及各级政府及其部门收取的没有纳入预算内和预算外管理的制度外收入。由此中国形成了以税收收入、财政收入（预算内收入）和政府收入占GDP比重的三个口径宏观税负衡量指标，分别称为小口径、中口径和大口径宏观税负。①本书所讨论的宏观税负主要是大口径的宏观税负，既包括小口径的税收负担，也包括非税负担，以期较为真实、全面地反映政府集中财力的程度和整个国民经济的负担水平，并在此基础上分析中国的税负公平状况。

三、税负公平

公平，因其既关系着国民经济和谐增长，更关系着社会的稳定，一直为研究者所关注。税收作为政府用以筹集财政资金、调节分配收入的重要工具，其对公平的意义更是不言而喻。英国古典经济学者威廉·配第在《赋税论》中指出："不管赋税多么重，如果政府对所有人一视同仁，按照合理的比例对每一个人征税，那么相对任何人来说都不会由于负担了赋税而使自己的财富减少。如果每个人的财富都减少一半或者增加一倍，人们的贫富关系不变，相当于每个人都仍然保持着原先一样的富有或者贫穷。"②亚当·斯密在其《国富论》指出"一个大国的各个人须缴纳政府费用，正如一个大地产的公共租地者须按照各自在该地产上所收利益的比例，提供它的管理费用一样"。③法国学者萨伊在《政治经济学概论》中认为："课税是一种负担，当大家一样负担时，每一个人的负担必然最轻。当租税不公平地归一个人或一个产业部门，它不但是直接负担、而且是间接负担，因为它使那个人或那个部门不能按同等条件跟其他人或其他部门竞争。"④德国学者瓦格纳在《财政学》中主张国家的赋税应根据税收能力平等地分配于全体国民，并根据纳税能力采取累进税。⑤瑞

① 安体富、岳树民："我国宏观税负水平的分析判断及其调整"，《经济研究》，1999年第3期，第41–47页。
② ［英］威廉·配第：《赋税论：献给英明人事货币略论》，陈冬野译，北京：商务印书馆，1978年版，第6页。
③ ［英］亚当·斯密：《国民财富的性质和原因研究》（下卷），郭大力、王亚南译，北京：商务印书馆，1994年版，第384页。
④ ［法］萨伊：《政治经济学概论》，陈福生、陈振骅译，北京：商务印书馆，2009年版，第560页。
⑤ 曾康华：《西方财税理论研究》，北京：中国财政经济出版社，2007年版，第268页。

典学者埃里克·林达尔提出了“税收价格论”，认为个人所支付的税收份额等于每人所获得的公共产品边际效用的价值。[①]他在《课税的公平》中专门论述了税负公平问题，提出了纵向公平和横向公平的原则。[②]美国财政学者马斯格雷夫在《美国财政理论与实践》中认为税负的分配应该是公平的，应使每个人支付“合理的份额”[③]，并详尽考察了如何应用受益原则和纳税能力原则作为公平的税收结构设计。

中国对税负公平的研究也基本沿袭了西方财税学界的研究理路，郝如玉等认为“税负公平是指纳税人的负担要与其收入相适应。这必须考虑到两个层次：横向公平和纵向公平”[④]。曾康华认为“横向公平”和“纵向公平”是理解税收公平的关键问题。那么，要使税收既做到横向公平，又保证纵向公平，其中一个关键问题是要弄清公平是就什么而言的，即要确定用什么样的标准来衡量税收公平与否。西方经济学家对这个问题的解释大体依据两个原则：受益原则和负担能力原则。[⑤]因此，仅仅从税收的负担能力原则或者受益原则对税负公平进行界定是不够充分的，正如高培勇认为的，单纯就税收收入规模数字论及企业和居民的税收负担，并非充分的，起码是不够全面的。只有从财政收入与财政支出相联系、价格高低与质量好坏相对接的线索上去评判税负水平，才能得出比较全面的、合乎情理的结论。[⑥]

纵观中外对税负公平的研究，大多集中于两条研究脉络：一是支付能力，即税负本身如何公平分配的问题，二是受益，即纳税人从国家获得收益与其纳税比例的问题。作为不同时期对税负公平的理解，对这两个问题的研究各有侧重，如果仅关注于能力，把公共支出的受益视为既定或者不重要而着重考虑税收的征收，就无法将税收收入与支出结合起来，从而难以评价政府通过税收筹集资金的使用效率；如果仅关注于受益，将注意力集中于如何公正地分摊公共产品的费用（份额）上，就容易忽略了政府收入的再分配目标。而税负理论的具体目标，一直是预测可选择的财政工具的实际影响，弄清税收的最终负担和公共支出的利益的实际结构。[⑦]也正如维克塞尔（Knut Wicksell）指出的，除非人们预期能够从由政府征到的税款支付的产品和服务中得到某些收益，否则谁也不会赞成征税。[⑧]进而言之，从某种意义上来讲，税收负担和实际利益只有在被个人实际转化为“感受得到的”或“有意实

---

① Musgrave Richard A（1985）.A Brief History of Fiscal Doctrine，In：Auerbach A J，Feldstein M，eds. The handbook of Public Economics，Amsterdam：North-Holland，p. 1-59.

② 张馨、杨志勇、郝联峰、袁东：《当代财政与财政学主流》，大连：东北财经大学出版社，2000年版，第133页。

③［美］理查德·A. 马斯格雷夫：《美国财政理论与实践》，邓子基、邓力平译，北京：中国财政经济出版社，1987年版，第188页。

④ 郝如玉、曹静韬：《当代税收理论研究》，北京：中国财政经济出版社，2008年版，第83页。

⑤ 曾康华：《当代西方税收理论与税制改革研究》，北京：中国税务出版社，2011年版，第256页。

⑥ 高培勇：“什么才是衡量税负水平高低的根本标准”，《财会研究》，2012年第5期，第20-21页。

⑦［美］詹姆斯·M. 布坎南：《民主财政论》，穆怀鹏译，北京：商务印书馆，1993年版，第295页。

⑧［澳］杰佛瑞·布伦南、［美］詹姆斯·M. 布坎南：《宪政经济学》，冯克利、秋风、王代、魏志梅，等译，北京：中国社会科学出版社，2004年版，第46页。

现的"负担和利益才是重要的。[①]因此，要将负担能力原则和受益原则两方面结合起来，才能正确理解税负公平的真正含义。本研究将税负公平界定为纳税人承受的税收负担与其经济状况以及获得的公共产品与公共服务水平相匹配。具体而言包括两方面的内容：一是纳税人承受的税收负担与其经济状况保持均衡；二是纳税人获得公共产品和公共服务与缴纳的税款保持均衡。从而使政府与纳税人之间、纳税人相互之间、私人产品与公共产品之间的配置关系达到均衡。

第四节 研究内容、方法及可能的创新

一、研究内容

本研究的基本思路和主要观点主要体现于以下几个方面：

第一，构建税负公平的三维分析框架。首先，通过对课税依据、税收原则和最优税收理论的梳理探寻国家治理的税收逻辑、厘清税收的本质，阐明从国家税收治理角度研究税负公平的意义及目的。其次，通过探析公平理论、税负公平理念的演变过程挖掘税负公平的内涵，对税负公平进行多角度的阐释，从过程的角度阐述税负公平的起点公平、过程公平和结果公平；从具体领域的角度阐述税负公平的政治公平、经济公平和社会公平；从可持续发展视角阐述税负公平的代内公平和代际公平。最后，在对治理与善治、税收与国家治理理论梳理的基础上将税负公平的标准和原则置于税收善治的规范性目的之下进行探讨与阐释，通过对税收合法性、公共性和可持续性的多维解读，构建了国家治理与善治视阈下涵盖税负公平导向、体现税负公平原则的三维分析框架：（1）税收合法性维度包括税收法定、税收民主和税收法治；（2）税收公共性维度包括公共收入与支出的科学性与透明性、税收管理公共性；（3）税收可持续性维度包括体现公平的税制结构、税权划分的规范性与绿色税收体系。

第二，在税负公平分析框架的基础上结合中国具体国情建立税负公平分析体系，对当下中国税负公平状况进行综合分析。首先从税收合法性维度对当下中国税收理念、税收制度、中国式财政分权、官员考核与晋升制度作为制约税负公平实现

---

① ［美］詹姆斯·M.布坎南:《民主财政论》，穆怀鹏译，北京：商务印书馆，1993年版，第296页。

的制度基础进行分析；其次从税收公共性维度对宏观税负水平与非税收入、宏观税负与财政支出对中国宏观税负水平进行分析，指出税负公平不仅要考虑税收负担而且要考虑非税负担，不仅要分析税收征收的公平，还要分析税款支用的公平；最后，从税收可持续发展的维度对地区间、产业间、所有制间、社会阶层间和代际间税负公平进行系统分析，研究发现，中国的宏观税负水平并不高，但各种非税收入占政府财政收入比重较大，非税负担偏高，并且税负结构失衡，主要表现为地区间、产业间、所有制间、社会阶层间和代际间税负分配不均，再加上政府民生支出的缺位与滞后，造成中国税收负担不公，民众"税负痛苦指数"攀升。

第三，对中国税负公平存在的主要问题及其原因探析。首先，由于税收法定与税收民主的缺失、税收制度供给不均衡、税收理念的滞后造成中国税收合法性不足；其次，围绕对税负痛苦指数这一问题的深度解析和思考，指出中国税负之痛的根源不仅仅在于税负水平高低本身，关键在于在国家与公民的税收关系中责、权、利的不对称，正是由于公共服务投入与税收增长的不同步以及税收管理公共性的滞后造成税收公共性不彰；最后，在对税收可持续性的分析中得知税制结构的失衡、税收竞争异化导致税收利维坦的快速扩张、对税收代际公平的忽视是造成税收可持续性不足的主要原因。

第四，对促进税负公平国际经验的比较借鉴。通过数据对比分析，可知中国宏观税负水平低于OECD国家平均水平，社会保障和医疗卫生等民生支出低于发达国家水平。与发达国家的税制结构相比，中国税制结构中所得税比重较低，限制了税收收入分配功能的发挥和税负公平的实现。在财政支出方面，中国把更多的财力投向了经济事务支出和一般公共服务项目，而民生支出除了教育以外，社会保护支出和医疗卫生的投入比例远低于发达国家平均水平。研究指出简化税制、拨开财政幻觉迷雾以及对国家税收权力的有效制衡是促进税负公平的基础和保障。

第五，提出优化中国税负公平的路向与对策。首先，建立政府与公民间相互承认的税收，强调税收治理的理性、公平、有效等原初价值和基础性意义，在积极促进合作性税收信任合作关系与行为模式的基础上形成国家权力与公民权利的耦合；强化国家税收权力制衡，增强税收决策科学性；培育公民精神，推动基于相互承认的税收遵从，从而增强税收的合法性。其次，优化税收治理的运作场域，通过搭建税收善治的机制与平台，促进税收合作治理的发展；建立税收信用制度，完善税收征管模式，并通过增强公共收入与开支的科学性与透明度提升税收的公共性。最后，通过改善税制结构，保持适度张力的秩序建构，完善税收管理体制，合理划分税权，构建绿色税收体系，促进税负代际公平以实现税收的可持续性。通过构建行动规则、优化运作场域和推动结构转型，增强税收合法性、公共性和可持续性，促进税负公平，推动经济、社会与国民福祉的同步协调增长。

二、研究方法

一是采用文献研究法。利用文献研究法对国内外的研究文献系统地梳理和分类，分析国内外对税收公平问题研究的状况以及不足，寻找本文研究的空间。同时，通过研究税负公平核心概念、基本理论的梳理归纳，提炼出本研究的研究范畴，研究方法以及可行的路径，为优化中国税负公平提供理论基础。

二是采用规范分析与实证分析相结合的方法。实证研究离开了理论探讨容易流于单纯的故事描述，规范分析是一项理论研究必不可少的分析工具。规范性研究意味着“应当怎么样”，描述的是事物的应然状态，注重事物的价值、标准方面的研究。本研究首先以政府税负公平的学理基础为工具，界定税负公平的基本概念及内涵，阐述税负公平的原则，试图通过税收善治的价值核心——合法性、公共性和可持续性构建一个国家治理与善治视阈下涵盖税负公平导向、体现税负公平原则的三维分析框架。同时本研究还采用实证研究方法对中国的税负公平现状进行系统考察与评析，从而为优化中国税负提供现实考量。

三是采用系统分析方法。伊斯顿把社会政治生活系统看作是处于自然的、生物的、社会的和心理的环境包围之中。并提出政治生活要构成一个开放系统，还必须使对于环境做出鉴别有用和必要。[①]社会是一个有机的系统，任何环节的变化都可能带来系统结构的变化，系统分析方法的最大优势是兼顾全局与部分的关系。因此，将税负公平的研究置于国家治理的层面，把税负政治公平、经济公平和社会公平统一在税收治理乃至国家治理的分析框架中，从而在一个更为广阔的视阈下理解和把握优化税负公平的价值与意义。

四是采用比较分析法。阿尔蒙德在《比较政治学：体系、过程和政策》一书中指出“比较分析在形成科学理论的过程中具有举足轻重的作用，因为比较分析为任何一个单独领域的专家提供了他所生疏的背景情况和各种关系……是防止我们对人类社会各种可能性视而不见所获得的最佳方案”[②]。因此，本研究通过对中国地区间、产业间、所有制间、社会阶层间和代际间税负公平的深度分析，以及中国与发达国家、发展中国家在宏观税负水平、税制结构以及财政支出等方面的比较，以期寻找中国与发达国家在税负公平实践中的差异，并在对发达国家政府促进税负公平经验

① ［美］戴维·伊斯顿：《政治生活的系统分析》，王浦劬译，北京：华夏出版社，1999年版，第21页。
② ［美］加布里埃尔·A. 阿尔蒙德等：《比较政治学：体系、过程和政策》，曹沛霖，等译，上海：上海译文出版社，1987年版，第22页。

研究的基础上抽象出促进税负公平所应当共同遵循和恪守的共通性原理与规律，为优化中国税负公平提供借鉴和启示。

三、研究的可能创新之处

税负公平涉及政治、经济和社会的多个领域，如何建立一种公平的税负体系，既能为政府筹集足够的财政收入以有效提供公共产品和公共服务，又能在促进经济健康持续发展的同时实现社会的公平和正义，是一个庞大的系统理论研究，也是一个亟待解决的现实问题，前人对此已做了大量研究并颇有所得。本研究对税负公平的研究只是在前人研究基础上的些微探索，期望能进一步推动该领域研究广度和深度的拓展与延伸。

首先是研究视角上的创新。本书从政治学、经济学、公共管理学多角度审视税负公平问题，努力拓宽税负公平研究视野，强调从国家征税权力与公民权利的关系来分析税负公平，尝试在更深层次系统探讨和解释中国税负不公的问题，为相关研究提供理论与方法上的借鉴。

其次是研究内容的创新，也是本书的核心创新。在阐述国家治理税收逻辑，厘清税收本质的基础上挖掘税负公平的内涵，对税负公平进行多角度多层次的分析，并尝试将税负公平的标准和原则置于税收善治的规范性目的之下，由税收善治的精神和原理出发分别加以检视，从而通过税收善治的价值核心——合法性、公共性和可持续性这条纽带，力图为税负公平的研究构筑一个涵盖税负公平多重内涵、体现税负公平原则的解释性分析框架。这一分析框架不仅拓展了税负公平研究的视野，也在一定程度上有助于深化国家税收治理的研究。

最后是本书若干独到、新颖的研究发现与研究观点。（1）围绕对“中国税负痛苦指数”的分析和思考，在对中国税收负担和民生支出进行对比分析的基础上，指出“税负痛苦”不仅指向政府收入口径的问题或者单纯衡量税负水平的高低，更大程度上取决于纳税人的主观感受，即实际缴纳的税收与期望所得（所需政府提供的公共产品和服务）的匹配程度。因而，税负的高低本身不是衡量税负痛苦根本性问题，关键是责权利的一致性或成本与受益的对称性。本研究将税负公平的研究拓展至政府财政收入的筹集和支出，与公共产品和公共服务的提供和国民福祉的增长结合起来，力图丰富税收负担乃至税收理论与实践的研究。（2）通过运用新制度主义对中国税收制度的演变过程进行全景式考察，指出1949年以来中国历次税收制度变迁是以政府为主导，在现有的制度模式内不断优化以适应经济和社会环境的过程。税收制度变迁主要采取需求累增与阶段性突破的方式，基本保持了制度创新中制度安排的有效衔接和相对稳定，维持了原有法律体系和组织资源的连续性，具有明显的渐进式的强制性运行特点，而且随着制度实施规模的扩大以及自我积累、自我强化形成制度惯性从而出现路径依赖。现有研究着重描述税收制度具体的改革措施与对策，并未对其演变的机理进行全面而深入的分析，因此，本研究在综合分析中国1949年以来历次税收制度改革发展轨迹的基础上总结其变迁的类型与特点，为中国税收制度的进一步改革提供理论参照。（3）对中国税收理念的演变的过程进行梳理，根据1949年以来后中国的税收理念发展脉络，将税收理念的演变划分为计划经济时期的税收理念、改革开放初期税收理念和市场经济时期的税收理念三个阶段。指出税收理念的演变经过从只强调纳税义务到注重保护纳税人权利；从片面强调效率到逐渐注重公平；从传统封闭式的以税收计划和税收任务为中心的管理转向以依法治税为宗旨的现代税收管理；从传统的税收管理到强调税收服务的转变过程。现有研究大多忽视税收理念及其变化对税负公平实现和税收治理的影响，未能分析税收过程中征纳双方税收不遵从的深层原因。因此，本研究通过对中国税收理念演变的发展过程的分析为税负公平和税收治理研究提供一种新的视角。（4）运用相互承认政治的理论对税收合法性进行分析，指出税收合法性蕴涵着对公民权利和自由的尊重，这种“相互承认关系的完整性结构”既是税收获得征纳双方承认的价值理由，也体现了个人权利与国家权力之间的博弈与合作关系。税收合作治理需要基于政府与公民间相互承认的信任，改变“中心—边缘”模式下管理主导型政府模式中单向度的税收权力运行机制，通过建构理性平衡和对话协商的场域塑造税收治理的行动规则，确立合作关系与行为模式，并通过国家权力与公民权利的耦合形成税收合作治理的机制。因此，建立相互承认的税收理论的有助于为实现税负公平提供理论依据，有利于构建一种在平等的基础上相互承认的税收行动规则，塑造政府公权力与公民私权利间的治理结构，增进国家与公民的相互信任与合作，通过税收权力运行的规范化、民主化和法治化实现税负公平，促进社会总体福利的增长。

税负公平

第二章

学理辨析：
税负公平的研究进路

问题研究

税负公平作为税收的首要原则，既是制定税收政策所要遵循的基本依据，也是评价国家税收治理优劣的重要标准。因此，厘清税负公平的研究起点、研究理路和研究目的，通过对国家治理的税收逻辑和税负公平观发展脉络的梳理，构建一套税负公平的分析框架是分析中国税负公平的前提和基础。

第一节 税负公平的研究起点：国家治理的税收逻辑

税收与国家的产生和发展息息相关，“公共事务几乎没有一项不是产生于捐税，或导致捐税”[①]。政府的运转需要资金，只有在以税收为主的财政收入足够维持政府的支出需要时，政府才能正常运转，因而税收从财产的角度说明了国家存在的最基本关系——公共权力与公民权利之间的关系。正如约瑟夫·熊彼特（J. A. Joseph Schumpeter）指出的那样，税收与国家如同一枚硬币的两面，税收必须依靠国家的公共权力才能征收，国家必须依赖税收才能生存和发展，因此凡是有国家的地方必定会有税收。[②]税收通过影响国家财政征收方式、支出水平及其调节社会分配等机制作用于国家的制度建设和治理能力。正因如此，诺斯直接用征税能力界定早期的国家：“国家是这样一种组织，在运用暴力方面具有比较优势，它能够征得税收的范围有多大，其地理边界就能扩展到何处。”[③]国家是否能够成功地汲取足够的财政收入，取决于政府是否采取了一系列行动来建立一个可以有效地汲取所需资源的机构。因此，国家课税依据为何，税收的原则是什么，最优税收应该如何进行制度设计，这些是从国家税收治理之角度研究税负公平必须要回答的关键问题。

一、课税依据之思：权力与权利之间

税收作为国家治理的一个重要方面，是连结政府权力与公民权利的重要媒介和

① ［法］托克维尔：《旧制度与大革命》，冯棠译，北京：商务印书馆，1992年版，第127页。

② ［美］熊彼特：《税收国家的危机》，载［美］丹尼尔·贝尔：《资本主义文化矛盾》，赵一凡、蒲隆、任晓晋译，北京：生活·读书·新知三联书店，1989年版，第285页。

③ Evan S. Lieberman（2002）. Tax Data as Indicators of State-Society Relations：Possibilities and Pitifalls in Cross-National Research，Studies in Comparative International Development，Vol. 36. 4.

纽带。“对于普通公民而言，征税的权力是其最熟知的政府强制力的表现”[①]。国家课税凭据为何？对其内涵的理解和把握关乎国家的税收政策导向及民众的福祉。税收理论实际上是国家公权力与公民权利在不同时期和不同阶段博弈过程的体现，对国家的认识不同，对税收及其彰显的国家权力与公民权利关系的认识也就不同。日本税法学家金子宏认为如何看待国家的本质问题是与国家课税依据问题密切相关。[②]因此，从国家本质的角度着手，是理解课税依据的最佳途径。

（一）基于国家掠夺论为基础的“掠夺说”“义务说”：权力与权利的分离

国家掠夺论或剥削论认为国家是某一集团或阶级的代理者，代表该集团或阶级的利益向其他集团或阶级的成员榨取收入。恩格斯指出：“国家是阶级矛盾不可调和的产物，是经济上占统治地位的阶级进行政治统治的工具，是凌驾于社会之上日益与社会脱离的特殊公共权力，其作用是协调各阶级的矛盾。”[③]捐税是国家权力在经济上的体现，国家要正常运转，必须通过需要公民缴纳费用——捐税，以确保军队、警察和法庭等作为暴力机器维持统治秩序作用的正常发挥。于是，税收便和国家天然地联系在了一起。

曼瑟·奥尔森在《权力与繁荣》中提出了著名的匪帮论，指出当一个流动匪帮选择一个地方驻扎下来成为固定匪帮，“在他控制的土地上有自己共容利益（Encompassing Interest），因此愿意提供国内秩序与其他公共产品”[④]。奥尔森在“流动匪帮——固定匪帮”理论基础上建立掠夺性国家模型，推导出国家的本质是以暴力为后盾追求财政收入最大化，通过规模效益为社会提供安全保证一种组织形式。他用共容利益解释了“固定匪帮”提供公共物品的动机是长期榨取尽可能多的净剩余，也解释了人们愿意接受“固定匪帮”的掠夺与统治的原因。奥尔森认为“流动匪帮”到“固定匪帮”改变的是掠夺形式，而不是掠夺的本质。历史中大部分政府的建立不是源于社会契约或者自愿交易，而是出于强力征服的后果，因此其秉承的也是一种掠夺论的国家观。

诺思以“暴力潜能”（Violence Potential）分配理论整合国家契约论和掠夺论，契约论假定主体间暴力潜能平等分配，掠夺论假定不平等的分配，即当暴力被垄断时，国家表现出来的是暴力和掠夺；而当暴力被分散时，便产生契约性国家。国家的目的是要实现统治者的租金最大化，其提供的基本服务是博弈的基本规则，并通

---

① ［澳］杰佛瑞·布伦南、［美］詹姆斯·M. 布坎南：《宪政经济学》，冯克利，等译，北京：中国社会科学出版社，2004年版，第9页。

② ［日］金子宏：《日本税法原理》，刘多田，等译，北京：中国财政经济出版社，1989年版，第15页。

③ ［德］恩格斯：《家庭、私有制和国家的起源》，载《马克思恩格斯选集（第4卷）》，北京：人民出版社，1995年版，第166页。

④ ［美］曼瑟·奥尔森：《权力与繁荣》，苏长河、嵇飞译，上海：上海人民出版社，2005年版，第9页。

过界定、保护产权、降低交易费用以使全社会总产出最大化从而增加国家税收。①在诺思晚年的研究中认为经济和政治的关联构成了整个社会发展的深层基础，提出了“暴力与社会秩序”理论，认为任何社会都必须解决暴力问题，掠夺秩序（Foraging Order）、限入秩序（Limited Order）、开放进入秩序（Open Access Order）这三种解决暴力的方式决定了不同组织类型的产生与延续，②国家垄断了合法使用暴力的权力。

国家掠夺论是从“国家本位”的角度来理解国家征税的正当性问题，认为税收是以国家为主体进行的，国家凭借其强制力无偿地剥夺社会成员财富的一种强制性资源分配活动，纳税被看成了纳税人单方面的无偿行为。若以此国家观为基础，税收就成了政府应当如何征税，如何运用征税权的技术。在此背景下，对于公民而言，税收只是一种义务而不意味着拥有相应的权利；对于相关研究者而言，其研究的视角主要是皇家理财，如何约束政府取得税收收入的问题并不须进入研究的视野。以此为基础的课税依据学说主要有“掠夺说”和“义务说”。

1. 掠夺说

产生于19世纪的“掠夺说”由19世纪空想社会主义者欧文·圣西门提出，该学说认为税收是国家中占统治地位的阶级凭借国家的政治权力掠夺其他阶级财产的一种手段。其性质是强制性的掠夺，而不是义务的分担。掠夺说符合马克思主义的阶级分析以及诺思关于国家暴力潜能分配论的掠夺型国家理论，揭示了掠夺型国家征税的阶级关系。

2. 义务说

义务说也称牺牲说和国家权力说，源于19世纪初欧洲国家主义盛行时期，德国社会政策学派瓦格纳对此学说进行了进一步的完善。该学说认为国家的职能是保护全体人民的利益，其经费开支必须来自全体人民，国家基于公共职能的实现而向人民强制课征税收，因而人民纳税是一种强制性的义务，而不是道德上的自愿。国家拥有政治权力即拥有征税的权力，国家征税是一种无偿、强制性的行为，对人民来说是一种牺牲和义务，从而强调国家征税的权力和人民纳税的义务。

以掠夺论为基础的课税依据理论强调国家（政府）凭借政治权力的强制性征税权，通过税收的方式获得资金来保障自身的运行并实现国家之治，忽视对纳税人的权利保障；强调公民无偿征税的义务，遮蔽了国家为纳税人提供公共产品和公共服务的义务。在强大的国家权力面前，个人权利显得微不足道，由此可以体会先哲所言“征税的权力事关毁灭的权力”。在此理论指导下的税收实践强调国家凭借手中

---

① ［美］道格拉斯·C. 诺思：《经济史中的结构与变迁》，陈郁、罗华平译，上海：上海三联书店，1994年版，第21–24页。

② North，D. C，Wallis，J. J.，Webb，S. and Weingast，B. R.（2007）. Limited Access Orders in the Developing World：A New Approach to the Problems of Development［EB］. The World Bank，Policy Research Working Paper，WPS4359，September.

的权力强制性征税，无法保障纳税人应享有的权利和实现对政府税收行为的有效限制与监督，从而形成国家权力与公民权利在财产关系上一种极为不平等的地位。

（二）基于社会契约论的“交换说”和“公需说”：权力与权利的统一

以霍布斯、洛克和卢梭为代表的社会契约论构成了对国家观的另外一种理论解释。托马斯·霍布斯（Thomas Hobbs）首开社会契约论国家观的滥觞，其著作《利维坦》以自然状态假说为基础，借助理性主义、人性论、人权论等为分析工具，认为在国家产生之前，人们生活在一种自然状态下（即没有一个可以慑服众人的公共权力），但是由于自私的本性和无止境的欲望容易导致彼此间成为仇敌，在此人人为战的状态下，个体的生命不仅经常处于死亡的威胁下，也使正常的生产秩序难以维持，人们为了摆脱这种状况，基于理性在自然约束下通过契约建立国家以保障人们安全、抵御外敌，因此，“自然法”和“公共权力”的出现也就成了呼之欲出的结论。

约翰·洛克（John Locke）的国家观也是以自然状态和战争状态假说为逻辑起点，重点阐述了“天赋人权”的思想。即人们在自然状态下拥有与生俱来的生命、自由和财产权。“未经人民或其代表同意，绝不应该对人民的财产课税”。[①]洛克的天赋人权理论对个体所固有的权利特别是财产权利的强调以及如何限制国家权力带来了巨大的启蒙意义，认为政府的权力不过是来自最高权力的委托，国家的最高权力立法权应掌握在人民手里，从而扭转了公众和政府在税收关系中的地位，使利益的天平偏向了公众。

让-雅克·卢梭从自然状态出发，考察国家权力与人民权利的关系，明确提出“人民主权”并进行系统阐述。与霍布斯假设人性本恶不同，卢梭认为“人天生是善良的”，“人是生而自由的，但却无所不在枷锁之中……社会秩序乃是为其他一切权利提供基础的一项神圣权利，然而这项权利绝不是出于自然，而是建立在约定上的”[②]。“社会公约赋予了政治体以支配它的各个成员的绝对权力。正是这种权力，当其收到公意指导时，就获得了主权这个名称。”[③]主权是全体参加的一个共同体，建立于一个普遍意志的基础上，主权作为普遍意志的行使是不能转让的，“政府只不过是主权者的执行人”，其作用是“使臣民和主权者互相适应；它负责法律的执行并维持社会及政治的自由”[④]。根据契约产生的国家是为实现“公益”——共同意志、公共利益、公共幸福而存在。从这个意义上说，社会契约论不仅是一种对国家主权来源的思考与证明，更隐含着对限制国家权力的密切关注。

---

① ［英］约翰·洛克：《政府论》（下篇），叶启芳、瞿菊农译，北京：商务印书馆，1982年版，第90页。
② ［法］让-雅克·卢梭：《社会契约论》，何兆武译，北京：商务印书馆，1980年版，第5-6页。
③ ［法］让-雅克·卢梭：《社会契约论》，何兆武译，北京：商务印书馆，1980年版，第41页。
④ ［法］让-雅克·卢梭：《社会契约论》，何兆武译，北京：商务印书馆，1980年版，第76页。

巴泽尔也使用暴力来定义国家，但其采用的方法是霍布斯主义的。他以霍布斯的丛林状态作为分析问题的起点，认为在此状态下个体利用自己的资源，包括使用暴力的能力以使自己的状况有所改进。个体间关于生产和交换的契约最初依靠个体间的自我执行机制，但由于这种契约的执行缺乏保证，因而必须由国家提供保护和保证契约执行的机制。巴泽尔在《国家理论——经济权利、法律权利与国家范围》一书中试图对国家的产生建立分析模型："所有的个体都被假设为最大化者，当他们开始社会化时，他们首先不允许社会成员专职于使用暴力，这是为了防止这些专制者所进行的独裁接管，然而，当受到外部人的威胁时，他们会允许这些专职者产生以保护社会成员，但是，只有当他们建立了集体行动机制从而能够控制这个专职者时，才会这么做。裁决正义和实施其决策的专职保护者的出现，确定了国家的产生。""协议的实施，是模型主要特征，对国家所实施的协议的确定，以及所有协议中所实施的那一部分协议，确定了国家的范围。"①因此，巴泽尔认为国家的建立及其功能的发挥是与个体的保护需求紧密相连的。

尽管在具体研究上有所侧重，但在国家起源问题上社会契约论者的基本观点是一致的，即现代民主国家的产生是个人向国家让渡部分自由和权力的缔结契约过程，国家正是为了有效地满足缔约主体对公共安全和公共物品的需求而征税。以社会契约论国家观为基础的课税依据学说主要有交换说和公需说。

1. 交换说

交换说也称利益说或代价说，产生于社会契约论盛行时期，其代表人物主要有霍布斯、亚当·斯密和卢梭。交换说认为人们基于社会契约建立国家，人民的利益需由国家来保障，因此应当以其部分财产作为国家保护利益的交换条件，税收体现了人民和国家之间的一种利益交换关系。当代瑞典经济学家维克塞尔和林达尔更是从"税收价格论"的视角，以市场经济条件下的财政理论为出发点，认为政府征税的权力来自为社会提供公共产品。税收是人们为了享受国家提供的公共产品所支付的价格费用，从而直接把税收定义为国家为了补偿公共产品的成本，而从公共产品中受益的消费者收取一种特殊形式的价格。税收因此具有了公共产品"价格"的性质。②

2. 公需说

公需说也称公共福利说，是西方早期的课税依据理论，代表人物为德国官房学派③学者克洛克和法国的布丹。公需说认为每个公民都需要公共物品和公共服务，但是公共物品与私人物品之间的差别在于——公共物品具有"非排他性"和"非竞争性"，

---

① ［美］约拉姆·巴泽尔：《国家理论——经济权利、法律权利与国家范围》，钱勇、曾咏梅译，上海：上海财经大学出版社，2006年版，第3页。

② 张馨：《公共财政论纲》，北京：经济科学出版社，1999年版，第232页。

③ 官房原指皇家储藏财富的场所，后引申为皇家财产，官房学即指保持、增加和管理皇室收入的学问，后来扩大为如何增加国家财富的研究。

决定了公共物品无法像私人物品那样通过市场机制来调节供求关系，因为杜绝消费公共物品而不支付代价的“搭便车”行为的成本太高，追求利润最大化的理性私人生产者不愿意提供公共物品，这在客观上促使国家必须担当起服务公共利益、增进社会福利的职责，于是，国家和政府也就只能建立税收制度来筹措满足公共需要的资金。[①]

在社会契约论的国家起源学说中，详细地诠释和证明了国家征税依据来源于对人民公共需求的满足。用当代美国法律学者霍尔姆斯和桑斯坦的观点来表述就是：“由于对个人权利的保护总是以权力关系的创造和维持为先决条件，所以对个人权力的保护从来就不是免费的”，“甚至可以这样说，民众和政府之间的关系就是一种‘税收交换保护’关系”。[②]自由和相关权利需要成本，赋税即公民向国家支付的成本，因此，税是一种“必要之恶”。税是在纳税人与政府的委托、受托关系中产生的，纳税人为了消除自然状态下自然权利保障的不确定性，通过纳税行为将部分私有财产委托给国家，而国家征税之权力，即在于承诺将人民所纳之税用于权利保障和公共福利。权（力）利和义务是一个硬币的两面，因此，政府有义务按照纳税人的意图来征收、使用税款，并接受纳税人的监督，而纳税人则有权利仅对按照法律规定且符合权利保障和公共福利支出方向的税收承担纳税义务。以社会契约论为基础的课税依据理论强调国家税收权力与纳税人的权利的平等对应，成为西方民主国家税收实践的理论基础。

（三）当代中国课税依据理论：走向权力与权利的平衡之路

纵观当代中国税收课税依据的发展历程，由于长期受马克思主义的国家理论影响，以阶级斗争为纲的思想引导了对课税依据的思考，除传统的“国家分配论”简单地把课税依据归结为国家的政治权力外，基本没有形成系统的理论。[③]在20世纪70年代末至80年代，中国财政学界展开了对财政本质和课税依据的论争，主要形成了两种比较具有代表性的观点：

1. 国家分配论

国家分配论由丁方、罗毅于1951年正式提出，并于1964年在大连召开的财政学研讨会奠定了其在当时中国财政学界的主流地位。该理论认为财政税收是统治阶级用来维持统治和执行公权力的工具，是一个历史的范畴，是人类发展到一定阶段的产物，会随着阶级和国家产生而产生，也必将随着阶级和国家的消亡而消亡。国家分配论确立于计划经济时期，与计划经济的“国家财政”类型有着天然的一致性，其立论基点是对于“国家”主体的强调，仅从满足国家职能的角度来考虑财政

---

① 刘剑文：《税法专题研究》，北京：北京大学出版社，2002年版，第100页。

② ［美］史蒂芬·霍尔姆斯、凯斯·R. 桑斯坦：《权利的成本——为什么自由依赖于税》，毕竟悦译，北京：北京大学出版社，2004年版，第77页。

③ 王玮：《税收学原理》，北京：清华大学出版社，2010年版，第19页。

问题，认为“财政是以国家为主体的分配关系”。这些理论与计划经济本性相适应，从而指导了计划经济时期中国的财政活动，再加上行政干预和长官意志的因素，[①]国家分配论长期占据中国财政理论主流地位。

2. 社会共同需要论[②]

社会共同需要论认为国家税收是为了满足社会的共同需要，试图从“公共性”来论证税收问题，否定“国家”对于“税收”的决定作用。社会共同需要论的提出者何振一认为：财政的本质是为满足社会共同需要在社会再生产过程中形成的社会集中化的分配关系。社会共同事务的需要，表现为国家实现职能的需要，国家只是财政分配关系中的主体和社会共同事务职能的执行者，因此，财政作为社会再生产的重要组成部分，是社会自身存在和发展的需要，而不仅仅只是国家的需要。

由于“国家分配论”长期占据中国主流课税依据理论地位，把税收当成了权力的附庸，认为税收体现了统治阶级参与社会分配的国家意志，是一种国家与纳税人之间形成的以国家为主体的社会剩余产品的分配关系，纳税被认为是单方面无偿行为，从而遮蔽了纳税人权利与国家的权力的对应关系。“国家分配论”强调税收的职能（财政职能、经济职能、监督职能）和税收的传统三性（强制性、无偿性、固定性），从传统的“命令与服从”的行政模式角度来认识课税依据，强调个人利益要服从集体利益，把国家置于个人之上，个人利益被忽略、淡化，一方面由于忽视纳税人权利以及由此引起的国家征税权对纳税人权力的挤压，使政府的强制征税权力和运用公共财政的权力不断膨胀和放大；另一方面由于纳税人对政府行为的制约和监督长期被弱化和忽视，导致政府的征税行为和财政预算支出行为均缺乏有效的约束。

进入20世纪90年代后，中国税收理论界对传统课税依据理论进行了进一步的阐释和补充，也有不少学者借鉴西方课税依据理论，在“税收价格说”的基础上提出了新的课税依据理论，这些学说中比较有代表性的有“国家社会职能说”“国家政治权利说”“税收债务关系说”和“法律权利交换说”等。[③]与传统理论相比，这些学说都不同程度地认同国家与人民之间的契约关系，不再简单地认为税收只是人民对国家的一种无偿支付，或多或少吸纳了利益赋税的思想，从只强调国家征税权力到逐渐注重纳税人权利的保障。但是这些课税依据还没有成为指导税收工作的主流思想，很多税收理论的教科书也都还停留在对税收的强制性、无偿性和固定性的阐述中，纳税人的基本权利还未得到应有的尊重和保障。

课税依据问题的实质是为税收的存在寻找一个“正当性”的理由，[④]理解了这一问题，就明白为什么课税依据问题的提出并不是随着税收的产生而出现。因为在漫

---

① 张馨、杨志勇、郝联峰、袁东：《当代财政与财政学主流》，大连：东北财经大学出版社，2000年版，第411页。

② 张馨、杨志勇、郝联峰、袁东：《当代财政与财政学主流》，大连：东北财经大学出版社，2000年版，第406–408页。

③ 王玮：《税收学原理》，北京：清华大学出版社，2010年版，第19页。

④ 翟继光：《税法学原理》，上海：立信会计出版社，2011年版，第102页。

长的税收历史发展过程中，征税是国家顺理成章的权力，没有予以正当性证成的必要。近代以后，随着理性主义的发展，关涉人们基本财产权和自由权的税收势必要受到对其课征正当性的质疑，要求国家给予纳税人一个“说法”。而由于每个时代和社会都有其正当性的问题和论证方式，各种课征依据的理论也都是适应时代和社会提出的，合理性解释的开放性与多元性为人们选择自己认为最具说服力的理论提供了可能。国家掠夺论是从“国家本位”的角度阐明了税收征收的国家的主体性，强调课税所依赖的政治权力；社会契约论是从“个人本位”角度论证了国家与纳税人在税收领域的契约关系以及权利和义务在国家与纳税人之间的双向流动。由此可见，课税依据要解决的核心是国家征税权与公民财产权的关系，进而言之，是国家权力与公民权利之间的关系问题。在权利与义务统一的现代法制精神下，纳税人履行了纳税义务就享有向政府部门索取公共产品和公共服务的权利，国家依法取得了税收便须承担向纳税人提供公共产品和公共服务的义务。国家权力机关通过税收的方式获得财政资源以实现国家之治，目的是营造稳定的社会秩序并维护公民的权利，税的征收与支出当以公共利益为依归。由于不受限制的权力只会将人类社会带入到灾难的境地，因此，包括征税权在内的一切公权力都必须受到制约。在这样的视阈下，应更多强调限制国家权力及保障和尊重个人权利，以实现国家征税权力与公民权利之间关系的协调平衡，并通过国家权力的合理行使促进公共利益最大化。

二、税收原则之辩：公平与效率的契合

所谓税收原则，也称为课税原则或税收政策原则，是制定税收政策、设计税收制度所遵循的基本指导思想，也是评价税收政策好坏，鉴别税制优劣的准绳。[①]因其重要性，西方经济学者对税收原则的论述源远流长，是西方税收理论中论述最多的内容之一。

（一）西方税收原则理论的演变

17—18世纪是西欧各国向自由资本主义转变的时代，也是税收原则初步形成的时期。[②]重商主义和重农主义学派的学者均对税收原则有着自己的主张，但都没有明确而系统阐述税收原则思想。在税收学说史上，较具代表性而且影响较大的是英国经济学者亚当·斯密、德国财政学者瓦格纳和美国财政学者马斯格雷夫的税收原则理论。

---

①② 胡怡建：《税收经济学》，北京：经济科学出版社，2009年版，第7页。

1. 亚当・斯密的税收四原则

西方经济学界普遍认为，第一次明确而系统地阐述税收原则的是亚当・斯密。[①]他在其《国富论》中把经济的自由主义视为处于产业革命初期的英国经济发展的动力，主张自由竞争，反对国家干预经济，并从经济自由主义的立场出发，针对如何使税收负担和税收征收合理化的问题，提出了著名的税收四原则：平等原则、确定原则、便利原则和最少征收费用原则，体现了比例纳税和税收效率思想，为后来的税收原则理论进一步发展奠定了基础，当代税收的公平、效率原则都可以在其思想上找到痕迹。

2. 瓦格纳的税收原则

阿道夫・瓦格纳作为德国社会政策学派的代表人物，反对自由主义经济政策，承认国家对经济有积极的干预作用，强调税收的财政收入和在调节社会分配中的功能，注意到税收与经济的互动关系，说明税源和税种的选择都必须以保护税基为前提，并明确提出国民经济作为课税原则，使税收效率标准有了更为丰富的内涵。瓦格纳对亚当・斯密的税收四原则进行了拓展，提出涉及财政政策、国民经济、社会公正、税务行政的税收四项九端原则，其主要内容有：（1）财政政策原则，也称为财政收入原则，即政府征税的目的是取得财政收入以满足财政支出的需要，包括收入弹性和收入充分原则；（2）国民经济原则，即国家征税要有利于国民经济的发展，包括税源选择和税种选择原则；（3）社会公正原则，即每个社会成员均应分担税收负担，包括普遍和平等原则；（4）税务行政原则，又称课税技术原则，体现了税收管理的要求，包括确实、便利和省费原则。瓦格纳的税收原则可谓集前人理论之大成者，他的税收行政三原则加上社会正义原则中的平等原则，就是亚当・斯密的四原则；国民经济原则结合了尤斯蒂和西斯蒙地的思想；财政收入原则在相当程度上是德国官方学派理财传统的某种延续，总体而言，瓦格纳多中心体系的税收原则[②]，是继亚当・斯密之后最为完备的税收原则。

3. 马斯格雷夫的税收原则

美国经济学者理查德・A. 马斯格雷夫从公共部门在国家经济中的地位出发，论证政府主要有配置、分配和稳定职能，对当代财政学理论体系的建设影响深远。在其经典的财政学教材《财政理论与实践》中，他提出了评定税制结构质量的主要标准：（1）财政原则，即“政府征税应保证足够的财政收入”；（2）公平原则，即“税收的负担应当公平，每个人都承担合理的份额”；（3）效率原则，即“政府应当选择对有效市场上的经济决策干预最小化的征税办法”；（4）稳定原则，即“税收结构应当有利于财政政策的运用，以便达到稳定与增长的目标”；（5）政策原则，即“当将

① 曾康华：《当代西方税收理论研究与税制改革研究》，北京：中国税务出版社，2011年版，第246页。
② 王玮：《税收学原理》，北京：清华大学出版社，2010年版，第62页。

税收政策运用于其他目标时，应尽量避免对税收公平的干扰”；（6）明确原则，即“对税收制度进行有效而不是专断的管理，应使税收制度为所有人所理解”；（7）省费原则，即“税收的征收管理费用，应在考虑其他政策目标的基础上尽可能地节省”。[①]马斯格雷夫的税收原则与其提出并被广泛接受的现代财政原则理论是一脉相承的，不仅体现了税收取得财政资源和调节收入分配的功能，也体现了调节经济运行的要求。

（二）政府税收原则的选择：公平与效率的契合

循着西方税收原则理论的发展轨迹，可以看出在不同历史发展时期，由于具体社会经济条件不同，税收所面临和解决的问题也有所不同，因此税收制度安排应当遵循的基本原则也会有一定的差异，但纵观税收原则理论的发展，其内容都没有超出过公平原则与效率原则的范畴，其发展过程也是这两个原则的细化过程。[②]因此，西方税收理论对税收原则的表述，都倾向于用公平原则和效率原则加以概括。[③]

1. 公平原则

从17世纪的威廉·配第到当代的马斯格雷夫无不把公平作为税收的首要原则。亚当·斯密认为税收公平就是“按各自能力的比例纳税”和“按各自在国家保护下享得的收入比例纳税”，即“能力原则”与“受益原则”，后来发展为税收的“能力说”和“受益说”。税收公平原则就是指国家征税要使各个纳税人之间的负担水平保持均衡；认为税收作为国民收入再分配的手段，要求税制的设计和课征应有助于国民分配的优化，在调整社会财富分配时要力求公平合理，以使相同境遇的人承担相同的税负，不同境遇的人承担不同的税负，实现税负的横向和纵向公平。

2. 效率原则

亚当·斯密对税收效率的描述来自他的最小征收费用和便利原则。瓦格纳的税务行政原则、马斯格雷夫的效率原则等，都对税收效率原则进行了描述和界定。政府的征税行为不可避免地会给经济运行和纳税人带来一定的影响，这些影响包括纳税人缴纳的税款和非税款形式的负担。因此，税收效率原则是指政府征税要有利于资源配置与经济运行，尽可能地缩小非税款形式的负担。由于非税款形式的负担包括税收扭曲资源有效配置带来的超额负担以及征税过程中所耗费的各种征纳成本，因此税收效率可以相应地被区分为税收经济效率和税收行政效率，前者涉及资源配置效率的影响，后者是税收课征行为的效率。

---

① ［美］理查德·A. 马斯格雷夫、佩吉·B. 马斯格雷夫：《财政理论与实践》，邓子基译，北京：中国财政经济出版社，2002年版，第228–229页。

② 张馨、杨志勇、郝联峰、袁东：《当代财政与财政学主流》，大连：东北财经大学出版社，2000年版，第145页。

③ 曾康华：《当代西方税收理论研究与税制改革研究》，北京：中国税务出版社，2011年版，第255页。

3. 公平原则与效率原则的契合

税收公平与效率的探讨，一直是西方财政学研究的重要议题，西方税收原则的发展过程就是公平原则与效率原则细化的过程。作为评判税收制度的标准，公平原则和效率原则既存在矛盾也存在着统一：一方面，税收公平原则与效率原则是存在矛盾的，主要表现在一些具体的课税活动中。如对商品课税可以通过各种具体政策促进生产发展和调节资源配置，以实现税收效率目标，但它在一定程度上违背了量能纳税原则，在某种程度上造成了纳税人之间税收负担的不公平；相反，对所得课税具有负担合理，课征公平的优点，但其距离经济运行过程较远，很难直接调节生产或流通，因此又具有效率不高的缺点。另一方面，税收公平原则与效率原则又是统一的。首先，公平是税收效率的必要条件，只有保持税收的公平原则，使纳税人之间的负担水平保持均衡，优化国民分配，公平合理地调整社会财富分配，才能营造良好的社会环境，有效调动各阶层的生产积极性，促进经济发展，以保证税收收入；其次，税收效率原则是公平的前提，税收如果不能促进经济的发展和优化资源的配置效率，公平的收入分配就是无本之木，无源之水，税收的公平原则也难以实现。税收公平原则的实现过程，同时也就是保证与提高市场经济运行效率的过程。由此可见，税收公平原则与税收效率原则在本质上是契合的，都是为了促进国家经济的均衡发展以实现社会利益最大化。因此，对税收公平原则和效率原则的实现必须既要从具体税种和税收政策的层面来考虑，更要从整个税收制度，从国家经济均衡协调发展的层面来思考。就具体某一税种或税收政策而言，可以根据政策目标对公平或效率各有倚重，在复合的税制结构中，可以通过各个税种的互相补充，建立一个公平与效率兼顾的税收制度。从某种意义而言，人们追求的最优税收制度就是公平原则与效率原则契合的税收安排。

三、最优税收之论：政府应该选择怎样的税收制度

公平和效率是一个国家税收制度设计所必须遵循的基本原则，但在具体税种设计和税收政策制定中，效率与公平存在着一定的冲突。因此，如何协调税收公平与税收效率的关系，通过各个税种的合理配置和互相补充，使整体税制结构既能实现效率又能体现公平，成为税收理论研究中的重要问题。最优税收理论其实是对效率和公平这两项基本税收原则的深化和综合，换而言之，就是如何设计税制，才能既有效率又体现公平。[①]

① 曾康华：《西方财税理论研究》，北京：中国财政经济出版社，2007年版，第282页。

（一）最优税收理论的基本内容

任何最优问题都存在一个共同特点，在一定环境下受到某些约束条件的限制，选择某种方式作出某种抉择与权衡使目标最优。最优税收（Optimal Taxation）也是如此，最优税收也称最优税制，是探讨政府在一定的约束条件下，应该确定怎样的税制才能最体现和符合税收原则的基本要求，使目标最优化。[①]或者说，是在社会对公平的期望程度一定的情况下，实现社会公平与经济效率最佳平衡的征税方式。[②]最优课税理论与福利经济学中的“最优”概念有关。在福利经济学中，“最优原则”的基本含义是私人部门（市场机制）对经济资源的有效配置，即“市场配置效率原则”。最优税收理论的基本方法是在赋予效率原则和公平原则不同权重的基础上将这两个原则统一于社会福利标准中。社会福利的大小取决于个人效用的高低，最优化必然要求效率，效率越高，个人效用和社会福利水平也会越高，税收的最优化就是社会福利的最大化。而且，社会福利还取决于效用的公平分配程度，效用的不平等分配会导致社会总体福利下降。可见，最优税收实质上是效率与公平的组合，是从公平与效率的意义上使得社会福利最大化的税收。[③]

（二）最优税收理论的发展：公平与效率的权衡

最优税收理论研究的开端，最早可以追溯到重商主义的经济思想，学者们对最优税收理论的设计及其影响进行分析和研究，并通过对税收公平原则和效率原则的权衡建立最优税收的理论模型，其中比较具有代表性的如拉姆齐规则、埃奇沃思模型及米尔利斯最优税收理论。

1. 从公平原则出发的埃奇沃思模型

1897年，爱尔兰经济学者埃奇沃思发表题为《税收的纯理论》的文章，在边际均等牺牲效用论的基础上，建立了一个考察最优所得税模型，研究为获取社会福利的最大化设计税收再分配系统。通过模型分析，埃奇沃思指出只有使人们在纳税后的收入分配尽可能相等，也就是每个人的所得边际效用必须相同才能实现社会福利的最大化。由于穷人边际收入产生的效用比富人边际收入产生的效用大，因此对富人收入课以重税损失的边际效用比穷人的小，所以要实行高度累进税率的所得税制度。[④]由此可见，埃奇沃思模型在公平与效率的权衡中，明显地偏向了公平。

---

① 胡怡建：《税收经济学》，北京：经济科学出版社，2009年版，第61页。

② ［英］C · V. 布朗、P · M. 杰克逊：《公共部门经济学》，张馨译，北京：中国人民大学出版社，2000年版，第309页。

③ ［意］尼古拉 · 阿克塞拉：《经济政策原理：价值与技术》，郭庆旺、刘茜译，北京：中国人民大学出版社，2001年版，第253页。

④ ［美］哈维 · 罗森：《财政学》，平新乔、董勤发、杨月芳，等译，北京：中国人民大学出版社，2000年版，第306页。

2. 从效率原则出发的拉姆齐规则

经济学界关于埃奇沃斯偏重公平、忽视效率的税收原则有颇多争议，那么该如何按照效率原则来设计税制？ 1927年，英国剑桥大学的福利经济学者拉姆齐在题为《对税收理论的贡献》（A Contribution to the Theory of Taxation）一文中初步提出现代意义上的最优税收分析框架。其解决的基本问题是：给定数量的政府收入约束下，如何通过对企业和个人的收入的某些或全部用途课征比例性税收来筹集税收收入，才能使效率损失最小而社会福利最大。拉姆齐在文中得出的结论是要使税收引起的效率损失最小，对商品税率的确定应使不同商品的需求同比例减少，并提出税制设计的等比例递减准则与逆弹性准则，即通常所称的拉姆齐规则。然而拉姆齐规则的结论是建立在非常严格的假定前提下的。没有考虑现实社会中货币的边际效用对不同收入水平的人存在着差别。而且，在现实生活中需求弹性较高的商品往往是奢侈品，而需要弹性较低的商品往往是生活必需品，“逆弹性法则”无疑会导致高收入者税负较低而低收入者税负较高，违反了税收公平原则。因此，拉姆齐规则主要从税收效率出发而忽视了税收公平。

3. 兼顾公平与效率的米尔利斯最优税收理论

20世纪70年代，随着信息经济学的兴起和基于确定性、代理等问题研究的发展，设计一个能将公平与效率结合起来的税收制度逐渐成为学者们研究的重点。米尔利斯探讨了政府在信息不完全的情况下，如何设计出一种激励相容的最优税收体制，他的最优税收理论继承了埃奇沃思模型和拉姆齐规则的部分假设并进行了拓展，形成了“拉姆齐—戴蒙德—米尔利斯最优税收理论”。米尔利斯用数学语言阐明了最优税收的基本观点：为了使社会福利最大化，最优所得税最优之处在于能鼓励或激励具有良好禀赋的人多劳动，为社会创造更多的财富，因而最优所得税税率不一定是累进的，要使低收入者的福利最大化不一定要对高收入者课以重税；商品税不仅要对不同的商品要实现差别税率，还应当对人们生活必需品适用低税率或者免税。米尔利斯最优税收理论继承和发展了前人的理论成果，将公平原则与效率原则有机地纳入研究范畴，并试图找到二者间的最佳均衡，建立起一个比较完整的最优税收理论体系，是税收经济学理论一次重大的扬弃与发展，也为西方税收制度改革和优化提供了理论依据。

（三）政府税收制度的选择：最优与最适

最优税收理论根源于福利经济学中的“最优”原则，其具体分析是建立在一系列的假设前提的基础上。最优税收理论研究最常用的方法是在这些假设的基础上，设计效用函数，由此推导出社会目标函数，构造出约束条件寻求一种最好税制结构。然而，这些严格的理论假设在现实世界中是无法实现的。而且由于税收作为政府取得财政收入的手段，是在市场配置资源的过程中加进了一个楔子，即税收楔子，使生产者愿意提供的数量与消费者愿意接受数量的价格之间产生差额，从而影响生产者和消费者的行为，造成生产者剩余或消费者剩余，导致效率损失。因此，最优税收理论作为基于一种理想化的假定，以经济学和数学知识来分析和诠释税收问题的理论体系，其理论意义在于为政府进行税收制度设计和制定税收政策时提供一种理想的参照系。

鉴于最优原则在现实税制设计中无法完全实现，经济学者开始将“次优原则”引入税制研究中。“次优原则”运用到税制设计时的基本思路是：在现实市场机制下，由于存在信息不对称、宏观经济失衡和公共产品配置不足等市场失灵问题，政府干预经济是必不可少的，而要将政府干预经济的活动对经济运行效率造成的损失最小，税制的设计就应当在维持一定政府税收收入的前提下，使课税行为所导致的效率损失到最小化。次优原则对税制设计的要求成为最适课税理论的重要理论基础。[①]可见，现代最优税收理论，其实就是福利经济学中的次优概念和信息经济学中的信息不对称理论在税收中的具体运用。[②]

无论是最优原则还是最适原则，其实，对于政府而言，就是在寻求一种既能满足效率要求，又能符合公平原则的税收制度。最优税收理论的重要贡献之一将效率与公平问题有机纳入统一的分析框架中，说明政府的税制体系可以通过对各个税种的具体组合和功能互补，达到兼顾效率与公平的目的。政府税收制度的设计和税收政策的制定不仅要从理论分析中汲取养分，更要充分考虑政治、经济发展情况以及文化特征和社会机制，即从各国现阶段实际国情和社会的总体福利出发，实行既能满足效率原则，又能符合公平原则的最适合的税收安排，以促进经济、社会的均衡发展。

第二节 税负公平的研究理路：税负公平观的发展

公平问题是人类社会在其发展过程中始终绕不开的一个重要理论与现实问题。因此，关于公平的理论繁多，著述浩如烟海。综合各种不同的理论体系，可以看出公平作为一种社会价值追求并不是恒定的，而是多变的。鉴于作为税负公平研究基

① 宋凤轩、谷彦芳、于艳芳：《税收理论与制度》，北京：人民邮电出版社，2011年版，第28页。
② 王玮：《税收学原理》，北京：清华大学出版社，2010年版，第291页。

础的公平本身有着一张普洛透斯似的脸，对其解读得多种多样，导致对税负公平内涵的理解也会出现不同的认知结果。以财政收入作为主要目的时，重视的是依个人给付能力的平等课税原则；以经济、政治、社会公平为主要目的时，税负公平包含着再分配的根本要义。然而无论税负公平涉及何种观察面向，并由此产生的不同价值取向或理论类型，可以确定的是始终循着"相同事物相同对待，不同事物不同对待"之轨迹向前发展，区别在于用何种观点进行内容上的拓展和充实。在目前的研究中，许多税收理论仅着墨于税收作为筹集资金的功能上，要么将社会正义规范作为已知范畴，甚至完全忽略其存在，即使某些理论汲取了公平的一些观点，但是并没有对其内涵进行深入的分析和阐述。因此，本节试图从公平与税收理论的发展中去探寻、挖掘这些原则内容、理念思想、价值法则，并对之加以总结，为税负公平的研究提供观念基础与理论前提。

一、公平观历史溯源

公平作为人类对于社会全体成员相互之间合理关系的价值诉求，一直是人类社会关注的主题和追求的目标。从某种意义上说，每一种公平观，都是融汇整合以往丰富含义的综合和发展。尽管在不同时期生活不同历史条件下的人们对公平给出不尽相同的答案，公平的理念和标准也随着历史的演进不断补充新的内容而不断更新，但有一点是共同的——人们都试图在更抽象的水平上理解和把握公平，而抽象程度的高低，[①]表明了每一历史时期人们对公平的认识所能达到的水平与境界。

（一）早期的公平观：作为美德与自然法的公平

公平，是一个古老的概念。公平概念的产生和发展，是和人类的物质生产实践活动密切相关的。古希腊的先哲们所关注的对象是外在于人类的自然界，认为公平正义是自然界万事万物自然发展的"限度"和均衡。柏拉图认为公平等同于正义，即一切人、行为与事物之间的完全公平。在其著作《理想国》中，他认为公平正义不仅是个人的美德，更是城邦的美德，于个人而言，公平是理性、意志和欲望三者的和谐相处；对城邦来说公平是统治者、武士和劳动者三个等级各守其位、各司其职[②]，要根本改善社会成员的生活状态和社会秩序，必须按照公平正义的理念重新构造城邦和建立城邦内不同等级之间的关系。由此可见，当时，公平不仅被誉为一种

---

① 蒋励佳："公共管理模式嬗变过程中正义观念发展进路"，《社会科学家》，2012年第4期，第76−80页。
② ［古希腊］柏拉图：《理想国》，郭斌和、张竹明译，北京：商务印书馆，1986年版，第156−366页。

美德，更表现为对社会关系的评价和对社会发展目标的憧憬。

亚里士多德对公平思想进行了更为完备的阐述。他认为公平正义是最完美的德行，并将公平的表现形态分为相对公平和绝对公平，相对公平即法律上的公平，是人们相互协定的结果，可能因时因地而有所不同；而绝对公平是建立在自然法不受时空的限制的公平。①而且，亚里士多德还强调公平是一个“适度”，②而不是一个绝对数量上的平等或比例上的平等。他还区分了分配的正义和矫正的正义，认为分配正义是根据“价值和才德”作为利益和政治权力分配的依据实现比例上的平等而非数量上的平等；矫正正义是对分配正义的补充，旨在缓解财富分化。亚里士多德把公平原则作为调节社会分配关系的重要原则，因为“唯一持久的政体只会是建立在依据价值或才德而定的平等原则上的政体，人人都享有其应得的那一份权利”③。

中世纪基督教教义把公平视之为至善。经院哲学家奥古斯丁认为绝对与普遍的公平只存在于天上之国，地上之国则只有相对公平，这种公平就是各守其职与遵守秩序。④托马斯·阿奎那认为正义是上帝对于事物的神圣安排，人们按照正义秩序行事所体现出来的美德就是“公平”，公平问题被纳入了神学的视野，公平成了听从上帝的要求，⑤因此，公平就是人们品格中表现出来的希望各得其所、各尽其职的愿望。启蒙运动时期，荷兰的雨果·格劳秀斯和英国的霍布斯逐渐摆脱中世纪神学的约束，以自然法理论为基础展开对公平问题的研究。格劳秀斯认为“自然法是正确的理性命令，它指明任何与我们的理性和社会本性相结合的行为就是道义上公正的行为，反之，就是道义上罪恶的行为”⑥。霍布斯认为遵守自然法就是实现公平、正义、公道。⑦卢梭认为只有契约才是“人间一切合法权威的基础”，体现公意的是法律不仅是公民自由平等权利的基础，也是实现社会公平正义的基础。⑧

（二）功利主义的公平观：作为最大多数人最大幸福的公平

功利主义是以行为的目的和效果衡量行为价值的伦理学派之一，该学派认为行为和实践的正确性与错误性，只取决于对受其影响的全体当事人的普遍福利所产生的结果，并根据最大利益净余额标准判断个人和政府行为是否符合功利原则。而且，边沁认为每个人的快乐和痛苦都应受到同等对待并被赋予同等的分量，“人人价值平等，绝无尊长显贵”⑨。这种主张社会成员平等的思想对后来的公平观发展有着重要的影响。约翰·斯图亚特·穆勒是边沁功利主义的追随者和功利主义学说

①⑤⑧ 蒋励佳：“公共管理模式嬗变过程中正义观念发展进路”，《社会科学家》，2012年第4期，第76–80页。
② ［古希腊］亚里士多德：《尼各马科伦理学》，廖申白译，北京：商务印书馆，2003年版，第134页。
③ ［古希腊］亚里士多德：《政治学》，吴寿彭译，北京：商务印书馆，1983年版，第177页。
④ 洋龙：“平等与公平、正义、公正之比较”，《文史哲》，2004年第4期，第145–151页。
⑥ ［英］汉默顿：《西方名著提要》，何宁译，北京：中国青年出版社，1957年版，第111页。
⑦ 宋圭武、王渊：“公平、效率及二者关系新探”，《江汉论坛》，2005年第9期，第23–26页。
⑨ ［英］杰里米·边沁：《道德与立法原理导论》，时殷弘译，北京：商务印书馆，2009年版，第41页。

的集大成者，他认为“所有与正义有关的问题就是与功利有关的问题”[①]，公平正义与功利之间存在着不可分割的联系，“公平正义正是这样一些社会功利的代名词，因在一个特殊层面上具有极端重要性而比其他任何层面的功利更显得不容置疑和势在必行”[②]，在“应该而且也必须由政府来做”[③]的事情上政府进行适当的干预，保障人身和财产安全，有利于社会公平，有利于实现“最大多数人最大幸福”的功利主义目标。功利主义突破了以往抽象意义上的公平理念，强调从功利效果出发，建立了公平应该有利于最大多数人的最大幸福的公平观，但却忽视了对个人权利的保障。

（三）马克思主义的公平观：作为人之自由与解放的公平

马克思指出公平源于社会劳动实践，是“现存经济关系的观念化表现”[④]，并认为公平是具体的、历史的、相对的和有阶级性的。马克思以唯物史观为指导，论述了无产阶级的公平观，并把它经典地概括为：消灭阶级。马克思主义经典作家们认为，尽管资本主义生产方式的消灭，生产资料公有制的建立，并不意味着社会公平的当下实现，社会主义的“按劳分配”要比资本主义的按资分配要公平，但依然存在着不公平的一面，因为每个劳动者从社会获得产品的多寡是由“劳动”这一相同的尺度进行衡量，而个人的禀赋有差别，还是会造成事实上的不公平。因此社会主义社会中的公平仍然只能是形式上的公平，阶级的消灭和公平的实现，还需要经历走向共产主义社会的历史过程。因此，马克思对公平的关注不在于建构某种超越于现实性条件的公平正义之境，而是寻找人类在现实社会实现自由与解放的道路。

（四）罗尔斯的公平观：作为正义的公平

在当代，西方学者们对公平问题的研究不断深入，使之逐渐地成为了社会科学的显学，其中尤以罗尔斯的学说最有代表性。约翰·罗尔斯在其经典著作《正义论》中指出“作为公平的正义的一个可行目标就是为民主制度提供一种可接受的哲学和道德基础”[⑤]。正义原则的作用就是“阐明公平的社会合作的条款”[⑥]，使“所有的社会基本善都应平等地分配”[⑦]。这些基本的“善”主要包括权利和自由、权力和机会、收入和财富等[⑧]。究竟该如何公平地分配社会的善，罗尔斯根据社会契约论方

① ［英］约翰·斯图亚特·穆勒：《功利主义》，叶建新译，北京：九州出版社，2007年版，第147页。
② ［英］约翰·斯图亚特·穆勒：《功利主义》，叶建新译，北京：九州出版社，2007年版，第149页。
③ ［英］约翰·斯图亚特·穆勒：《政治经济学原理及其在社会哲学上的若干应用》（下卷），赵荣潜、胡企林、朱泱译，北京：商务印书馆，1991年版，第542页。
④ ［德］马克思、恩格斯：《马克思恩格斯选集》第2卷，北京：人民出版社，1972年版，第539页。
⑤ ［美］约翰·罗尔斯：《作为公平的正义》，姚大志译，上海：上海三联书店，2002年版，第9页。
⑥ ［美］约翰·罗尔斯：《作为公平的正义》，姚大志译，上海：上海三联书店，2002年版，第12页。
⑦ ［美］约翰·罗尔斯：《正义论》，何怀宏、何包钢、廖申白译，北京：中国社会科学出版社，1988年版，第303页。
⑧ ［美］约翰·罗尔斯：《正义论》，何怀宏、何包钢、廖申白译，北京：中国社会科学出版社，1988年版，第58页。

法，从“无知之幕”的原初状态出发，提出了两个正义原则：第一个原则是平等自由原则，即每个人都应拥有最广泛平等的基本权利；第二个原则又分为差别原则和机会平等原则，强调机会必须平等地向所有社会成员开放和有利于社会之最不利成员的最大利益。[①]前者指适用于政治领域，后者适用于经济领域，分别体现了“自由”与“平等”的价值。罗尔斯两个原则是按照“词典式”先后秩序排列，而不是等量齐观的，因为其他原则只有自由的主张获得满足之后才能发挥作用，[②]不能“为了一些人分享更大利益而剥夺另一些人的自由”[③]。然后，通过补偿和再分配等各种制度性安排来改善“最不利者”的处境以使社会成员处于一种平等地位。罗尔斯的公平正义理论使自由、公平等价值得到更精致的现代表述，并构筑了分配正义的复合原则体系，实现了从功利主义向社会契约论的回归，强调了个人权利对于福利总量的优先性、公平正义对于功利的优先性。

（五）诺齐克公平观：作为权利的公平

美国学者罗伯特·诺齐克在罗尔斯《正义论》发表三年后，发表了他的代表作《无政府、国家与乌托邦》，对罗尔斯的正义理论特别是差别原则和作为差别原则基础的社会合作的观点进行批评，并提出了自己的最弱意义国家理论和持有正义理论。诺齐克认为个人和个人利益是高于一切的，反对任何为了社会利益和他人利益而对个人利益进行调整。他的有关公平的见解正是基于这一点而展开的。在诺齐克看来，社会制度的首要问题是个人权利的自由保障问题，而不是罗尔斯认为的社会权利的正义分配问题，为此他提出了以“权利原则”为中心的持有正义以代替罗尔斯的分配正义理论，提出了“持有正义的完整链条”，即“持有的最初获得或对无主物获取的正义、持有转让的正义，持有的矫正正义”，并对其持有正义理论的含义作了如下概括：“一个人按其获取或转让的正义原则，或修正不正义原则，那么他的持有就是正义的。”[④]诺齐克认为公平正义与人们的权利有关，公平的要求应该服从权利的约束，人人不受阻碍、自由竞争不受限制的“乌托邦”是保证个人的权利是寻求公平、正义的最为基本的前提条件。

（六）正义论之后的公平观：多元的公平观

罗尔斯的《正义论》出版后，诺齐克有这样的评价：“正义论是自约翰·斯图亚特·穆勒的著作以来所仅见的一部有力的、深刻的、精巧的、论述广泛和系统的

① ［美］约翰·罗尔斯：《作为公平的正义》，姚大志译，上海：上海三联书店，2002年版，第70页。
② ［美］约翰·罗尔斯：《正义论》，何怀宏、何包钢、廖申白译，北京：中国社会科学出版社，1988年版，第243页。
③ ［美］约翰·罗尔斯：《正义论》，何怀宏、何包钢、廖申白译，北京：中国社会科学出版社，1988年版，第1–2页。
④ ［美］罗伯特·诺齐克：《无政府、国家与乌托邦》，何怀宏译，北京：中国社会科学出版社，1991年版，第159页。

道德哲学著作。它把许多富有启发性的观念结合为一个精致的、迷人的整体。政治哲学家现在必须要么在罗尔斯的理论框架内工作，要么解释不这样做的理由。”①在罗尔斯公平正义观的基础上，后来的学者们纷纷提出了自己的观点。

1. 德沃金的公平观：作为起点一致的公平

美国法哲学家罗纳德·德沃金与罗尔斯一样是一位旗帜鲜明的平等主义者，他把平等视为“至上的美德”，宣扬资源平等主义。然而他又与诺齐克一样强调权利的重要性，将平等理论建立在权利理论基础之上，主张“认真对待权利”。德沃金所倡导的公平并非罗尔斯那样从摇篮到坟墓都予以关切的福利平等，而是认为“平等的关切要求政府致力于某种形式的物质平等，我把它称之为资源平等”②，并给其下了一个宽泛的定义：“资源平等就是在个人私有的任何资源方面的平等”③。因此，如果说罗尔斯关注的是结果公平，诺齐克关注的就是程序公平，那么德沃金主张的就是一种起点公平。

2. 阿马蒂亚·森的公平观：作为自由发展的实质公平

1988年的诺贝尔经济学奖获得者阿马蒂亚·森结合经济学和哲学的工具，重建了经济学的伦理层面，在社会选择、福利分配和贫穷研究方面为福利经济学的发展作出了巨大贡献，被另一位诺贝尔经济学奖获得者阿罗称为“经济学的良心”④，其代表作《以自由看待发展》建构了一种特定的发展观：以伦理原则指导发展、以理性争取发展和以自由看待发展。森在对比和分析功利主义、自由至上主义和罗尔斯正义理论为代表的公平主义公平观之后，提出了自己的分析框架——以实质自由作为综合价值标准⑤，从“可行能力”视角阐发出一种新的公平，从人类固有的多样性出发，扩大信息基础，以构成实质自由的功能性活动作为评价标准，对各种价值要素共同考虑、区别对待，将评价公平的“焦点变量”从有限的收入、效用或“基本善”的领域扩充到更宽广、更包容的可行能力领域，并将平等与自由有机联系起来，勾勒一种全面、实质和积极的公平概念。⑥

3. 桑德尔的公平观：作为共同体的公平

美国学者迈克尔·J. 桑德尔在其著作《自由主义和正义的限度》中对以罗尔斯为代表的自由主义及其公平理论提出批评，认为罗尔斯的自由主义是与一个不恰当而且贫乏的个人概念联系在一起的。他对罗尔斯《正义论》的批评主要有以下三点：一是，认为社群主义与自由主义的根本分歧在于如何对待罗尔斯“权利优先于

① ［美］罗伯特·诺齐克：《无政府、国家与乌托邦》，何怀宏译，北京：中国社会科学出版社，1991年版，第187页。
② ［美］罗纳德·德沃金：《至上的美德：平等的理论与实践》，冯克利译，南京：江苏人民出版社，2003年版，第3页。
③ Ronal Dwokin（2000）. Sovereign Virtue：the Theory and Practice of Equality，Cambridge，MA：Harvard University Press，p. 12.
④ ［印］阿马蒂亚·森：《以自由看待发展》，任赜、于真译，北京：中国人民大学出版社，2002年版，第1–3页。
⑤ ［印］阿马蒂亚·森：《以自由看待发展》，任赜、于真译，北京：中国人民大学出版社，2002年版，第47页。
⑥ 文长春：《正义：政治哲学的世界》，哈尔滨：黑龙江大学出版社，2010年版，第197页。

善”的命题，自由主义者大多赞成坚持这个命题，而社群主义者一方面主张权利是相对于善而言的，另一方面认为共同体的善具有优先性；二是，桑德尔对罗尔斯的批评具有鲜明的方法论特点，即用“道德”与“基础”的二元结构来解构罗尔斯的正义、主体、契约、自我等基本观念；三是，桑德尔认为罗尔斯的正义观点建立在脱离了历史环境的道德主体上，因此作为建构主体和选择主体，都不能真正地建构和选择。自由主义的正义观念的局限在于没有一种正确的共同体观念。[①]桑德尔对罗尔斯的批评以道德主体为核心，指出罗尔斯从人性概念推论出公平正义原则，但人性是矛盾的，无法成为正义原则的基础。

4. 麦金太尔的公平观：作为美德的公平

A·麦金太尔以道德哲学为主题，在其代表作《德性之后》和《谁之正义？何种合理性》中，对西方启蒙以来的道德思想进行了批判，并在评判中形成了自己的德性理论，将西方公平正义思想划分为亚里士多德主义、托马斯主义、苏格兰的休谟主义和自由主义。麦金太尔认为公平正义的理论就是公平正义观念的历史，他将两者的研究结合起来，从西方公平正义观念的历史演化来阐述其思想，通过向亚里士多德主义的回归，并由此出发探寻各种公平思想的内在联系与一致性，确立以人类德性为基础的公平理论。

5. 沃尔泽的公平观：作为社会诸善的公平

如果说罗尔斯和诺齐克之争的焦点在于是否应由国家来贯彻分配正义的话，那么罗尔斯和沃尔泽的争论就在于是否存在一个公共的单一的正义原则，沃尔泽认为各种领域各有自己的正义原则。在其代表作《正义诸领域：为多元主义与平等一辩》中指出政治理论的核心问题就是各种物质与社会资源应如何分配的问题，认为“追求统一乃是对分配正义主题的误解”[②]，对罗尔斯正义理论中对公平正义所持的普适主义态度提出批评。沃尔泽针对追求一致性与唯一性的简单公平观，提出了一种追求差异性与多元性的复杂的公平理念，认为“应该置任何追求分配标准的主张于不顾，因为没有一种标准可能与多样化的社会物品相称”[③]。沃尔泽核心的观点是，公平正义是分配善的方式，不同的社会资源应该按照不同的程序、不同的理由在不同领域中分配，从来不存在一个适用于所有分配的单一标准或一套相互联系的标准。复杂的公平并不是简单、等同的占有，而是在捍卫差别并要求社会资源有区别的进行分配，使每个人在一个领域的劣势至少可以通过另一个领域的优势相互抵消，从而形成“不平等的平等”局面即“复合平等”。沃尔泽正义论的独特性在于它是以物品的社会意义为基础，而不是以个人权利为出发点来论证其公平正义观。

---

① 姚大志：《何谓正义：当代西方政治哲学研究》，北京：人民出版社，2007年版，第7页。

② ［美］迈克尔·沃尔泽：《正义诸领域：为多元主义与平等主义一辩》，褚松燕译，北京：译林出版社，2002年版，第3页。

③ ［美］迈克尔·沃尔泽：《正义诸领域：为多元主义与平等主义一辩》，褚松燕译，北京：译林出版社，2002年版，第25页。

6. 哈贝马斯的公平观：作为程序正义的公平

哈贝马斯对罗尔斯的原初状态和程序性正义的观点提出了批评，认为罗尔斯在设定程序之前，实际上已经对公平价值具有了坚定的承诺，而程序只不过是把这种价值推演出来并加以制度化而已。哈贝马斯认为，公平应该是程序的结果，是通过对话、交流、协商之后所达成的共识，而不是先定的和确定的。他意图建立一种合理的对话、交流和协商机制和程序，以使人们通过这种合理程序来达成公平正义的共识。哈贝马斯的公平观暗示着真正公平的理论不应该是建构的，而应经过对话、协商和博弈地使个体信息和偏好的充分表达，从而达致公平的结果。

从古希腊时期公平观到以罗尔斯为代表的当代正义观，持有公平正义理念的学者们，基于不同的公平诉求、基于对公平正义的不同解读、基于不同的现实情境、基于不同的人文关怀，对“何为公平、公平何以可能、公平是否可欲”提出大相径庭的公平观，彰显了不同的公平范式，推进了对公平更全面、深刻的思考，从某种程度上说，人类文明的发展过程就是在不同的层面和范围追求实现公平正义的进程。在古希腊时期，公平更多是作为个人、共同体，甚至是神的美德。经过启蒙思想家的祛魅，揭去了自然的神秘面纱，人的主体性得以确立，对于自由、平等、权利的追求提出了如何最大限度地增加幸福的问题。经过公平理论的扬弃和发展，在当代的西方思想家那里，公平正义凭借其特有的实践特性成为社会科学的显学，被作为评价社会制度的一种首要价值和道德标准。公平不仅是一个具有深厚价值意蕴的理论问题，也是一个实践性很强的现实问题，它涉及一个国家和社会如何通过建立一系列公平准则，并在此基础上形成较为具体的政治、经济、文化政策，维持社会稳定，推动社会进步。确保社会公平正义的根本在于制度公平正义的安排和规范，而制度公平的根本则在于如何确保社会和国家的公共权力及其形式的合法正当。所谓公平正义，不再只是个人的人格正直和人际公道，而首先且最基本的是指一种公共社会的制度安排和公平原则，随着现代社会公共化趋势的不断加强，制度公平和公平规则变得越发凸显。“各种社会制度和政治制度本身并不是目的，它们是社会生活的器官，是好是坏，要根据它们所蕴含的精神来判断。”[①]在现代性语境下，人们比任何时候都关心合法性问题，特别在当下价值多元的背景下，更需要利益各方在一个相互接受的平台进行沟通，通过对话、协商以达成共识。因此，本研究认为公平作为一种观念和价值判断标准，要求社会基本经济结构和制度安排能够为社会每个成员的自由发展和才能的发挥提供公正平等的机会，并当利益分配出现明显不均衡时，可以通过再分配等各种制度性安排来予以纠正或补偿。税收作为公民财产权与国家公权力进行博弈的最重要领域，在厘清公平理论的基础上对税负公

① ［英］伦纳德·霍布豪斯：《社会正义要素》，孔兆政译，长春：吉林人民出版社，2006年版，第79页。

平进行解读具有重要的实践意义。

二、税负公平理念的演变

税负公平，作为税收领域与公平范畴中的重要组成部分，直接关系到市场的经济公平与社会公平。因此，在对公平观的发展源流分析之后对税负公平理念的发展演变进行梳理和考察，有助于深入理解税负公平的内涵。

（一）早期的税负公平理念

西方税负公平思想体现在一系列课税原则中。最早提出税负公平理念的是英国学者威廉·配第，1676年他提出了“公平、便利、节省”的税收原则，并认为税负公平是指税收要对任何人、任何东西无所偏袒，而且税负要适当。威廉·配第抨击了英国的人头税，指出“这种税的缺点就是非常不公平，能力不同的一样纳税，而负担子女越多的缴纳越多。换而言之，越穷的人课税越重”[①]。德国官房学派代表尤斯蒂发展了威廉·配第的思想，提出了包含“税收课征平等”的赋税六大原则，认为课税时要考虑赋税的转嫁、家庭人数、负债、课税物品的隐匿及测定的困难、货币价值等情况，以实现公正赋税。

根据启蒙时期哲学家霍布斯的自然状态理念，即国家的产生是一系列由个人向国家让渡部分自由和权力的缔结契约过程，而国家征税也正是为了有效地满足其创造者——作为缔约主体公共安全和公共物品的需求，这是以社会契约论国家观为基础的课税依据学说——交换说，也是英国古典经济学鼻祖亚当·斯密及其后继者“受益说”的早期思想来源。[②]亚当·斯密在继承前人研究基础上系统地阐述了赋税的平等、经济、确定和便利四大原则，其平等原则包括四层含义：（1）取消免税特权，不管是贵族还是僧侣，每个人都必须依法纳税；（2）按支付能力征税，即国民纳税要与各自的能力相适应；（3）按受益比例征税，即按照国民各自在国家保护下享有收入的比例课征；（4）税收中立，即征税不能使经济发展受到影响，不能改变财富分配的原有比例。亚当·斯密的公平原则要求每一个社会成员按照负担能力和从政府提供的公共服务中获得收入的多少为标准来纳税，而不应因地位或身份的特殊而享有免税特权，考虑了人民的负担能力和受益大小，成为后世能力说、受益说以及比例税制的理论基础。

① ［英］威廉·配第：《赋税论：献给英明人事货币略论》，陈东野译，北京：商务印书馆，1978年版，第36页。

② 可参见第二章第一节对课税依据的讨论。

法国经济学者萨伊认为“课税是个负担，当大家一样负担时，每一个人的负担必然最轻，当租税不公平地归于一个人或一个产业部门负担时，它不仅是直接负担，而且是间接的，因为它使那个人或那个部门不能按同等条件跟其他人或其他部门竞争”[①]。他认为公平课税必须对奢侈品课重税而对必需品课轻税，但奢侈品与必需品区分不易，“因为必需品与非必需品这些名词不但不能表达正确或绝对概念，而且总是和人的时间、地点、年龄与情况相关，”[②]所以公平的税收是对纳税人所得课以累进税。

穆勒基于最大多数人的最大幸福的公平观，指出：“如果某人承担的赋税少于他应该承担的份额，另一个人就要多承担赋税，因而一般来说，某人承担的赋税减轻所带来的利益并不如另一个人负担加重所带来的害处大。所以，作为一项政治原则，课税平等就意味着所做出的牺牲平等。”[③]因此，税负公平不能仅仅用受益标准来衡量，应当用“全体最小牺牲”的标准来分配税收负担，即在一定的税收负担总量下，倘若要在各个纳税人之间实现平等纳税，则应当是每个人的纳税牺牲均等，这样才能使社会全体的牺牲最小，纳税公平牺牲是税负公平的意义所在。穆勒的均等牺牲说在边际分析方法兴起后，逐渐由萨克斯、科恩·斯图亚特、埃斯沃杰等人发展成为绝对均等牺牲、比例均等牺牲和边际均等牺牲说，完善了税负公平的能力衡量标准。[④]

（二）现代税负公平理念

随着经济学理论和公平理论的发展，19世纪，英国和法国的古典经济学派、新古典学派以及德国社会政策学派的学者，都相继提出了税负公平理念，尤其是19世纪70年代以后，边际效用学派的兴起使税负公平的研究方法得以创新，先后出现了瑞典学派、福利经济学派、凯恩斯学派等各种经济学流派，他们的研究不仅推动了公共经济学的发展，而且税负公平理念有了突破性的进展。

德国社会政策学派的代表者阿道夫·瓦格纳的税负公平理念包括课税普遍原则和课税平等原则。普遍原则要求税收负担必须普遍地分担于全体国民，但对低收入阶层，特别是劳动者的劳动所得应减轻其税收负担；平等原则要求国家税收应根据纳税能力平等地分配于全体国民，并按照各自纳税能力纳税。瓦格纳认为不同的税制贯彻税负公平原则的作用是不同的，累进税制较能起到抑制分配不公的作用[⑤]；要对财产所得与偶然所得课以重税，并征收奢侈税、财产税和资本税以调节社会收入分配。

---

① ［法］萨伊：《政治经济学概论》，陈福生、陈振骅译，北京：商务印书馆，2009年版，第509页。

② ［法］萨伊：《政治经济学概论》，陈福生、陈振骅译，北京：商务印书馆，2009年版，第510页。

③ ［英］约翰·斯图亚特·穆勒：《政治经济学原理及其在社会哲学上的若干应用》（下卷），赵荣潜、胡企林、朱泱译，北京：商务印书馆，1991年版，第376页。

④ 杨斌：《治税的公平与效率》，北京：经济科学出版社，1999年版，第237页。

⑤ 胡怡建：《税收经济学》，北京：经济科学出版社，2009年版，第14页。

美国经济学者塞利格曼主张税制要达到纳税者之间的平等和社会中各阶层之间的平等。[①]他推崇能力原则并提出衡量税负能力客观标准。他认为衡量税负能力客观标准主要有四种，分别是人丁、消费或产品、财产以及所得。在对四种衡量标准进行对比研究后，塞利格曼认为以所得为标准相对来说最能反映纳税人能力。通过对一定时期内取得的总收入减除为取得这项收入而开支的费用后的余额征收税款，既不会触及营业资本，又不会影响纳税人的生活，而且税负也不易被转嫁，因此，以所得为能力标准课征税款的所得税是“公平的、简单的，与生产能力成比例的”[②]。

作为英国剑桥学派的创始人和微观经济学的集大成者，马歇尔在其著作《经济学原理》中将税收划分为有偿税和无偿税，对于有偿税要贯彻受益原则，受益多者多纳税，受益少者少纳税；对于无偿税，税负是否公平要从整体上判断。马歇尔提出了均等牺牲（或称为等量均等牺牲），即每个纳税人因纳税而牺牲的总效用相等。认为“一个人越富有，货币的边际效用对他来讲就越小；他的资产每有增加，他对任何一定的利益所愿支付的价格就随之增加。同样地，他的资产每有减少，货币对他的边际效用就随之增大，他对任何利益所愿付的价格也就随之减少”[③]。如果边际效用大的收入和边际效用小的收入征收同比例的税，那么边际效用大的收入牺牲程度要大于边际效用小的收入。所以，为使每个纳税人的牺牲的总效用相等，就必须对边际效用小的收入征重税，对边际效用大的收入征轻税，即对高收入者征重税，对低收入者征轻税。

形成于20世纪的瑞典学派认为国家的公共需要既是满足个人需要的手段，也是个人价值判断的对象，并运用边际分析对税负公平进行了定量分析。维克塞尔强调税收以受益赋税为基础的公平原则，认为要达到社会福利最大化，必须使个人因纳税损失的财富的边际效用与国家付给个人的公共产品与公共服务的边际效用与相等。他认为受益赋税的基本条件是分配公平，并提出一个促进税负公平的理想境界，即通过市场主体贯彻一致同意原则进行协商而达致公平的结果。出于对执行可行性的考虑，维克塞尔在具体实施中用“接近一致与接近自动的原则”[④]取代了一致原则，通过政治程序决定公共产品提供与赋税的分配。林达尔继承和发展了维克塞尔的利益赋税理念，建立了公共产品供应的林达尔均衡模型，并正式提出税收价格论，建立了公共产品供给与税收负担之间的有机联系，试图寻找民主制度下提供公共产品数量与公民税收负担之间的均衡条件与均衡点，从而将税负公平的能力原则

---

① E. R. Seligman（1928）. Studies on Public Finance，Macmillan，p. 131–132.

② E. R. Seligman（1931）. Essays In Taxation，Macmillan，p. 245.

③ ［英］马歇尔：《经济学原理》（上册），朱志泰、陈良璧译，北京：商务印书馆，1994年版，第115页。

④ Wick，K.（1962）. A New Principal of Just Taxtion，In Musgrae，R.A.，A.T，Classics in the Theory of Public Finance，MacMillan，Ltd，p.72–118.

和受益原则结合在了一起。

福利经济学派代表人物庇古认为构成社会经济福利最大化的条件就是最优资源配置和最优分配，后来学者据此提出了效率和公平作为社会福利总目标的评价准则。庇古以边际效益递减规律为依据，以纳税人的总牺牲或总满足在原则上可以计量为前提条件，提出了税收的最小牺牲原则，即政府课税应当在最小限度内减少人民经济福利的损失。庇古认为货币的边际效用对富人和穷人来说是不一样的，如果政府对高收入多征税，对低收入者少征税或者不征税，甚至给予税收补贴，就可以在最大程度上降低全体纳税人因纳税牺牲的经济福利总量，或增进全体人民的经济福利。庇古还区分了勤劳所得与非勤劳所得，认为对前者应该实行低税率而对后者实行高税率。

与20世纪二三十年代的经济大危机形式相适应，凯恩斯主义主张国家干预调节经济。凯恩斯认为税收要有利于收入的再分配，即政府通过开征累进税，对高收入者实行较高的税率，对低收入者实行较低的税率，再通过政府的转移支付实现收入的再分配，缓解收入差距过大带来的社会、政治和经济矛盾。凯恩斯主义的代表者之一萨缪尔森对传统公平原则中的“利益原则”和“牺牲原则”进行分析的基础上，提出了横向公平原则和纵向公平原则，即“对于情况相同的人征收相同的赋税，对于情况不同的人征收不同的赋税”①。

当代美国著名经济学者马斯格雷夫认为税负分配应该是公平的，每个人应该支付“适当的份额”。美国经济学者斯蒂格利茨对公平原则做了比较具体的分析，认为公平首先是横向公平，“若一税收制度对各有关方面的情况都相同的人公平对待”就是横向公平。“横向公平的原则很重要，以致事实上它作为14号修正案（公平保护条款）被写进了宪法。因此，在美国有种族、肤色、宗教歧视的税一般认为是横向不公平。”②

（三）税负公平理念演变：受益原则与能力原则的发展与融合

通过对公平观的历史溯源和对税负公平理念的演进的考察可以得知，公平作为税负公平的逻辑基础，决定了对税负公平的理解。亚当·斯密提出的平等原则考虑了纳税人“受益”和“能力”两方面以确定每个纳税人是否支付其“合理的份额”，后世将其发展成为受益原则和能力原则，并成为税负公平研究的两大传统税收理论。受益原则基于社会契约论并通过其阐释了政府征税的正当性与目的性，主张应该根据纳税人从政府提供的公共服务中享受福利的多少来确定应缴税款；能力原则

---

① ［美］保罗·A. 萨缪尔森：《经济学》（上册），高鸿业译，北京：商务印书馆，1979年版，第230页。
② 胡怡建：《税收经济学》，北京：经济科学出版社，2009年版，第19–20页。

强调对纳税人经济状况的关注，主张以纳税人的经济条件或纳税能力来确定征税数额。受益原则为税收负担的确定奠定了道德基础，为国家征税权运行设定了道德边界，但由于公共产品消费普遍存在“搭便车”现象，使依据纳税人受益程度来计算其分担的份额难以实现；能力原则在受益原则为税收负担奠定的道德基础上，着眼于可供操作和实施技术层面上的考虑提出按能支付，强调税收以共同报偿而不是以个别对价为依据，以期通过有意创设国家与具有给付潜能的纳税义务人之间的距离，确保国家对每一国民的给付没有偏失，而不受其纳税额影响。无论是受益原则对于税收在公共部门和私人部门之间配置的重视，还是能力原则对税负在个人和个人之间平等分配的强调，二者皆为税负公平的应有之意，缺一不可。通过对这两个原则发展脉络的梳理，可以发现它们是相辅相成，互为补充的，并在一定程度上出现了融合的倾向。例如，林达尔的均衡模型建立了公共产品供给与税收负担之间的有机联系，将税收受益原则与能力原则结合起来考虑。能力原则中对“综合所得”的界定也包括政府提供的公共产品和公共服务，也反映了能力原则的要求。此外，最优税收理论对公平和效率的权衡也是为更好地实现在能力原则和受益原则基础上的税负公平分配和资源的有效配置。税负公平理念的发展，促进了当代西方税收制度的建立和完善。在当代西方大部分国家，普遍建立了以所得、消费和财产课税的复合税收体制，这实际上是税负公平理念在西方国家税制建设上的应用。

三、税负公平再思考

如前所述，无论是公平观还是税负公平理念，在不同的历史时期、不同的发展阶段，有着不同的内涵。公平是相对的、具体的，在经济、政治、社会领域，公平的含义也不尽相同。所以，必须把公平置于具体的领域，针对具体问题，进行具体的分析和阐述。

（一）公平的内涵

对于公平的内涵，可以从不同的视角进行分析。从过程的角度分析，可以把公平分为起点公平、过程公平和结果公平；从具体领域的角度而言，公平可分为政治公平、经济公平和社会公平；从可持续发展视角看，公平又可分为代内公平和代际公平。对公平展开分类考察有利于深化对公平本质的认识，也便于对公平理论形成一个比较清晰的理性思考路径。

1. 起点公平、过程公平和结果公平

起点公平是指权利和机会的公平，是指社会中的每个成员，无论其出生、职业、社会地位和财富，都应拥有事实上充分发挥自己天赋、能力和智慧的公平的环境。起点公平概念由罗纳德·德沃金首次提出，并由约翰·罗默简化为规范的经济体系，其基本观点认为，公平是指机会均等的状态，[①]强调社会公共资源的均等提供与物质起点的均等配置。起点公平的实质是权利的初始持有公平。这种原初持有的公平，是在承认差别基础之上，通过提供均等的机会，保障社会所有成员拥有平等的权利，凭借自身的条件和努力参与竞争和分配以实现起点的公平。

如果说起点的公平是要求所有运动员站在同一条起跑线上的话，而过程的公平则是要求所有的运动员都遵守同样比赛规则。过程公平是指各社会成员按照共同认可的统一规则的前提下进行竞争，以获得与其努力程度和能力相对称的社会资源，其关键规则公平。阿玛蒂亚·森对自由的过程层面和机会层面的分析和探讨，认为过程公平不是简单地强调起点或实质公平，而是强调主体性与参与性，强调使结果得以产生的过程自身所具有的意义。[②]而且程序与规则的公平具有独立于程序结果的目的价值和内在价值，不仅仅是为达到某种结果或目的手段价值和外在价值。美国法学家罗伯特·萨默斯将程序的内在价值称为“程序价值”，是据以将一项法律程序判断为好程序的价值判断，而这种判断要独立于程序可能具有的任何“好结果效能之外”[③]，“程序公正必须被视为独立的价值”[④]。由此，过程公平是沟通起点和结果公平并把二者结合起来的重要途径，并使按规则行事这一过程公平原则成为实现公平的形式标准。

结果公平是指主体投入的资源和贡献与其所获得的受益是对称的，而呈现一种“相对均等”的状态。起点公平和过程公平给每一个人提供了可以充分施展才华的舞台，但由于个体的资源与禀赋的不同，努力程度与选择不同，所获得的结果会有差别。结果公平承认差别，如果起点与过程是公平的，即交易主体的分配结果取决于其主观努力而非环境，结果就应该是有效率且合理的。在承认差别和保障全体社会成员自由权利的基础上，政府可以通过各种制度安排和政策措施将这种差别限定在合理的范围内，而不是否认这种差别。因此，如果刻意地去苛求绝对的、无差别的公平，这种想法和做法本身就是对公平的一种伤害，同样也是根本无法实现的。

在现实中，起点公平、过程公平和结果公平是一个统一的逻辑体系。结果公平既是起点公平与过程公平的终点，又是起点公平和过程公平的起点，即任何终点同

---

① 约翰·罗默：“公平促进效率：对2006年世界发展报告的评论”，《经济社会体制比较》，2006年第3期，第1–9页。
② 高曙光：“经济学（家）如何讲公平”，载《转轨中国：审视社会公正和平等》，姚洋主编，北京：中国人民大学出版社，2004年版，第644页。
③ 王海明：《公正与人道——国家治理道德原则体系》，北京：商务印书馆，2010年版，第47页。
④ 宋冰：《程序、正义与现代化》，北京：中国政法大学出版社，1998年版，第376页。

时即为起点。作为结果公平的成果或社会财富的分配状况，不仅影响人们当时的生活状况，而且影响着人们在下一个过程中所处的地位，从而影响着下一个过程或者此后多个生产过程的成果或社会财富的分配状况，因此，在社会活动无限展开的过程中，公平保证了每一个社会成员的平等的基本自由权利，并为新的社会交往过程提供一个公平的起点。

2. 政治公平、经济公平和社会公平

马克思主义认为人类社会不过是人与人社会关系的总和，在社会生活中，包含着政治、经济、文化，民族等错综复杂的社会联系。“人们的政治关系同人们在其中相处的一切关系一样也是社会的、公共的关系。”①“一切社会成员都应当有平等的社会地位和政治地位。”②因此，政治公平是社会每一个成员都有平等地参与政治生活的权利和义务，同时，社会也应该为每个成员平等地拥有参与政治生活的权利和义务提供适当的机会。由于政治是“对价值的权威性分配”③，是“谁将得到什么、什么时候以及如何得到”的活动，这里的“价值分配”不同于经济领域的价值分配，是通过公共权力实现的，以国家和政府的强制力作为后盾；而经济领域的价值分配是通过市场的力量资源交换而完成。④因此，政治公平要求每个社会成员都应享有平等自由参与政治活动的权利。

政治与经济作为人类社会生活或社会关系的两个基本领域，具有各自的规定性特征及范围。政治以公共权力的运作以及价值的权威性分配为焦点，是一种公共生活的领域，经济是通过市场实现资源的合理配置与有效利用，是一种人类的日常生活领域。因此，经济公平就在经济活动过程中，主要是指在产品的生产、分配、交换、消费等经济环节上享有平等的权利并同等地利用市场提供的各种条件，共同遵守市场规则，主体的付出与得到回报之间对应关系的对称。在追求效率的市场经济条件下，反对特权、垄断与歧视，各经济主体在共同的“游戏规则”进行等价交换本身就是一种公平的体现。正如美国经济学者萨缪尔森指出的“看不见的手惊人地有效率，但是他同时也带来不平等的收入分配”，“一个完全竞争的有效率的经济可能具有较高的和不可接受的收入、消费和财富的不平等”⑤。这就是说，就市场经济本身而言，效率是其生存的法则，而人们由于禀赋、资源等差异的存在，即便是起点公平和过程公平，追求的效率的结果必然造成结果的差异。因此，经济公平蕴涵着对差异性的承认。

---

① ［德］马克思、恩格斯：《马克思恩格斯选集》（第4卷），北京：人民出版社，1958年版，第334页。

② ［德］马克思、恩格斯：《马克思恩格斯选集》（第3卷），北京：人民出版社，1995年版，第444页。

③ ［英］安德鲁·海伍德：《政治学核心概念》，吴勇译，天津：天津人民出版社，2008年版，第41页。

④ 陈振明：《政治学——概念、理论与方法》，北京：中国社会科学出版社，2004年版，第7页。

⑤ ［美］保罗·A. 萨缪尔森、威廉·D. 诺德豪斯：《经济学》（第14版），胡代光译，北京：北京经济学院出版社，1996年版，第555页、第280页。

社会公平有狭义和广义之分，广义的社会公平包括经济、政治、文化等领域的公平，是反映和评价人们之间合理的社会利益关系的范畴，是社会成员对于社会分配采纳的一套评判标准。狭义的社会公平是指通过某种补偿或再分配尽量缩小差距，将财富和资源的分配和占有差别控制在一个合理范围内，使社会所有成员处于平等地位，从而对结果公平予以了更多的关注。罗尔斯正是从结果的不公平原因分析中看到了起点的不平等，进而主张通过再分配的途径以及获得教育和训练条件的公平，来实现社会成员之间在起点上的公平，并以起点上的公平促进结果的公平，其差别原则的核心是强调在社会利益的分配上要区别对待，即社会利益的分配应当有利于社会之最不利成员的最大利益。因为如果没有再分配对初次分配的结果的调整，处于社会不利地位的人很可能无法维持基本生活需要，并由此导致社会矛盾的激化，威胁现存的对处于社会地位有利地位的人的有利的社会制度继续存在。正如罗尔斯在《正义论》中所言："当财富的不平等超过某一限度时，这些制度将会处于危险之中；政治自由也倾向于失去其价值。"[①]罗尔斯进一步指出，正是因为处于不利地位者的合作才创造了可供分配的社会资源。而且处于有利地位者比处于不利地位者更多地利用了社会合作而获得了更多的有利地位和资源，因此要对处于不利地位者予以补偿。社会公平问题，离不开对社会弱势群体关注，这是检验社会公平的一个指标，也是最重要的指标。

政治、经济和社会三大领域的公平是相互联系、相互依赖和相互作用的。首先，根据经济学的观点，这三个领域的基本活动者都是作为成员的个人，而所有的个人，其行为动机都是按照"理性人"或"经济人"的假设——追求自身利益最大化，所以在三个领域都会是同样的行动逻辑；其次，政治公平和经济公平提供了良好的社会秩序，实现了经济效率和经济发展，由此产生的社会资源和财富的积累才使社会公平有了实现的物质基础，而社会公平的矫正和补充推动了社会合作，"一个社会，当它不仅被设计的旨在推进它的社会成员的利益，而且也有效地受着一种公平正义观管理时，它就是组织良好的社会"[②]，从而促进政治与经济公平的发展，因为社会目标的实现都是基于明确权利义务的基础上的社会发展为前提，这个过程也与罗尔斯两个公平正义原则词典式的排序相吻合；最后，现代社会高速发展的背景下，政治、经济和社会发生日益紧密的相互作用，纯粹的政治或经济现象已难觅影踪，当代社会发展的复杂性以及政治、经济和社会公平日益密切的相互连接和相互作用，使运用单一的标准去分析各种社会问题显示出越来越大的局限性。因此，如何设计和使用将政治、经济和社会公平整合的途径去分析各种社会现象就成为亟待解决的理论与现实问题。

---

① ［美］约翰·罗尔斯：《正义论》，何怀宏、何包钢、廖申白译，北京：中国社会科学出版社，1988年版，第278页。

② ［美］约翰·罗尔斯：《正义论》，何怀宏、何包钢、廖申白译，北京：中国社会科学出版社，1988年版，第5页。

3. 代内公平与代际公平

代内公平与代际公平是基于可持续发展理论的划分，由于社会发展是一个连续的过程，可持续发展就是“既要满足当代人的需求，又不对后代人满足其自身需求的能力构成危害的发展”[①]。因此，基于可持续发展的代内公平与代际公平不仅关注空间维度的公平还关注时间维度上的公平。可持续发展的公平原则包括两个层面：一是代内公平，即同代人之间的横向公平，要求当代人在利用资源环境、满足自身需求上的机会均等；二是代际公平，即代与代之间的纵向公平，强调当代人与后代人公平享有生存与发展、自然永续及文明传承的正当权益，当代人不能因为自己的需求与发展而损害后代人生存和发展的权利。

代际公平是一个现代性问题，是伴随着人类认识视野的扩展、道德关怀的延伸和生态环境问题的日益凸显出来的。首先系统阐述代际公平概念的是美国国际环境法学者魏伊丝，她认为每一代都负有为后代保管地球的代际责任，[②]并提出了“保护质量”“保护机会”和“保护选择”的代际公平三原则。代际公平问题是一个在当代人和后代人即在场者与不在场者之间划分权利与义务的问题，把可持续发展放在一个跨世代的历史视角下来审视，强调当代人对后代人生存发展的可能性所要担负的代际责任，从而使社会的发展在能够保证当代人福利增加的同时不使后代人的福利减少。罗尔斯在《正义论》中针对代际公平问题提出了“正义储存原则”[③]。他认为由于各代在时间中的单向分布，纯粹的时间偏好是不正义的，它意味着当代人可以利用时间上的位置谋利，因此，不同时代的人之间应受制于一定的正义原则的要求，完整地维持已建立起来的正义制度，并储备适当数量的实际资金积累，代际之间就可以找到达致公平的基础平台，通过利益和公平责任的传递以实现代际公平。

由于代内公平会以各种方式影响代际公平的实现，而代际公平理念也强调通过代内公平的实现推动代际公平实现。因此必须将代际公平问题放置于代内公平的实践中来加以考虑，从而使对每一代人内部公正的关注延伸至各代人之间社会公正的关注，消除由于时间偏好而造成的前代人与后代人的发展机会的不均等，既通过代内公平在人类文明和科技发展的基础上满足当代人的需求，又通过代际公平实施对当代人和后代人都受益的行为，为后代人满足其自身需求的能力提供了可能，因此，代内公平的实现对代际公平的实现有着重要的作用。代际公平对尚未出场的后代人利益的关心和保护，是人类理性力量的体现，彰显了人类道德的完整性，并为实现代内公平问题提供了一种新的思路。

---

① 世界环境与发展委员会：《我们共同的未来》，王之佳、柯金良译，长春：吉林人民出版社，1997年版，第53页。

② ［美］爱蒂丝·布朗·魏伊丝：《公平地对待未来人类：国际法、共同遗产、世代公平》，汪劲、于方、王鑫海译，北京：法律出版社，2000年版，第41-42页。

③ ［美］约翰·罗尔斯：《正义论》，何怀宏、何包钢、廖申白译，北京：中国社会科学出版社，1988年版，第276-292页。

（二）税负公平的三个层面

在对税收和公平理论的梳理中得知，税负公平首先是作为经济领域的公平问题而受到重视，其理念也是沿着能力原则和受益原则这两大传统而逐渐发展的。税收作为满足社会公共需要的分配形式，既要谋求财政收入的充足，又要对社会经济的发展积极地加以引导，不可能独自实现完整意义上的公平。它只能以公平原则为指导在效力所及的范围内去实现特定的公平。因此，不能仅局限于税收或经济领域讨论税负公平，而是将税负公平放到一个更为广阔的语境下进行分析。

1. 税负的起点公平、过程公平和结果公平

税负的起点公平、过程公平和结果公平要求税收作为一种客观的经济衡量标准，对所有社会成员应一视同仁。也就是说为纳税通过课税机制建立机会平等的经济环境，使竞争的出发点相同，在机会平等的基础上进行竞争而导致的结果之公平。因为税收是一种以公权力为基础而实施的活动，税款的征收过程，是政府凭借非经济手段从个人和经济单位取走收入与财富的过程。税收制度的制定和执行都会对税负的公平产生影响，因此，机会、规则和程序的公平尤为重要。从国家的角度来看，通过程序公平的保障，可以把任何一个社会成员置于相对平等的一个起跑线上。为社会公平创造良好的市场分配基础，确保经济的起点公平和过程公平，各经济主体按能力和努力进行竞争而形成的差异都是合理的，机会平等只是承认禀赋、资源和努力程度的差别，其他差别特别是特权、垄断等造成的差别都是不被承认的。因此，税收要达到机会平等，不仅要遵循机会相同、得益相同的原则，还要根据某一机会质量确定人们利用这一机会得益数量的大小，予以政策调节，以保证一种平等竞争的经济环境。这实际上包括两方面的含义：一是在通过市场可以调节以达致公平竞争的领域，即不存在市场失效的情况下，要求税收保持相对中性，尽量减少对经济的干扰，避免使纳税人和社会承受额外负担；二是仅通过市场机制无法达致公平竞争的领域，即当出现某些市场机制的“失效区”，必须通过税收政策发挥宏观调控功能，消除经济主体公平竞争的障碍。例如通过征收遗产税和赠与税来调节个体初始资本量以缩小差距，促进个体参与市场竞争的起点公平。

2. 税负的政治公平、经济公平和社会公平

作为价值的“权威分配”，税负政治公平是指参与税收活动的主体均公平持有权利及义务。罗尔斯认为“政治自由的机制对所有公民（无论他们具有什么样的经济和社会地位）都拥有担任公共职务和影响选举结果等诸如此类事情的公平机会。”[①]而且基于政治资源分配对经济资源和社会财富的影响，“应该从政治正义的

---

① ［美］约翰·罗尔斯：《作为公平的正义》，姚大志译，上海：上海三联书店，2002年版，第247页。

观点来处理最严重的不平等，即公民生活前景方面的不平等”[①]。税负公平焦点在于税收权利与权力、权利与义务的关系，既涉及征税部门的征税权力与纳税人之间的权利义务分配、纳税人之间的权利义务分配，也包括中央政府与地方政府之间、地方政府间以及不同征收部门之间的税收权力、权利和义务的公平分配。税负政治公平意味着税收活动运行的规则并不是由任何一方单独决定，而是一种对话与协商机制。通过公开的讨论以及民主的决策使税收活动实行的规则体现公平、正义等原初价值，从而使税收活动的参与各方积极参与合作，促进经济和社会的发展。

税负的经济公平是指税收应该为参与市场活动的主体创造公平竞争的税收秩序，使其收入的多少与其投入的大小以及所产生的效益高低相对称，即等量投入及其所产生的效益取得等量报酬。亚当·斯密的平等原则体现了税负经济公平的思想，他认为要实现税负公平，就必须取消一切免税特权，税收的缴纳按照各自的能力，即国家保护下获得的收入来确定。受益原则要求每个社会成员承担的税收负担应当与其从政府提供的公共产品和服务中受益程度保持一致性，受益多者多纳税，受益少者少纳税，受益相同者负担相同的税收，受益不同者负担不同的税收。能力原则要求按照纳税人的负担能力来分担税负，能力大者多征税，能力小者少征税。税负的受益原则和能力原则与税负的横向公平与纵向公平结合起来，就形成了一个评价税负经济公平的“十字坐标”[②]。税负的经济公平要求政府合理使用课税的权力以及用税的权力，对政府的征税行为形成两种制约：一是从受益原则出发，就纳税人整体而言，纳税人获得的因政府对税收的支用而增加的价值必须与纳税人因纳税而减少的价值相近或一致，这是对政府征税规模合理性的一种制约；二是从能力原则出发，纳税能力相同者应该纳相同的税，纳税能力不同者应该缴不同的税，这个原则可以制约政府不顾纳税人的经济条件或纳税能力而随意课征。[③]

税负的社会公平，是指在初次分配的基础上，政府运用税收手段对各种收入分配，特别是对个人收入分配予以必要的调节，以缩小收入差距，防止两极分化，从而使收入分配在整个社会范围内达到适度公平。税负社会公平的思想最早可见于德国社会政策学者瓦格纳的社会公平原则，又称社会正义或社会政策原则，他认为“有利于下层人民的国民所得再分配是现代社会政策的自觉目标”[④]，“在纯财政目标以外建立税收的第二个标准即社会政策标准是合理且基本的，税收不仅仅是取得财政收入手段，而且同时是通过干预来矫正因自由竞争而产生的所得和财富的分配不公的手段”[⑤]，主张以税收作为改善社会分配的一种手段，通过国家政策以立法和行

---

① ［美］约翰·罗尔斯：《作为公平的正义》，姚大志译，上海：上海三联书店，2002年版，第125页。
② 周全林：《税收公平研究》，南昌：江西人民出版社，2007年版，第70页。
③ 杨斌：《治税的公平与效率》，北京，经济科学出版社，1999年版，第240页。
④ ［德］瓦格纳：《财政学》，载杨斌：《治税的公平与效率》，北京：经济科学出版社，1999年版，第32页。
⑤ ［德］瓦格纳：《财政学》，载杨斌：《治税的公平与效率》，北京：经济科学出版社，1999年版，第39页。

政手段来改革分配过程中的弊病，矫正经济社会中的不公平现象。瓦格纳还认为有时这种调节作用是寓于税收实现其财政目的或财政职能的过程中，即税收在获得财政收入过程中，有意无意地调节了国民收入和财富分配以及个人对所得和财富的使用；有时这种调节作用则是通过建立特别税系或规定特别税收政策来实现的。

厉以宁在《经济学的伦理问题》一书中指出："事实上，不同的人由于家庭背景不同，居住的地区不同，天赋不同，获取收入或积累财富的机会并不一样。因此，即使让他们站在同一条起跑线上起跑，这条起跑线也很难称为公平的起跑线。"①因此，政府必须通过税收政策调节收入分配，平抑贫富两极分化的趋势，以促进社会的和谐与稳定发展。根据罗尔斯差别原则，税收在两方面发挥维系收入分配正义的重大功能。首先是税收可被用以财富再分配，即通过税收"逐渐地、持续地纠正财富分配中的错误并避免有害于政治自由的公平价值和机会均等的权力集中。例如，在受益人这边，累进税原则可能被运用。这样做将鼓励财产广泛分布，如果要维持平等自由的公平价值，这种分散看来就是一个必需的条件"②。在罗尔斯看来，财富遗产的不平等与智力遗传不平等一样并非本质上的不公平，因此这两种不平等都应该尽可能地满足差别原则，"所造成的不平等对较不幸运者亦有利，且又和自由及机会的公正平等相协调"③，达致一个大致公平的财富分配格局。其次，通过税收体系筹集社会资源形成国家财政收入，"这样政府可为公共利益提供资金，并支付满足差别原则做必需的转让款目"④。

3. 税负的代内公平与代际公平

代际公平理念具有重要的经济学和法哲学意义，外部经济理论是将代际公平引入税收领域的理论依据之一。英国"剑桥学派的创始人"马歇尔1890年在其著作《经济学原理》中提出"外部经济"这个概念之后，美国经济学者萨缪尔森和诺德豪斯把外部性定义为：那些生产或消费对其他团体强征了不可补偿的成本或给予了无须补偿的收益的情形。⑤马歇尔的弟子，"福利经济学之父"庇古首次用现代经济学的方法从福利经济学的角度系统地研究了外部性问题，在马歇尔提出的"外部经济"概念基础上扩充了"外部不经济"的概念和内容，将外部性问题的研究从外部因素对企业的影响效果转向企业或居民对其他企业或居民的影响效果。庇古认为外部性的存在引起在边际私人收益与边际社会收益、边际私人成本与边际社会成本相背离的问题，不可能通过在租约或合同中规定补偿性的条件而得到解决，也就是说依靠自由竞争是不可能达到社会福利最大化。因此要解决外部性问题就必须依靠政

---

① 厉以宁：《经济学的伦理问题》，北京：生活·读书·新知三联书店，1995年版，第5页。

②③ ［美］约翰·罗尔斯：《正义论》，何怀宏、何包钢、廖申白译，北京：中国社会科学出版社，1988年版，第268页。

④ ［美］约翰·罗尔斯：《正义论》，何怀宏、何包钢、廖申白译，北京：中国社会科学出版社，1988年版，第269页。

⑤ ［美］保罗·A. 萨缪尔森、威廉·D. 诺德豪斯：《经济学》（第14版），胡代光译，北京：北京经济学院出版社，1996年版，第263页。

府的力量来干预解决，通过税收或津贴来调节、消除这种背离。对产生正外部性的生产者给予津贴，鼓励其扩大生产；对造成负外部性的生产者通过征税来限制其生产。通过这种征税和补贴，实现外部效应的内部化。这就是所谓的“庇古税”[①]。随着可持续发展理念的深入人心，“代际公平”在税收立法和改革中逐渐凸显其重要意义。根据罗尔斯的公平储存原则，既要满足当代人的需要，又不对后代人满足其需要的能力构成危害的发展，就必须注意和追求世代间的税负公平。代际公平应成为所有涉及资源配置税收法律的立法原则，将提高资源配置效率和保护资源环境等代际公平要求作为其立法目标之一，包括财产税制中的土地税、资源税制中的资源税等制度设计都要充分考虑代际公平，以实现当代人与后代人资源共享。代际公平概念的纳入，使税收公平价值更趋严谨与规范，也使税收公平理念更具前瞻性。

通过对税负公平的原则与税负公平的内涵的阐述可知，税负公平没有一个单一的、纯粹的、可适用于所有情形的最高准则，相反是融合了多重内涵的复合体系。无论从哪个方面对税负公平的内涵进行阐发，建立一种公平的税负体系最后都要归结于在各个纳税人之间实现税负分配正义的这一终结性问题上来，以使“相同情形相同对待、不同情形不同对待”之税负公平根本要义得以贯彻和落实。当各种因素和标准共同作用于一项税负公平的评价时，如何形成一致同意的相关因素之间的相对重要性问题达成合意，将是更为重要的问题。因此，本文将税负公平的标准、原则和内涵置于规范性的国家治理和善治理论范畴下进行分析，以期通过促进税负公平的实现，推动经济、社会与国民福祉的同步协调增长。

第三节
税负公平的研究目的：促进社会公平正义的实现

税收作为国家治理的重要途径，体现了公民权利与国家权力之间的博弈与合作。税负公平的能力和受益原则既关注每个纳税人的平等与自由，又强调通过税收为国家筹集必要的财政收入提供公共服务和公共产品。因此，在保护并尊重个人权利的前提下，国家通过促进税负公平以使经济、社会与国民福祉的同步协调增长，从而推动社会公平正义的实现。实现公共利益，这既是税负公平的根本目的，也是实现良善的税收治理内在要求。

---

① 沈满洪、何灵巧：“外部性的分类及外部性理论的演化”，《浙江大学学报（人文社会科学版）》，2002年第1期，第152-160页。

一、税收与国家治理

任何国家都要汲取财政资源并按一定的方式进行支出，税收作为国家获得财政收入的一个重要方式，不仅通过在参与社会产品的分配过程中对社会经济发展产生影响，更通过影响一国财政支出水平及其配置资源和调节社会分配等机制作用于国家的制度建设和治理能力。正如利瓦伊（Levi）所言："国家财政收入的历史，是国家的演化史。"[①]要考察税收对国家治理的影响，首先必须厘清税收的职能及其发挥的作用。

（一）税收职能与国家治理

税收职能是以税收作为国家治理的一个重要方面所固有的职责和功能。税收在参与社会产品的分配过程中，不仅可以使政府获得一定数额的财政收入，也必然对社会经济发展产生影响，税收对社会经济的发展产生影响的内在能力是客观存在的，税收内在职能存在于税收分配的过程中，可以从两方面进行考察：一方面是税收作为政府提供公共产品和公共服务，以满足社会需要的价值补偿所具有的功能；另一方面是税收作为政府履行职责的政策工具所具有的功能。[②]税收的职能可分为：财政收入职能、调节经济运行职能和调节收入分配的职能。

1. 财政收入职能

税收的财政职能指政府按照一定的税收原则，通过征税的方式参与社会产品的分配，占有部分社会资源以满足社会公共需要的功能。由于国家提供公共产品和公共服务，履行其公共职能满足社会公共需要的过程中，必定需要筹集和掌握一定的社会资源，因此，国家征税是基于公共权力的前提下，由国家作为公共权利的代表来行使课税权，作为国民收入分配的一种方式，税收最基本的职能是财政收入。税收的设定与征收大多经过立法，在课税对象上，可以根据不同的税种、税目进行课税；在课税时间上，可以按年、季、月、旬等定期完税，决定了税收在取得财政收入的及时性、可靠性和均衡性，保证财政收入稳定均衡，有利于财力的调配和使用，以满足财政的日常开支，从而成为"政府机器的经济基础"。现代社会由于公共开支的不断加大，税收的财政收入功能日益强化和突出，"税收国家"[③]的称

---

① Margaret Levi（1988）. Of Rule and Revenue，Berkeley：University of California Press，p.1.

② 胡怡建：《税收学教程》，上海：上海人民出版社，2008年版，第14页。

③ "税收国家"一词最早见于德国经济学者熊彼特1918年所著《税收国家的危机》，他认为"财税与现代国家有着密不可分的关系，以至于可以把现代国家称为'税收国家'"。这一概念后来被日本税法学者北野弘久用来指政府财政收入最主要来源是税收的国家，并被广泛使用。

谓正是在这样的一种背景下出现的。政府税收收入规模的大小，是由政府提供的公共物品需要和政府取得收入的可能性这两方面因素共同决定的。税收的规模要适度合理，税收收入既要能保证财政的需要，又要尽量避免过度征收而伤害企业与个人的积极性，影响经济的持续稳定发展。而且，在税收总量适度的前提下，取之于不同经济主体的税收要相对合理，要照顾到地区差异、行业差异、资源条件差异等情况，以保证实现税收的财政收入职能。

2. 调节经济运行职能

税收的调节经济运行职能指的是税收提高经济运行效率、保持宏观经济平稳运行的功能。在取得财政收入的同时，政府征税也改变了各经济运行主体的利益，而利益的多寡又直接影响到他们的行为。在这样一种情况下，政府可以有目的地利用税收手段来调节经济运行，来实现对经济的稳定和资源配置功能。（1）稳定职能。税收的社会总供给和总需求的调节主要是通过税收的内在稳定机制和相机抉择的税收政策来发挥作用。①税收的自动稳定机制也称税收的自动稳定器功能，指在经济运行中，税收制度本身对经济波动有较强的适应性，税收随着经济的形势的周期性变化而自动发生增减变化，影响社会总需求的变化，从而在一定程度上缓和经济的波动。简单而言，就是不依赖于减税或增税的措施，而是通过税收制度本身自动调节机制来减轻经济波动。税收的相机抉择机制是政府为弥补市场自发调节的不足，根据不同时期的经济形势，运用税收政策有意识地调整经济活动的水平，消除经济中的不稳定因素。（2）配置职能。政府在运用税收参与国民分配和筹集资金的过程中，不同的征税选择会形成不同的税收政策，必然会导致资源在不同行业、地区、企业间的配置状况，从而引导和调节经济主体的行为。在市场经济中，市场机制对资源配置起基础性作用，在市场经济运行失调或存在某种缺陷时，通过政府课税可以矫正失调或弥补缺陷，有利于改善资源配置，增进社会福利。

3. 调节收入分配功能

市场经济条件下，国民收入分配的基本原则是按照经济主体投入的生产要素进行分配。但是，由于每个经济主体占有生产要素就存在很大差异，加上各生产要素在生产中的贡献也是不同的，因此仅通过市场机制形成的分配结果必然会有差异，尽管一定的收入分配差异对保护市场机制的有效运作是不可或缺的，然而差距过大的分配差距会造成社会成员之间的矛盾与冲突，对经济发展也会造成一定的影响。因此，就需要政府对国民收入分配进行适当的调整，通过税收等手段对市场分配的结果进行再分配。

在政府调节收入分配的诸多方式中，税收具有代价最小，效果最明显的特点②：

---

① 宋凤轩、谷彦芳、于艳芳：《税收理论与制度》，北京：人民邮电出版社，2011年版，第14页。

② 王玮：《税收学原理》，北京：清华大学出版社，2010年版，第24页。

一方面，使用税收手段调节收入分配，较少干预市场机制运行，不像价格维持制度与最低工资制度等方式会影响到产品和生产要素的相对价格；另一方面，使用税收手段调节收入分配不仅不会通过收入的转移而及于特定的职业者，而且还会通过政府的公共事务职能而及于社会的全体成员，而不是只涉及部分生产者或劳动者。

税收在初次分配中主要是通过流转税的合理设置，对国家、企业和个人之间的利益格局产生影响。在这个环节，国家可以通过对流转税税种的设置、新税目的开征、税率的调整和纳税对象的增减，尤其对利用资源优势和处于垄断地位的纳税人要适当加大税负，增加国家税收收入，以使国家有更多的财政资金进行再分配和转移支付。税收在再分配环节主要是通过所得税制发生作用，通过所得税制度中的超额累进税率，以及开征财产税、遗产税等方式，让高收入者承担更多的税负，适当缩小高收入者与低收入者之间的差距。而对于消费支出方面，可以通过针对奢侈品课征重税，从而缓解贫富差距。

（二）税收与国家能力

随着现代行政理念以及福利国家、服务型政府导向的强化，向社会提供优质高效的社会公共产品成为现代国家责无旁贷的使命。大体上，现代国家对财政资源的要求可分为两个方面：一方面是国家政权自身建设的需要，如建立庞大的等级制行政机构、雇佣专业工作人员、建设国防力量等，都需要财政资源的支持；另一方面是现代国家为降低社会和经济的运行风险，为经济和社会提供保障而需要的资源，如为社会提供基础设施和为公众提供福利保障等。[①]而资源不会自主地纳入社会体系的生产过程中，“只有当居于情境的行动者将它们纳入日常的生活行为中，它们才得以运作”[②]。因此，任何国家都需要从社会中汲取资源以支撑国家活动的开展。

国家能力可以分为汲取能力、渗透能力、规制能力、（按照国家意愿进行）分配资源的能力[③]，以及促进经济增长的能力[④]。国家汲取能力是国家制度建设的首要任务，它是政府从社会获得财政资源的渗透能力。“相对于其他任何要素而言，一个国家筹集和配置财政资源的方式更能说明国家现有的（和即将具备的）能力。”[⑤]正如Almond和Powell所说，“汲取能力（Extractive Capacity）和现代国家在很大程度

① 刘守刚：《国家成长的财政逻辑》，天津：天津人民出版社，2009年版，第5页。

② ［美］詹姆斯·C·斯科特：《国家的视角：那些试图改善人类状况的项目是如何失败的》，王晓毅译，北京：社会科学文献出版社，2012年版，第102页。

③ Migdal，Joel S（1988）.Strong Societies and Weak States：State—society Relations and State Capabilities in the Third World. Princeton，N.J.：Princeton University Press.

④ Evans，Peter B（1995）.Embedded Autonomy：States and Industrial Transformation.Princeton，N.J.：Princeton University Press.

⑤ Skocpol，T.（1985）. Bringing the State Back In：Strategies of Analysis in Current Research. In Evans，P.Rueschemeyer D. & Skoepol，T.Eds.Bring the State Back In.New York：Cambridge University Press.p.17.

上是一对密不可分的双胞胎”。税收即汲取能力，是所有其他国家能力的基础。它能有效影响其他国家能力，影响一国政府的治理水平，并可能影响政权的稳定和长久维续，这就是为什么熊彼特把现代国家称之为“税收国家（Tax State）”的原因。实际上，一个政府要达到其治理目标，就必须有动员充足资源的能力。[①]一国财政资源的多少直接影响国家的公共支出，而政府的公共支出对维持政府的运转和促进国家的其他目标的实现，提高治理能力至关重要。因为“国家能力的增强与税收的增加有着直接的联系”[②]，所以测度流向各级政府的资源成为一个评价国家建设能力的方法。

中国学者王绍光与胡鞍钢在《中国国家能力报告》中认为“国家能力是指国家（中央政府）将自己的意志、目标转化为现实的能力”[③]。国家能力包括资源汲取能力（国家动员社会经济资源的能力）、调控能力（国家指导社会经济发展的能力）、合法化能力（国家运用政治符号在属民中制造共识、进而巩固其统治地位的能力）、强制能力（国家运用暴力或暴力威胁维护其统治地位的能力），其中汲取能力最为根本，因为只有当国家掌握了必要的财力，才能实现其他的功能。反映国家汲取能力的最重要指标，一是财政收入占国民收入的比重，二是中央财政收入占国民收入的比重。[④]报告指出20世纪90年代初期的“两个比重”（即国家财政收入占GDP比重和中央财政占全国财政收入的比重）的下降对国家的统治能力和维护中央的权威都造成了严重的威胁，因而建议国家通过税收改革提高两个比重。《中国国家能力报告》触发了中国推行分税制财政体制改革。中国1994年开始实行分税制财政管理体制改革，通过在中央政府与地方政府之间税种、税权、税收管理的划分，对中国国家汲取能力的建设产生了深远的影响，中央财政的实力以及国家能力不断加强，地方政府尤其是中西部地区的地方政府在财政上对中央的依赖性也大大增强。

（三）税收与国家治理转型

税收对于国家治理影响不仅仅是国家收取多少税收，更在于国家如何汲取及使用税收。[⑤]根据哈贝马斯的观点，合理的国家机构有四种：依据一种稳定而集中的赋税体系；控制并垄断一种集中领导的军事权力；垄断立法和法律权力；通过一种专职官员统治的形式开展行政管理。[⑥]这四种国家机构居于首位的就是稳定而集中

---

① 王绍光：“国家汲取能力的建设——中华人民共和国成立初期的经验”，《中国社会科学》，2002年第1期，第77–93页。

② Ardant, Gabriel (1975). Financial Policy and Economic Infrastructure of Modern States and Nations, p. 174. In Charles Rilly (ed.), The Formation of National States in Western Europe, Princeton, NJ: Princeton University Press.

③ 王绍光、胡鞍钢：《中国国家能力报告》，沈阳：辽宁人民出版社，1993年版，第3页。

④ 王绍光、胡鞍钢：“中国政府汲取能力的下降及其后果”，载张静：《国家与社会》，杭州：浙江人民出版社，1998年版，第28页。

⑤ 张长东：“税收与国家建构——发展中国家政治发展的一个研究视角”，《经济社会体制比较》，2011年第3期，第195–201页。

⑥ 陈嘉明：《现代性与后现代性》，北京：人民出版社，2001年版，第137页。

的赋税体系，国家通过建立官僚机构和制度建设向社会征税，从而影响国家其他能力的建设。根据财政社会学的观点，不同类型的财政国家运用不同的方式汲取财政收入，形成不同的国家与社会关系，财政国家类型的转变不仅会影响国家汲取和支出资源的方式，也会造成国家与社会关系的调整。近现代时期最重要的财政国家转型是从“领地国家”转变到“税收国家”，①这一转型对欧洲国家的政治制度与国家治理产生了重大影响，随着国家财政收入越来越依靠向私人部门缴纳的税收，政府不得不在政治上作出让步从而重新构造财政和政治制度，最终建立起现代宪政民主制度，②从而在根本上改变了国家治理制度。正如熊彼特指出的那样，西方国家从领地国家到税收国家的转型是其现代国家形成和现代民主制产生的关键时期。③由于源自税收的财政资源最有助于加强其他国家能力，这样的国家更倾向于出现一个负责任的代议制政府。由此，摩尔提出了税收与代议制民主之间的财政社会契约命题。④正是在这个意义上，马斯格雷夫总结道：“税收是现代民主制度兴起的先决条件”⑤。随着国家逐步从领地国家过渡到税收国家，西方政府逐渐建立现代预算制度，将整个财政收支和政府各部门行动有机地联系在一起，引导国家治理制度朝着更理性、更负责的方向迈进。在此过程中，财政的公共性逐渐增强，民众的纳税人意识和民主意识开始增强，并在此基础上逐步发展出公民权的要求。面对公民的权力诉求，国家逐渐通过规范政府的收入和支出行为以有效地汲取社会资源并及时回应社会的需求，为政府管理逐步理性化以及政府承担更多的职能创造条件。⑥

“现代国家的一个重要特点就是主权在民，政府向全体国民负责，并为全民提供更多的公共物品，以提升全体国民的福祉。”⑦国家不仅要弥补市场失灵之不足而促进经济发展，从社会中汲取足够的财政资源，还要提供社会管理和社会服务。在既定的财政收入水平下，国家能力在很大程度上取决于国家通过资源的有效配置来发展经济和解决社会问题，因此，只有将汲取和支出财政资源这两方面结合起来，⑧才能全面而准确地理解税收对国家能力的影响。

---

① 王绍光、马骏：“走向‘预算国家’——财政转型与国家建设”，《公共行政评论》，2008年第1期，第1-37页。

② Moore，M.（2004）.Revenues，State Formation，and the Quality of Governance in Developing Countries.International Politieal Science Review，25（3）.

③ 张长东：“税收与国家建构：发展中国家政治发展的一个研究视角”，《经济社会体制比较》，2011年第3期，第195-201页。

④ Moore，M.（2004），Revenues，State Formation，and the Quality of Governance in Developing Countries.International Politieal Science Review，25（3）.

⑤ Musgrave Richard A（1980）.Theories of Fiscal Crises：An Essay in Fiscal Sociology. in Henry J. Aaron. Michael J.Boskin eds.1980. The Economics of Taxation. Washington，D.C：The Brooking Institution.p.363.

⑥ Webber. C，Wildavsky. A（1986）.A History of Taxtion and Expenditure in the Western World. New York：Simon，Schuster. p.323-326.

⑦ 徐勇、项继权：“公民国家的建构与农村公共物品的供给”，《华中师范大学学报》（人文社会科学版），2006年第2期，第1页。

⑧ 王绍光、马骏：“走向‘预算国家’——财政转型与国家建设”，《公共行政评论》，2008年第1期，第1-37页。

二、治理与善治

“治理”（Governance）可以追溯到古典拉丁语和希腊语的“操舵”一词，原意为控制、引导和操纵，曾被柏拉图用来指“如何设计一个政体”，大体指政治权威通过权力运作使“乱”的状态变成“治”，即有序的状态。①作为现代政治学科中的一个政治行为范畴，“每个社会、每一种伟大的文明都产生了特殊的治理传统，分别产生了风格各异的治理，大部分民族国家宪法的前言，也都以不同的语言、按地方、文化和时代的不同，提到了治理的远大目标”②。在这样的语境下，治理是指在政治系统行使权威，对政务或公共事务作出有效安排，以达到维护政治秩序和政治价值的目的。20世纪80年代以来“治理”被赋予新的意义被广泛运用，此后通过许多国家在政治行政和社会公共管理等方面改革的实践，治理理论不仅拥有较为完善的理论框架和逻辑体系，还形成了一套评估社会发展和管理优劣的价值标准。治理甚至成为“在许多语境中大行其道，以至成为一个可以指涉任何事物或毫无意思的‘时髦话语’”。③治理理论的提出标志着在全球化和当今社会日益强调权力分享的背景下，一种新的政府管理方式的出现，更少的统治更多的治理（Less government，More governance）已成为当前一些国家政府管理改革和发展的共识与目标。

“治理”（Governance）与“统治”（Government）来源于同样的词根，治理与统治有着深厚的历史渊源与广泛的联系，治理作为一种政治管理过程，最终目的也是为了维持正常的社会秩序，也像政府统治一样需要权威和权力。但治理在合法性、主体和权力运行方式等方面与统治进行对话，是人类在寻求公正地解决公共生活问题上努力作出的一次深刻的尝试性转折与突破，力图淡化统治话语，以回到“将个人与公共事务关系为中轴”的正道上去。④因此，从治理与统治的区别（见表2-1）可以看出，相对于传统统治而言，税收治理主张去中心化，认为政府并非国家的唯一的权力中心，强调国家与社会组织间的相互依存和互动合作关系，主张公民应成为积极的税收决策参与者、税收事务的管理者和税收政策的执行者，并通过多元参与合作共治、自组织网络的建构运行实现公共利益最大化。

---

① 张凤阳：《政治哲学关键词》，南京：江苏人民出版社，2006年版，第311页。

② ［法］皮埃尔·卡蓝默、让·弗雷斯、瓦莱里·加朗多：《破碎的民主：试论治理的革命》，高凌瀚译，北京：生活·读书·新知三联书店，2005年版，第9页。

③ ［英］鲍勃·杰索普：“治理的兴起及其失败的风险：以经济发展为例的论述”，载俞可平：《治理与善治》，北京：社会科学文献出版社，2000年版，第55页。

④ 张凤阳：《政治哲学关键词》，南京：江苏人民出版社，2006年版，第317页。

表2-1　统治与治理的比较

统治	治理
中央集权：政府控制计划和资金	地方分权：计划和权力下放地方
统一性和科层式专制	决策中的碎片化和自治
实现机构目标	实现共享目标
垂直关系	水平关系
控制和命令	沟通和协作
多元主义和利益集团政治	通过对话、话语进行协商
正式权威和决策力量	共同合作和共同负责
以机构为协调中心	协作中的多重临时安排
执行法律和规章	地方创新型
信息控制和信息保密	信息共享和透明
有限的参与和咨询	公开参与和公共讨论
趋向于反民主和工具理性	对话式民主和沟通理性

资料来源：［美］全钟燮：《公共行政的社会建构：解释与批判》，孙柏瑛、张钢、黎洁，等译，北京：北京大学出版社，2008年版，第163-164页。

善治是政府治理的最高境界，即“良好的治理”。迈克尔·巴泽雷把“善治”归结为“公民价值体现”，认为它与传统官僚范式不同，更多地体现对公民集体价值做更多的调查、更明确的讨论、更有效地商榷，暗示社会自治的能力和要求。①其本质特征在于它是政府与公民对公共生活的合作治理。善治的基本要素有七个：合法性、责任性、民主性、透明性、法治性、回应性与有效性。②因此，税收善治的基本内涵主要可以概括为：改革传统自上而下的税收权力运作模式，建立政府与社会之间双向互动的税收网络运作模式；改革由政府垄断一切税收事务的传统，建立政府与社会之间的税收合作治理模式；改革政府传统行政中忽视社会权利的模式，建立以社会共识和认同为基础，充分发挥社会能动性和自主性的税收治理模式。因此，税收善治要求国家不仅要有效地承担起元治理的角色，更要改善治理结构，培育市场力量和公民社会，通过多元治理促进公共利益最大化。

① ［美］迈克尔·巴泽雷：《突破官僚制：政府管理的新愿景》，孔宪遂，等译，北京：中国人民大学出版社，2002年版，第133页。

② 黄健荣：《公共管理学》，北京：社会科学文献出版社，2008年版，第85-86页。

三、税收法定与税收民主

"如果人人都是天使，就不需要任何政府了，如果是天使统治人，就不需要对政府有任何外来的或内在的控制了。"①国家行使税收权力时，主观上具有促进社会进步，增进文明福祉的目的，但客观上不可否认，任何不受制约的权力都有可能滥用，政府也可能会变成魔鬼，由天使变为魔鬼的原因之一就是国家课税权的滥用。国家课税权的合法性通过对国民权利的保障得以证成，但税收作为"必要的恶"，征税权本身具有扩张性、侵犯性和任意性等内在基因，容易挤占纳税人权力。②因此，如何约束和规范强势的税收权力、保障私人财产不被不当侵犯与剥夺就成为税收合法性的根本任务。

（一）税收法定的内涵

国家维持社会秩序，提供公共服务必须要有强大的财力作后盾。随着现代国家职能的不断扩张，使政府的财政支出日益膨胀，这就极易诱发政府基于利益需要而产生扩张收入的冲动。而相对于强大的政府来说，公民个人始终处于弱势的地位，这就会有可能导致政府对公民财产权利的侵犯。如果税收不能事先由法律明确规定，那么，国家税收权力膨胀，侵犯纳税人财产权利的行为便难以避免。因此，必须给课税权注入理性的血液，使其受控而实现国家税收收入和公民权利的平衡。

税收法定是指税收法律关系主体及其权利（力）和义务必须由法律确定。③"有税必先立法，未经立法不得征税"的税收法定是法治在税收中的体现。从形式上而言，税收法定要求有关税收法律文件的渊源是"法律"，即税法应该是国家最高权力机关制定通过的。从实质上而言，税收法定要求有关税收法律文件内容是基于法治国家的基本理念而制定的，即应该充分维护纳税人权利，合理界定国家税收权力与纳税人权利，并对政府税收部门的课税权做出明确界定以防止被滥用。

首先，税收法定解决的根本问题是国家税权形式合法性的问题。税收法定的宪法或法律原则的形成本身蕴含着对国家税权存在必要性的承认和肯定，并将国家课税权这一政治层面上的权力创立成法律层面的权力，从而揭示国家课税权的来源

---

① ［美］亚历山大·汉密尔顿、约翰·杰伊、詹姆斯·麦迪逊：《联邦党人文集》，程逢如译，北京：商务印书馆，1980年版，第264页。

② 施正文："论征纳权利——兼论税权问题"，《中国法学》，2002年第6期，第144-154页。

③ 翟继光：《税法学原理》，上海：立信会计出版社，2011年版，第18页。

和范围。税收是人民同意将其部分财产转移给国家以获取国家提供的公共产品，因此，税收应该以人民同意为前提，否则就是对人民财产权利的非法侵害。国家税权只有依据法律行使才能得到合法性的承认，并依此来保障人民的财产，人民有权拒绝缴纳没有经过“同意”和没有法律依据的赋税要求，也就是说征税主体的征税必须以人民的同意为前提，否则便是对人民财产权非法侵犯。税收法定通过程序制度使建立在政治契约基础上的国家课税权合法性在社会经济生活中得以体现，给经济生活带来了法的稳定性和可预测的可能性。[①]

其次，税收法定的核心价值在于规范和限制国家税收权力，凡税收事项均由国民代表组成的代议机构通过法定程序制定为法律，国家行政机关以此作为征税依据，且只有在符合法律规定的征税要件才能征税。由此必须制定税收立法权、征税权、用税权等国家税权的约束机制。与此相对应的，是在法律上确定纳税人的税收基本权利，以保障国民的自由和财产权利。正是通过对国家税权的规范和限制以及国民税收权利和义务的界定，才能体现税收形式正义的价值。

（二）税收法定的内容

税收法定的内容，一般认为有三个具体原则：税收要素法定、税收要素明确及征税合法性原则。[②]也有学者将第三项界定为依法稽征原则。[③]综合各种观点，可以将税收法定内容归纳为税收要素法定、税收要素确定和税收程序合法三部分：

(1) 税收要素法定，指税收要素的全部内容和税收课征及其程序都必须由法律规定，税法主体、征税客体、征税依据、税率等课税要素以及与此相关的征纳程序的立法权由立法机关行使，行政机关未经授权，无权在行政法规中对课税要素作出规定。由于课税要素直接关系到纳税人的纳税义务是否成立以及义务的大小，与个人、企业乃至国家的利益攸关，因此必须由法律加以限定。依税收要素法定的要求，凡无法律依据而仅以行政法规或地方性法规确定的新的课税要素是无效的，与法律相抵触的行政法规或地方性法规也是无效的。[④]税收要素法定主要体现在税收实体法和税收程序法中的程序性规定中，既是构成纳税义务成立的必要条件，也是税收法律关系得以展开的基本构成要素。

(2) 税收要素确定，指在法律和授权立法的行政法规或地方性法规中，对课税要素和征收程序等内容尽量作出明确规定以避免出现歧义，如果规定模糊，就会产生行政机关确定课税要素的自由裁量权，易于导致征税权力的滥用。正如亚当·斯

---

① ［日］金子宏：《日本税法原理》，战宪斌译，北京：法律出版社，2004年版，第58页。
② 刘剑文：《财税法学》，北京：高等教育出版社，2004年版，第331-332页。
③ 张守文：“论税收法定主义”，《法学研究》，1996年第6期，第57-65页。
④ ［日］金子宏：《日本税法原理》，刘多田，等译，北京：中国财政经济出版社，1989年版，第5页。

密所言："各国民应当完纳的赋税，必须是确定的，不得随意变更。完纳的日期、完纳的方法、完纳的数额，都应当让一切纳税人及其他的人了解得十分清楚。……赋税如不确定，哪怕是不腐化不专横的税吏，也会由此变成专横与腐化，……我相信，赋税虽再不平等，其害民尚小，赋税稍不确定其害民实大"[①]。因此，有关创设税收权利义务的规范在内容、宗旨、范围等方面都必须明确，以使纳税人可以预测其负担。

（3）税收程序合法，即税收法律关系中的实体权利义务得以实现所依据的程序性要素须经法律规定。具体而言主要包括三项内容：一是税收内容的确定或更改等立法行为的程序法定；二是税款的征纳和税收征管等行政行为的程序法定；三是税收争议解决的程序法定。根据税收程序合法原则，征税部门必须严格按照法律的规定征收，纳税人依法定程序纳税并有获得行政救济或司法救济的权利。税收程序合法为税收立法、行政、司法等行为必须严格依程序进行提供了保障，特别是司法程序作为救济纳税人权利的法定手段，是现代法治国家的共识。

此外，税收的体制、税收优惠政策等也都必须由法律加以规定，不得随意变更税收体制，随意增加税收种类，随意"免税引资"等，[②]这些内容都是税收法定不可分割的组成部分，也是依法治税的重要问题。

（三）税收法治与税收民主

亚里士多德认为法治应包含两重意义：一是制定良好的法律，二是已成立的法律获得普遍的服从。[③]在《牛津法律大辞典》中，对法治的定义是"所有的权威机构、立法、司法以及其他机构都要服从于某些原则，这些原则一般被看作表达了法律的各种特性。如正义的基础原则、道德原则、公平和合理诉讼程序的观念，它含有对个人的至高无上的价值观念和尊严的尊重。"[④]现代意义的法治，是以自由、公平、正义作为价值取向，以限制权力和保障权利为其核心思想，并且以完善的法律制度以及全体成员（包括政府）对法律的普遍遵从与信仰为基础的。[⑤]以法治为基础的社会组织结构可称为"法治社会"，其基本标志是[⑥]：国家的一切权力均根源于法律，而法律是建立在基于公平正义等基本社会价值和尊重与保障公民各项权利基础之上的。国家税收权力作为对公民财产权利的"侵害"，如果不受到有效控制就可能会被滥用。税收法治则是现代法治国家处理税收矛盾冲突的基本框架，是法治原则在税收领域的集中表现和具体运用。[⑦]具体而言，税收法治的内涵包括以下几

① ［英］亚当·斯密：《国民财富的性质与原因的研究》（下卷），郭大力、王亚南译，北京：商务印书馆，1994年版，第385页。
② 徐孟洲："论税法原则及其功能"，《中国人民大学学报》，2000年第5期。
③ ［古希腊］亚里士多德：《政治学》，吴寿彭译，北京：商务印书馆，1983年版，第199页。
④ 张晓君：《国家税权的合法性问题研究》，北京：人民出版社，2010年版，第159页。
⑤ 董延林、王博："现代国家与税收法治论略"，载刘隆亨：《财税法论坛》，北京：北京大学出版社，2004年版，第250页。
⑥⑦ 张斌、樊丽明："税收法治的内涵与目标"，《税务研究》，2002年第4期，第66-70页。

个方面：首先，税收法治始于“良法之治”，建立体现公平、正义等社会基本价值的税法体系是获得社会成员普遍遵守的前提条件。其次，税收法治要求在税法面前人人平等。最后，税收法治要求税收法律获得普遍的遵守并被严格执行。通过社会全体成员（包括政府）对税收法律的遵守，尤其是对国家征税权的制约与规范以有效保障公民财产权利。

税收民主要求政府的税收活动需要严格的民主控制和畅通的利益表达机制，使公民的意愿能够真正约束征税权与用税权。一方面政府征税与用税的权力必须以纳税人的同意和赞同为条件；另一方面，征税权行使过程必须由人民进行有效监督，确保纳税人对权力的有效约束和控制，防止权力滥用，以保障公民的合法权利。因此，税收法治体现的“限制国家权力、保障公民权利”的法治精神与税收民主基本原则是一脉相承的。税收法治不仅指向完备的法律制度以具有形式上的合法性，更重要的是实质上的合法性，是否获得公众合法性认同是税收法治的实体价值，也是判断一个税法是否是良法的标准。税收法治的实体价值体现着税收实质上的合法性，包括对国家税收权力的定位与限制、权利与义务的关系等内容。因此，税收法治必须通过一整套运行良好的规则与程序来实现公民行使参与各项税收事务的决策权利，以使国家税权的授予、税种的开征、税收的支用等均是民主的结果、民意的体现，从而使政府税收既能够公平有效地筹集财政收入以满足社会公共需求，又能切实保障公民权利。从这个意义上说，税收法治通过国家在税收立法、执法和司法以及在税收的征收和使用过程中，充分尊重和保护人民应享有的各项民主权利，体现人民的意志和主权，从而使税收民主实质价值得以体现。首先，从内容来看，税收法治包含的税收要素和程序法定、政府依法征税与用税、纳税人依法纳税并依法监督等内容是确保税收民主实质价值得以实现的程序价值；其次，现代税收法治的核心内容在于税收权力的依法行使，而税收民主也始终是以限制征税权力的和保护人民财产权利为核心内容，从这个意义上说，税收民主不但构成了税收法治的重要组成部分，也是税收法治保障公民财产权利、规范和限制国家税收权力的基本要求与重要体现。

四、税收善治：一个税负公平的分析框架

税收作为国家管理的重要活动，体现了国家与公民之间的互动与合作关系。税收治理的最终目标就是要通过税收的良善治理实现税负公平，从而促进社会公平与社会和谐。因此，税收善治就成为一个在规范性的治理理论范畴下涵盖税负公平导向、体现税负公平原则的综合分析框架。

（一）税收治理：国家治理视域下的税负公平

税负公平问题不仅仅是一个经济领域的问题，正如汉密尔顿所述，“在政府的行政工作中，没有一个部门如征税业务那样需要了解那么多的广泛消息和充分的政治经济学原理的知识”[①]。税收作为国家治理的一个重要方面，其治理的好坏关乎国家治理的质量，无论我们如何描述国家治理，有一点是非常明确的：没有资源，国家就寸步难行，国家治理的所有活动都依赖于有限资源的权威分配而展开的。显然，作为一种将有限资源与国家目标系统结合起来的治理手段，税收对政治、经济和社会都产生极为重要的影响。治理理念对社会管理力量多元化格局的关注以及对政府角色的重新定位都决定了税收治理的发展方向。国家只是通过制度设计的方式提供了一种秩序，通过规制个体行为使人与人之间的利益合作和分配能够在秩序的框架下进行。进而言之，权力及其运行并没有改变资源的稀缺性，而且其存在和发展也必然受到资源稀缺的制约，因此如何运用有限的资源来满足广泛的社会需求，这不仅是市场机制的中心任务，更是一个政府必须要面对并竭力解决的问题。

税收治理的本质特征，就在于它是政府与公民对税收活动的合作治理。在社会合作方式的选择上，人们主要基于两方面的考虑：一是如何获得社会合作的规模收益；二是如何分配社会合作产生的规模收益。[②]围绕这两个问题，不同的研究方向日渐塑就不同的研究旨趣：经济学者关注如何通过市场的自由交换，实现可供选择的稀缺资源的合理配置，以最大限度地收获产出，其支点是价值的生产；政治学关注自由交换、资源配置的权威前提和约束条件，强调如何通过权威途径实现对合作受益的合意性分配，其支点是价值的分配；伦理学者关注的是所分配的利益是否公正，其支点是价值的评估。[③]税收合作治理也是如此，由于税负公平涉及价值判断问题，是一个包含多重原则与内涵的复合体系，从税负公平原则而言，既要达到公平的相同对待与公平的区别对待，又必须彰显受益与能力原则这两大税收传统。就税负公平内涵而言，既包含税负起点公平、过程公平和结果公平；又包含税负政治公平、经济公平和社会公平；还涵盖了税收代内公平和代际公平。当所有因素作用于税负公平时，要达成一个合意的单一评价体系无疑是极为困难的，而且没有一种特征在一切情况下都具有决定性，也不存在普遍适用的税收公平的唯一标准，究竟应当依据什么标准来确定哪些方面相关往往取决于具体领域、具体问题及其“游戏”规则。[④]因而，本研究将税负公平置于税收治理这样一个场景中，将税负公平

---

① ［美］亚历山大·汉密尔顿、约翰·杰伊、詹姆斯·麦迪逊：《联邦党人文集》，程逢如译，北京：商务印书馆，1980年版，第171页。

② 靳继东：《预算政治学论纲》，北京：中国社会科学出版社，2010年版，第22页。

③ 俞可平：《政治与政治学》，北京：社会科学文献出版社，2003年版，第4页。

④ ［美］J·范伯格：《自由、权力和社会正义》，王守昌、戴栩译，贵阳：贵州人民出版社，1998年版，第148页。

的各项原则和内涵整合在税收善治整体规范体系中，通过税收合法性、公共性与可持续性得以体现。换而言之，税收善治对合法性、公共性、可持续性的要求是对税负公平复合体系要求的一种理性回应。

（二）税收遵从：税负公平实现的核心问题

现有关于税负的研究汗牛充栋，但其关注的重点是国家已经建立起来税制的税负水平，而很少关注税收作为国家从社会汲取资源的机制。归根结底，国家的汲取能力取决于该体系是否能建立一套关于向社会合理征税的合理机制：一是包括纳税者服从纳税规则，二是收税者服从收税规则。而要建立和实现这种机制，就必须要有一个公平的课税机制，既得到征税部门的认可，也得到纳税人的认可。这种认可程度就涉及税收遵从程度。税收遵从包括纳税人的税收遵从与政府的税收遵从两方面的内容：纳税人的税收遵从是纳税遵从，即纳税人严格按照相关税收法律来履行纳税义务，及时准确申报和按时足额缴纳税款的行为；政府的税收遵从包括征税与用税遵从，即政府部门在税收活动中严格按照税收法律来履行自己职责的行为。在现代社会，税收遵从度的高低不仅是一个国家税收分配关系和谐与否的重要标志之一，也是其税收制度是否合理的重要判断标准之一。[①]

税收遵从的实现有赖于征纳双方对税收的遵从，而影响税收遵从的因素有很多，主要有税制结构、税负公平、税收理念、税收遵从成本、纳税服务质量等，其中最为重要的就是税负公平。社会心理学中的公平理论（也称社会比较理论）指出，个体需要保持一种分配上的公正感，在通过付出取得报酬之后，不仅关心所获报酬的绝对值，也关心所获报酬的相对值，即将自己付出与收获的比值与他人进行横向比较。因此，在税收领域，纳税人不仅关心在统一税法约束下自己所缴税款的绝对量，而且也关心与自己同属于同一税法约束下的其他纳税人所缴税款的绝对量，并通过比较来判断是否公平，如果纳税人感到税收制度是公平的，则税收遵从的可能性就会比较大，反之就容易产生偷逃税等纳税不遵从的行为。因此，要实现纳税遵从，最根本的问题是要实现税负公平，通过税负公平提高征纳双方的税收遵从度，如果纳税人都按规则纳税，那么政府就可以获得合理而充足的财政资源；如果征税部门也都按规则征税与用税，将税收政策落实到位，税收征纳双方自觉履行税法规定的权利和义务，创造公平的税负环境和良好的税收秩序，那么通过征纳双方的税收遵从实现税收的良善治理也是题中之义。

---

① 王玮：“纳税人权利与我国税收遵从度的提高”，《税务研究》，2008年第4期，第70-74页。

（三）税收善治：合法性、公共性、可持续性的契合

善治的本质特征，就在于它是政府与公民对公共生活的合作治理，是两者的最佳关系，税收善治是一个公共利益最大化的过程，是政府与公民的对税收的共同治理，是国家与公民的良好合作。就征税部门和纳税人的角度而言，就是提高征纳双方的税收遵从度，通过合理的分配制度维护和实现社会公正，把社会成员的收入差距控制在适合的范围内，避免收入差距的过分扩大和经济利益的两极分化，从而实现税收治理合法性、公共性和可持续性的契合。

1. 合法性：税负公平的价值尺度

合法性是税收善治的基础，更是税负公平的价值尺度。税负公平要求起点公平、过程公平和结果公平，其中最为重要就是对体现公平正义等社会基本价值之规则的诉求，只有一个合理、稳定的税收制度，才能提供税负公平得以实现的现实载体。税收合法性就是社会成员基于公平正义等基本价值信仰而对税收治理的正当性所表示的认可，它既是征税部门阐述其征税权来源的正当理由，也是纳税人愿意纳税的价值依据。税收合法性具体包含税收法定、税收民主和税收法治，通过将公平、正义等社会基本价值纳入税收制度的制定与执行中，从而获得公众的真正认可与支持。

2. 公共性：税负公平的核心诉求

现代政治中公权力的根本特性是公共性，它与促进公共利益的目标紧密联系在一起。国家对公民权利的保障需要支付成本，因为“没有公共资助和公共支持，权利就不能获得保护和实施”[①]。而正是“权利的成本”构成了连接国家与公民的之间的桥梁，从财产的角度说明了国家存在的最基本关系——公共权力与公民权利之间的关系。用哈贝马斯的话说：“享有特殊功能的公权力机关之所以成为税收国家是因为他离不开私人领域当中的经济交往所提供的动力资源。”[②]在现代国家，税收的公共性主要体现在以下两个方面：一方面体现为公共收入与开支的科学性与透明性，通过国家公平高效地筹集和使用财政资金，为公民提供所需的公共产品与公共服务。另一方面体现在税收征管过程中以纳税人为中心和为纳税人服务，保障公民的合法权利，从而更理性、更负责地进行税收治理，以实现公共利益最大化。

3. 可持续性：税负公平的发展目标

税收可持续发展理念的形成源于对当代生态安全的忧患与反思，忧患是人们对客观现实的判断，故存在一个衡量标准；反思是对产生忧患问题的深层次思索，旨

---

① ［美］史蒂芬·霍尔姆斯、凯斯·R. 桑斯坦：《权力的成本：为什么自由依赖于税》，毕竟悦译，北京：北京大学出版社，2004年版，第3页。

② ［德］尤尔根·哈贝马斯：《后民族结构》，曹卫东译，上海：上海人民出版社，2002年版，第75页。

在制定出未来追求的目标和途径。①税收可持续发展体现的是一种发展目标：通过税负公平的实现促进自然资源、生态环境和经济社会的可持续发展，既满足当代人的需要，又不对后代人满足其需要的能力构成危害，公平地满足当代人与后代人在发展与环境方面的平等需求，实现当代人与后代人公平享有生存与发展、自然永续及文明传承的正当权益。税收的可持续发展要求税收的发展应当建立在生态可持续能力、社会公正和人们积极参与自身发展的决策的基础上，既强调代内地区间、企业间、纳税人间的税负公平，也强调通过税负代际公平实现对自然资源环境保护，使后代人拥有同样的发展机会，从而实现税收的代内公平和代际公平。因此，税收可持续发展既是民主、法治和责任型政府税收治理的目标，也是税收善治的实现形式。

通过以上分析，本书以税负公平为导向，以促进税收的合法性、公共性和可持续性为目标，以政治学、经济学、公共管理学等理论为基础，通过在规范性的善治理论范畴重新探讨税负公平的标准和原则，构建一个国家治理与善治视阈下涵盖税负公平导向、体现税负公平原则的三维分析框架（见图2-1）。这一分析框架试图融合税负公平研究中关注的起点公平、过程公平、经济公平、社会公平、代际公平等多重内涵，既强调税负在全体纳税人之间合理分配，又要求国家征收的税收总量与国家为社会全体成员提供的总体福利相匹配，从而通过促进税负公平正义的实现推动经济、社会与国民福祉的同步协调增长。

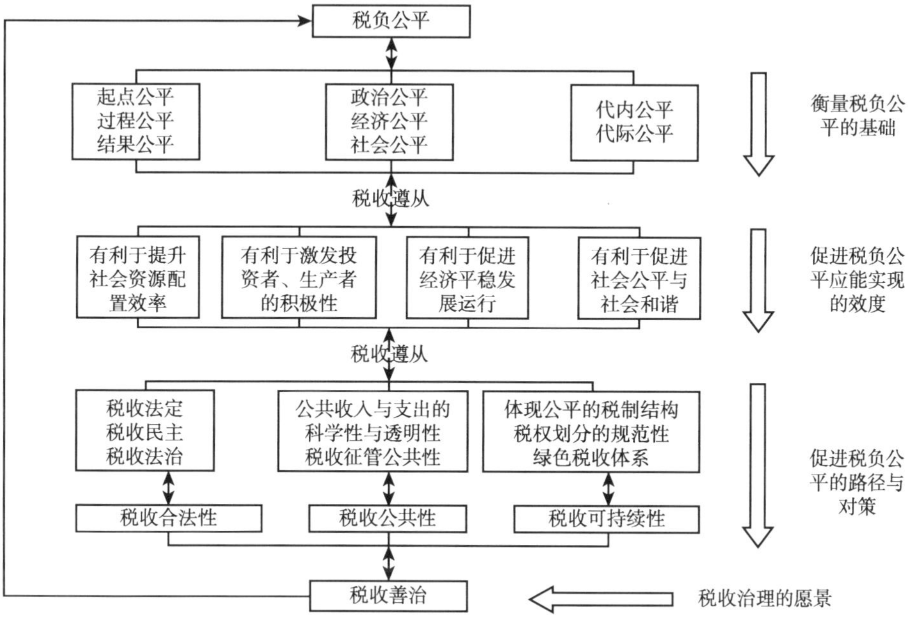

图2-1　税负公平分析框架

① 毛志峰：《人类文明与可持续发展——三种文明论》，北京：新华出版社，2004年版，第126页。

本章小结

税收负担是纳税人依法履行纳税义务而造成的一种经济负担，在一定程度反映着国家和纳税人、纳税人和纳税人之间在收入分配、财产和社会资源占有上的数量关系。促进税负公平，有利于经济主体之间的公平竞争和收入的公平分配，进而对社会的整体公平产生重要影响。因此，税负公平状况、实现条件与实现过程的研究，不仅有利于税收管理的改善、也有利于提升政府合法性、促进社会公平正义的实现。为了客观地分析评价中国的税负公平状况，本书构建了一个国家治理与善治视阈下税负公平的分析框架。首先，从衡量税负公平的基础出发，挖掘税负公平的内涵，对税负公平进行多角度的阐释。从过程的角度阐述税负公平的起点公平、过程公平和结果公平；从具体领域的角度阐述税负公平的政治公平、经济公平和社会公平；从可持续发展视角阐述税负公平的代内公平和代际公平。其次，论述促进税负公平应能实现的效度：（1）有利于提升社会资源配置效率；（2）有利于激发生产者、投资者的积极性；（3）有利于促进经济发展运行；（4）有利于促进社会公平与社会和谐。最后，在对治理与善治、税收与国家治理理论梳理的基础上将税负公平的标准和原则置于税收善治的规范性目的之下进行探讨与阐释，通过对税收合法性、公共性和可持续性的多维解读，构建国家治理与善治视阈下涵盖税负公平导向、体现税负公平原则的三维分析框架。这一分析框架试图通过对税收合法性、公共性和可持续性的分析，对中国税负公平现状进行综合评价，并在此基础上提出促进税负公平的路径与对策，以推动税收治理的美好愿景——税收善治的实现。

第三章

审视公平：
税负公平分析的三个维度

问题研究

无论是公平的同等对待，还是公平的区别对待，税负公平都关乎纳税人之间的比较，税负公平的内涵都不可能是平面的、单一的，而应该是结构多元的，把税负公平建立于孤立单一的因素之上是难以令人信服的。税收作为国家治理的重要途径，体现了国家与公民之间的互动关系，其最终目的就是要通过税收的良善治理实现税负公平，从而促进社会公平与社会和谐。因此，将税负公平的标准和原则置于税收善治的规范性目的之下，构建一个国家治理与善治视阈下体现税负公平复合体系的分析框架，有利于全面、综合地体现税负公平多重内涵，并通过促进税负公平推动社会整体公平的实现。本章通过对税收合法性、公共性与可持续性三个维度的分析，阐明税收善治各个维度与税负公平的关系，进一步完善和充实税负公平分析框架。

第一节 税收合法性考察

现代政府应该是民主、法治和责任型的政府。政府的权威并不在于权力的张扬和炫耀，而在于这种权威是建构在权力制约基础之上的公信力，是一种受制于法律的有效权威。合法性是现代民主政治的核心问题，任何政府都要通过证明、维护和增进合法性，以获得社会公众对政府所制定与实施的政治、经济和社会政策的认同和支持。因此，国家税收合法性问题主要指向征税的正当依据问题，是关于国家和国家税收权力赖以存在的原因性解释。

一、税收合法性的理论源流

税收合法性源于对政治合法性的研究。国家税收权力的本质是基于维系和实现公共利益的根本目标，因此，必须把公平、正义的社会基本价值纳入对税收权力的评价之中，以获得公众认同。税收权力形式上的合法性是合法律性，而实质上的合法性是获得公众真正的认可和支持，[①]这也是政治学意义上的合法性，可以通过民众的认可程度体现出来。因此，国家税收实质上的合法性远比形式上的合法性更为重要。

① 黄健荣：《公共管理学》，北京：社会科学文献出版社，2008年版，第444页。

（一）合法性的含义

《布莱克维尔政治学百科全书》中对合法性的解释是："任何一种人类社会的复杂社会形态都面临一种合法性的问题，即该秩序是什么和为什么获得其成员忠诚的问题。""它所突出的问题会影响到权力和权威的基础，以及掌权者或掌权者的代表所提供的正当性证明。"[①]法国学者让–马克·夸克在《合法性与政治》一书中指出："合法性即是对统治权力的确认，它试图解决一个基本的政治问题，而解决问题的办法即在于同时证明政治权力与服从性。"[②]根据社会契约论的逻辑建构，国家统治的合法性必须根植于人类通过订立契约而形成的同意，将合法性构筑在"民众同意"的基础上，并认为没有"民意"基础的合法性是不可想象和难以忍受的。卢梭在《社会契约论》中指出："强力并不构成权利，而人们只对合法的权力才有服从的义务"。[③]哈贝马斯指出合法性意味着某种政治秩序被认可的价值，[④]中国公共管理学者黄健荣认为这种被认可的价值包括形式认可与实质认可两个层面，形式合法性是合法律性，实质合法性是政治学意义上的合法性，现代政府合法性之根本在于其实质合法性，体现为社会公众对政府所主导的政治理念与价值，所制定与实施各项政策及其施政行为与效果的认同和支持。[⑤]因此，合法性的基础是同意而不是强制，是基于社会普遍承认基础之上而获得公众的一种真正的认可与支持。

最早对合法性问题进行系统研究的是马克斯·韦伯，他认为任何一个统治者为维系自己的统治，都致力于"唤起并维持对它正当性的信仰"，[⑥]"任何一种真正的统治关系都包含着最低限度的服从愿望，即从服从中获取（外在的和内在的）利益。"[⑦]而正当性实际上是对某种合法秩序的信念，以及行动受这一信念支配的可能性。韦伯在这种正当性的基础上进一步引申出权威的概念，通过考察人类历史上存在的政治统治秩序后，构建了"传统型""魅力型"和"法理型"[⑧]三种理想的类型对正当性或合法性统治加以说明。哈贝马斯作为另一位合法性研究的集大成者，通过建构公共领域与私人领域、系统世界与生活世界两对范畴对合法性问题进行分析。在早期的分析中他认为合法性危机的原因主要在于公共领域对私人领域的侵

---

① ［英］戴维·米勒、韦农·波格丹诺：《布莱克维尔政治学百科全书》，邓正来译，北京：中国政法大学出版社，2002年版，第439–440页。
② ［法］让–马克·夸克：《合法性与政治》，佟心平、王远飞译，北京：中央编译出版社，2002年版，第12页。
③ ［法］让–雅克·卢梭：《社会契约论》，何兆武译，北京：商务印书馆，1980年版，第8页。
④ ［德］尤尔根·哈贝马斯：《交往与社会化》，张博树译，重庆：重庆出版社，1989年版，第184页。
⑤ 黄健荣："论现代政府合法性递减：成因、影响与决策"，《浙江大学学报（人文社会科学版）》，2010年第9期，第26–38页。
⑥ ［德］马克斯·韦伯：《经济与社会》（上卷），林荣远译，北京：商务印书馆，1997年版，第239页。
⑦ ［德］马克斯·韦伯：《经济与社会》（上卷），林荣远译，北京：商务印书馆，1997年版，第238页。
⑧ ［德］马克斯·韦伯：《学术与政治》，钱永祥译，桂林：广西师范大学出版社，2004年版，第56–57页。

入，而在晚近的著作中更倾向于用系统世界控制生活世界的话语来阐释合法性问题。哈贝马斯认为“合法性意味着某种政治秩序被认可的价值”[①]。“这一价值规范标准不是先验的、绝对的（如普遍理性、天赋人权等），而是开放的、有待讨论的和自由沟通之后形成的共识。”[②]既定政治秩序的合法性只有从一种具有道德内容的程序合理性出发才能取得其合法性，[③]这种程序合理性就是主体间的商谈，构成一个分布广泛的“传感器网络”。通过意见和意志形成的民主过程，为公众舆论与统治者理念架起沟通的桥梁，构建起一种“交往共同体”[④]是其理想状态。

合法性蕴含着对权威的自愿服从，与国家主权、社会成员的承认与同意的民主协商等密切相关：第一，合法性是一种以主权为基础的权威，[⑤]“如果一个政府的统治是合法的，它就具有合法性，如果一个国家的存在是合法的，他就拥有了主权，如果一个领导人的统治是合法的，他就是有权威的”[⑥]；第二，合法性的获取途径是对话，因为政府中立原则是政府权威的来源，所以政府决策的中立性只能通过向社会开放决策程序，各利益团体广泛参与理性协商过程而得到实现和体现，[⑦]在现代社会，“对话”最有效的途径无外乎民主协商机制；第三，合法性存在的前提是同意，通过民主过程及透明化的程序形成公正的法律并保证公正地执法；第四，合法性的重要来源是为公民提供公共物品和公共服务。[⑧]政府作为公共权力机关，其基本职责和主要任务是为公民提供公共物品和服务，因此，民众对政府的满意度和信任度取决于政府提供的公共产品与公共服务的数量和质量。

（二）税收合法性

税收作为国家筹集财政收入的最重要方式，对纳税人而言意味着私人财产的损失和减少，其合法性问题不仅事关国家权力合法性，而且也事关国家财政职能的实现以及税收法律政策的有效实施。社会契约论特别是“主权在民”的思想为税收合法性提供了主要的理论支撑。契约论者认为根据契约产生的国家是为实现“公意”——共同意志、公共利益和公共幸福而存在的。国家是人们为了解决在自然状态下所产生的种种弊端和矛盾，旨在保护自然权利而让渡自然权利的社会契约的产物，因此，国家的权力只能来源于人民的授予和认可，“只有约定才可以成为人间一切合

---

① ［德］尤尔根·哈贝马斯：《交往与社会进化》，张博树译，重庆：重庆出版社，1989年版，第184页。
② 强世功：《法制与治理：国家转型中的法律》，北京：中国政法大学出版社，2003年版，第18–19页。
③ ［德］尤尔根·哈贝马斯：《在事实与规范之间：关于法律和民主治国的商谈理论》，童世骏译，北京：生活·读书·新知三联书店，2003年版，第559页。
④ 张凤阳：《政治哲学关键词》，南京：江苏人民出版社，2006年版，第332页
⑤ 张晓君：《国家税权的合法性问题研究》，北京：人民出版社，2010年版，第23页。
⑥ ［美］迈克尔·罗斯金等：《政治科学》，林震、王锋、范贤睿，等译，北京：华夏出版社，2001年版，第9页。
⑦ J. Cohen（1991）. Deliberation and Democratic Legitimacy，A. Hamlin，P. Pettit（eds.），The Good Polity，Oxford.
⑧ 燕继荣：《政治学十五讲》，北京：北京大学出版社，2004年版，第157页。

法权威的基础”[①]。国家的课税权只有基于对公共产品和公共服务的提供才能转化为权威。纳税人对国家课税权的服从是基于对纳税的认可与同意，这种服从通过民主协商这一对话机制得以体现，从而使“权力成为权威，基于同意从而自愿服从”[②]。

就国家课税权来源而言，国家是一种经由自由同意的契约而结成的共同体，正是人民让渡了一部分财产权给国家，国家为“国民提供各种服务并增进福利而存在”[③]，而国民的公共需求的物品和服务是通过反映国民意志的民主立法程序来决定的，这一过程也是国民税收立法权实现的过程，如此，国家才被授予合法获得税收的权力。[④]

就国家征税的目的而言，“国家提供一系列我们称之为保护和正义的服务，以此来换取收入”[⑤]，“承认国家课税权的理由在于容许或要求国家原则上应利用税捐收入，支付国家为人民提供非属国家和公权力机构不得、不能、不愿提供之公共服务之需要的经费”[⑥]。国家征税是为实现其维持社会秩序，提供公共产品与公共服务的职责。

因此，国家税收合法性的逻辑是：国家税收权力来源于人民的同意和授予，课税权的来源决定了其实质上是以国民福祉为目的。国家税收目的是满足人民的需要。课税权作为一种国家权力是保障国家职能实现的必需，一方面预示着国民财产的牺牲和贡献；另一方面又蕴涵着对国民权利和自由的尊重。[⑦]从这个意义上说，以自由合意为基本要件的社会契约论，不仅是对服从义务的思考，而且也隐含着对限制国家权力的密切关注。[⑧]税收的合法性是国家实施税收权力的正当性，国家的课税权只有承认私人财产权在先以及对私人财产制度予以确认和保障，以纳税人的经济自由权、财产权等权益和自由市场经济体制维护为目的，使纳税人对国家课税权的服从演化为一种义务，方能获得道义上的征税理由或基础。民众以“自然权利”“自由民主”以及“法律规则”为价值标准展开对国家税收的评价，便成为国家课税权获得合法性认同的基本前提。

二、税收合法性是税负公平实现的关键

税收法定的目的是从程序上制约国家税收立法、征收过程的权力滥用，但如果

① ［法］让-雅克·卢梭：《社会契约论》，何兆武译，北京：商务印书馆，1980年版，第81页。
② 张晓君：《国家税权的合法性问题研究》，北京：人民出版社，2010年版，第27页。
③ ［日］金子宏：《日本税法原理》，刘多田，等译，北京：中国财政经济出版社，1989年版，第16页。
④ 倪洪涛：“从‘道德宪法’到‘政治宪法’——一种税权控制的研究视角”，《法学评论》，2006年第3期。
⑤ ［美］理查德·派普斯：《财产论》，蒋琳琦译，北京：经济科学出版社，2003年版，第116页。
⑥ 黄茂荣：《税法总论》（第一册），台北：月旦出版社，2002年版，第5页。
⑦ 张晓君：《国家税权的合法性问题研究》，北京：人民出版社，2010年版，第37–38页。
⑧ 张凤阳：“社会契约框架中的自由主义言说”，《南京大学学报（哲学、人文科学、社会科学版）》，2001年第5期。

立法机关在立法过程中只重视纳税人的程序权利而轻实质权利，显然纳税人权利只能得到形式上的保障而没有得到实质上的实现。仅有形式上的合法而无实质上的公平正义并不是税收合法性的真正要义，也难以获得公众的合法性认同。一方面，必须依靠税收法定的“形式”确保税负公平“实质”的实现。另一方面，也只有体现公平正义等社会基本价值的税收法律，才能获得公众的合法性认同。税收法律形式上的合法性是合法律性，而实质上的合法性则是获得公众的真正的认可和认同。因此，在税收立法和执行过程中必须遵循税负公平原则，以满足税收实质上的合法性。

（一）税收合法性的税负公平原则

税收合法性不仅体现在形式上的合理，还必须取决于其实质的合法性，因此税收合法性要求税收立法和实践中必须遵循公平正义的原则以获得征纳双方的合法性认同。“以财政收入为目的的税法，其正当性须存在于国家财政收入如何公平分担于国民间。此效果宪法上的衡量标准为平等原则，具体衡量标准为量能原则……总之，纳税义务不以有法律依据即取得负担理由，此种法律须出自增进公共利益之必要，亦即取得正当性依据。”[①]日本学者金子宏认为“税法的基本原则可以归纳为‘税收公平主义’与‘税收法律主义’，前者是关于税收分配的原则，是关于实质的原理，后者是有关课税权行使方式的原则，是关于形式的原理”[②]。也就是说，税收法定作为国家税收合法性的形式要求，税收公平作为国家税收合法性的实质要求，从不同侧面强调了对国家课税权力的规范与限制和对纳税人权利的保护，从而使税收合法性得以体现。

在亚当·斯密的“良税四原则”中，公平原则居于首位，无论在何种观察面向下对税收进行考察，公平要件始终是一个恒定的考察因素。由此，税收公平原则经常被认为是税收正义的代名词，公平原则是税法的大宪章。[③]税收公平原则要求“国家依其主权征税，按国民固得课征租税，但总体租税负担必须公平分配予国民”[④]，“税负必须依照国民间的承担税的能力进行公平地分配，在税收法律关系中，必须公平地对待每一个国民”[⑤]。税收作为纳税人为获得公共产品的必要付出，对于纳税人而言，是一种负担，从根本上来说，税收公平解决的是税收负担的问题，即税负公平问题，并以具体应遵循的原则来制约国家税收权力对公民财产权的介入。因

---

① 葛克昌：《所得税与宪法》，北京：北京大学出版社，2004年版，第92页。
② ［日］金子宏：《日本税法原理》，刘多田，等译，北京：中国财政经济出版社，1989年版，第47页。
③ Klaus Tipke. Steuerlegislative unter Verfassungsdruck，Stu W 1993，S. 9. 载黄俊杰：《纳税人权利之保护》，北京：北京大学出版社，2004年版，第3页。
④ 葛克昌：《所得税与宪法》，北京：北京大学出版社，2004年版，第86页。
⑤ ［日］金子宏：《日本税法原理》，刘多田，等译，北京：中国财政经济出版社，1989年版，第64页。

此，在公平要件下，相同的纳税人应当支付相同数量的税额，不同的纳税人应当支付不同的税额体现了税负公平的平等赋税、量能课税、税收适度等意蕴，既关系到税收公平正义的实现，也是衡量国家税收合法性的实质标准。

（二）税收合法性与税收遵从

税收遵从不仅包含纳税遵从，还包括征税遵从，一方面，纳税人遵照税收法令及税收政策的规定和要求，在法定的时间内如实向税务机关申报并缴纳应交纳的各项税款，其核心是及时申报、准确申报和按时交纳；另一方面，就是指征税部门依照税法及有关法律正确处理各种涉税事项，例如，税籍的管理、课税资料的采集和管理、税款的核计与征收、调查和检查、税务案件的移送、税收行政救济的处理、税法的解释、税收行政命令的制定等。因此，税收遵从要求税收征纳双方按照税法要求，自觉履行税法规定的权利和义务，保证国家税法正确、顺利、圆满地得到贯彻落实，保证税收收入及时、足额入库。税收合法性对于税收遵从度不仅仅只有从法律程序层面的意义。尊重税法权威、税法面前人人平等更是提供了税收遵从的价值判断，只有征纳双方主体在税收运行中同时严格遵从税法，才能实现税收遵从的全部意义。

首先，税收合法性规定了税收主体的权利义务必须由法律加以规定，尤其强调政府征税权的行使必须获得公民的同意并限定在法律规定的范围内。在税收合法性框架下，社会公众通过民意代表机构行使参与定税、征税、监督用税等税收事务的权利，通过民主协商机制形成对国家税收权力的制约，并以相应的法律加以确定，以使税收制度符合和体现民众意愿，从而获得民众的尊重与遵守。因此，在税收合法性约束下，政府部门通过体现公平正义等社会价值的“良法”之治，是税收遵从的前提与基础。

其次，税收合法性涉及税收立法和税收实践的多个方面，要求国家的税收征收权、使用权和纳税监督权都应有法律依据。根据税收法定和税负公平原则设计和制定的税收制度是征纳双方税收遵从的法律依据，科学、合理的税收制度。一方面可以使征税部门明确征税权限，另一方面可以使纳税人明确纳税义务，明确和相对稳定的税收法律规定有助于减少征税机关和纳税人之间在税收活动中的分歧。同时，由于税收制度设计合理，一方面可以促使纳税人的制度性遵从；另一方面也可以降低征税部门进行征管的难度，从而促使征税部门的制度性遵从。

（三）税收合法性：税负公平实现的关键

税收合法性蕴涵着对国家课税权力的承认以及对纳税人权利的保障。国家在纳税人认可的基础上实施强制征税权力的正当性。国家的课税权只有以纳税人的经济自由权、财产权等权益的维护为目的，使纳税人对国家课税权的服从演化为一种真正的支持与认可，方能获得道义上的征税理由或基础。因此，税收合法性为国家税收权力提供了合法性解释，从而也为税负公平提供了可供执行的规则与依据，税收合法性是税负公平实现的关键。

首先，税收合法性规范和限制了国家征税的权力，保护了纳税人的基本权利，为税负政治、经济和社会公平提供了制度基础。国家课税权因税收法定而具有法律依据和保障而获得合法性。税负的政治公平要求参与税收活动的主体均公平持有权利及义务，在税务管理、税款征收、税收减免等法律规定上应一视同仁。税收法定通过程序制定使建立在政治契约基础上的税收合法性在经济和社会生活中得以体现，使企业、个人的经济生活具有法的稳定性和可预测性。也只有这些规定所确定的税收权利和纳税义务能为公民事先所知晓，公民才能据此作出自己相应的经济抉择。显然，税收法律的稳定性与可知晓性使企业与公民个人能对其未来的经济利益进行合理预期，是税收合法性内在机能的进一步拓展与延伸。

其次，税收合法性要求税收主体权力得以实现的程序应由法律规定，从而为税负起点、过程和结果公平以及税收合法性提供了妥当的程序保障。税收合法性意味着无法则无税，法为税之源，没有法律规定，任何机关和个人的征税行为均无法律效力。税收法定对于税收程序具体有三个要求：（1）税种及税收要素均须经法定程序以法律形式予以确定；（2）非经法定程度并以法律形式，不得对已为法定之税种及税收要素做出任何变更；（3）在税收活动中，征税主体及纳税主体均须按法定程序行事。①税收法定逐渐外化为具体的税收体制，贯穿税收立法、执法和司法整个过程。如果税收不能由法律事先加以规定，或者税法颁行之后可以随意变通，税负公平就不可能得到保证。而且由于税收合法性要求政府征税与用税的权力必须以纳税人的同意和赞同为条件，而且税收权力行使过程必须由民众进行有效参与和监督，以确保纳税人对税收权力的有效约束和控制，因而也获得了公众真正的认可和支持。

最后，就税收可持续发展和代际公平而言，由于税收法定的税收要素法定、税收要素明确和税收程序合法等要求税收法律制定执行必须经过严格的程序，因此，税收法律法规包括具体税收的制定和执行，具有一定的稳定性，从而对实现税收的可持续发展有着重要意义。国家如同企业与公民一样，也需要对未来的税收收入进行合理预期，以做到“量入为出”，从而实现既要满足当代人的需求，又不对后代人满足其自身需求的能力构成危害的可持续发展。税收合法性要求国家对取得税收

---

① 覃有土、刘乃忠、李刚：“论税收法定主义”，《现代法学》，2000年第3期，第37–39页。

收入的税法要素，尤其是纳税人、征税对象与税率等要通过合法程序得以确定，在此基础上对税收进行合理预期，合理安排税收征收与支出，从而实现对税收的可持续发展和代际公平。

第二节 税收公共性检视

公共性经常与民主、共和制度密切相连，因为正是这样的制度为公共性的各种维度提供了展示自身的平台，而公共性的理念也为人们建立民主制度提供了强大的动力。[①]税收公共性也是与一定的制度相联系的，其实现必须依赖一定的社会和制度基础，因此，厘清税收公共性的知识和历史脉络对理解税收公共性有着重要的基础性意义。

一、税收公共性的知识脉络

任何一个概念及其相关理论主张的产生和发展都根植于一定的传统文化。“公共性”作为一个含有特殊政治价值诉求和特定社会旨趣的概念，其内涵随着时代的发展而不断充实和完善。因此，梳理公共性概念的发展脉络，有利于阐释税收公共性的内涵和税收公共性的嬗变过程。

（一）公共性：从柏拉图到哈贝马斯

在古希腊时期，雅典城邦国家的政治实践就展现了一幅倡导公共性的图景，人们将公民身份与公共生活视为良善生活的本质内容，并在广泛的政治参与中体现公民的利益。柏拉图在《理想国》中认为：“由于需要许多东西，我们邀请许多人住在一起，作为伙伴和助手，这个公共住宅区，我们叫它城邦。”[②]城邦起源于人们为满足需要而产生的相互合作，作为实现公共的“善”的手段，其目的是实现正义。承柏氏之精神，亚里士多德定义的理想城邦是一个有可能提升市民美德的城邦，运

① 谭安奎：《公共性二十讲》，天津：天津人民出版社，2008年版，第2页。
② ［古希腊］柏拉图：《理想国》，郭斌和、张竹明译，北京：商务印书馆，1986年版，第58页。

用美德便形成了公共的善，城邦的至善高于个体美德之善。亚里士多德提出了“人天生是政治动物”这一古典命题，由于人的“群”性，建立了公共政治生活与人的本性之间的内在联系。城邦和政治生活是以自由平等的公民身份为前提的一种合作关系，政治公共性和价值至善成为城邦的公共意识形态。

随着城邦的解体以及帝国的建立，公共生活的重要性开始黯淡，安身立命的个人伦理问题日渐突出，在中世纪则表现为灵魂拯救的至高地位。在文艺复兴的意大利时期，小型城市共和国的短暂繁荣曾推动了公共性观念的复兴，启蒙运动时期，更多的关注似乎在为政治安排与人们的日常行为寻找经得起公开辩护的理由，也就是建立一个“理性的法庭”①。在此过程中，“国家在独特的近代术语中得以概念化——国家被看作它的疆域之内的法律和合法力量的唯一源泉，而且是它的公民效忠的唯一恰当目标”②。随着“国家”意义的转换，公共性的逻辑论证也随之展开并最终确立。洛克认为人们在契约的基础上结成一个由公民政府领导的共同体是理性的选择，其目的是实现“公意”——共同意志、公共幸福和公众福利。卢梭认为主权始终属于全体人民，全体人民行使主权，表现为一种“公意”。“公意”与“众意”是有区别的，“在体现‘众意’的国家中，是投票者的数目决定着共同的意志，而在体现‘公意’的国家中，则是共同的利益使人民结合在一起”③。政府的权力须来源于表现全体人民共同意志即“公意”的法律，人民制定法律决定政体并赋予政府权力，政府是人民行使主权的工具，是否公正的标准就在于“公意”，好的公正的政府必定是最符合“公意”的政府。

阿伦特和哈贝马斯是当代讨论公共性问题的两位最重要的代表人物。德国学者哈贝马斯在著作《公共领域的结构转型》中集中论述了公共性理论，他认为“公共性本身表现为一个独立的领域，即公共领域，它和私人领域是相对应的。有些时候，公共领域说到底就是公共舆论领域，它和公共权力机关直接相抗衡”④。公共性与社会公共领域同在，并在不同的历史时期有不同的表现形态，其实质就是一种民主原则，需要通过公众批判而变成公众舆论来实现。哈贝马斯认为真正的公共性只有在依据批判理性进行“对话”过程中形成的“生活世界”里才能实现不排除任何成员的社会整合机制，从而试图通过公共性为人们的公共参与、公开讨论建立一个稳定的制度框架。美国学者汉娜·阿伦特将公共性从属于对人类社会公共现象的发生学视角分析，用公共性来表现公共现象的实在性、共同性，侧重于对行动公众的呼吁和自觉的公共领域的角度来阐释公共性，认为人类活动基本上可以划分为私人

① 谭安奎：《公共性二十讲》，天津：天津人民出版社，2008年版，第2页。
② ［英］昆廷·斯金纳：《近代政治思想的基础》（上卷），奚瑞森，等译，北京：商务印书馆，2002年版，第2页。
③ ［意］萨尔沃·马斯泰罗内：《欧洲政治思想史》，黄华光译，北京：社会科学文献出版社，2001年版，第170页。
④ ［德］尤尔根·哈贝马斯：《公共领域的结构转型》，曹卫东，等译，上海：学林出版社，1999年版，第2页。

领域与公共领域，私人领域所呈现的只是一种主宰和支配的关系，[①]政治的平等与参与都只能在公共领域中实现，因而公共领域是极为重要的。

由于秩序良好的社会是由一种有效的公共正义观念所规导的社会，[②]因此公共性为现代政府活动的基本性质和行为归宿提供了价值理念和规则。就基本价值理念而言，政府的本质和制度设计，都是基于维系与实现公共利益的根本目标，因此，政府的各项活动必须符合社会的共同利益和根本利益以体现其公共性；在政治过程层面上，公共性体现为公开与参与，意味着在涉及公共物品提供等集体行动上，存在着有效的决策参与通道和决策选择机制，通过充分的信息交流、平等的协商，使公共政策的制定和执行体现人民的意志和社会的共同利益，以实现国家与社会良性互动。

（二）税收的公共性

虽然在不同时代、不同政府中，税收活动的具体内容和方式有着很大的区别，但税收作为国家的一项重要活动却有着共同的内涵和规律。社会契约论认为国家是公民达成契约的结果，是公民让渡自己的一部分权力以获得国家提供的公共产品与公共服务，政府权力来源于人民授权，现代国家的政府只是人民的代理人，因此它必须按照人民的要求来活动。因此，税收的公共性是政府税收所具有的，产生于社会的公共需要、来源于并服务于社会公共利益的根本属性。作为税收运行公共性的基本要求，是由其税收的特性和其职能内在决定的。在具体实践中，主要体现在政府的税收收入和支出等活动方面，要求政府税收收入的筹集和使用都必须按照社会公众的意愿和社会的共同利益来安排，从这个角度来说，税收不仅要从目标上体现出其公共性，更要从制度上体现出其公共性。

一是税收运行目标的公共性。税收作为政府履行职责的政策工具，具有作为政府提供公共产品和公共服务、以满足社会需要的价值补偿功能。把满足社会公共需要作为组织国家税收活动的主要目标或基本出发点，既是现代市场经济条件下税收运行的基本取向，也是国家税收活动应遵循的基本边界或指导性原则。因此，国家税收运行应该以满足公共利益为依归，通过税收的良善治理提供公平竞争的市场环境和秩序，推动国民经济持续稳定协调发展，并通过对收入分配的调节或再分配，促进全社会的公平分配和社会公众福利的增进。

二是税收收入与支出的公共性。国家的存在与运行都是为了满足公共需要，营造稳定的社会秩序并维护人民的权利。民众向国家纳税是为了更好地享有自己的权

---

① ［美］汉娜·阿伦特：《人的条件》，上海：上海人民出版社，1999年版，第38页。
② ［美］约翰·罗尔斯：《政治自由主义》，万俊人译，北京：译林出版社，2000年版，第69页。

利，享受国家提供的公共物品和公共服务；国家向纳税人提供了公民需要的公共物品和公共服务，从而拥有了向纳税人征税的权力。因此，国家征税必须以国民同意为前提，并以国民需要为使用取向，税收的征收与支用都应当以公共利益为依归，提供公共物品和公共服务，满足公共需要，增进国民福祉。而且还应把满足公共支出需要的程度或水平，作为组织国家税收收支活动的重要边界，以及衡量其规模适当与否的一个重要标志。

三是税收行为的规范性和公开性。税收公共性要求税收的政策制定与执行具有开放性、透明性，保障公民的知情权和参与权，强调公民参与，以使公民能够充分了解有关政策的信息，并能够与政策制定者进行磋商，使公民的利益通过民主的程序得到表达与整合，在此基础上依靠一组规则来决定政治决策的选择，通过决策参与通道和决策选择机制决定政府公共物品或服务的提供，并通过公民对政府行为实行有效监督和约束，促进公共利益的最大化的实现。

二、税收公共性的嬗变与重构

在传统社会和古典政治哲学中，国家的政治公共性与公民个体的美德之间并没有严格明确的分界，公共领域和私人领域并没有明确的分界，到了近代，所谓“公共领域”与“私人领域”的分界才逐渐变得明朗起来。公共生活领域与私人生活领域的分离被视为现代民主政治的进步标志，其根本的政治要求是自由人权与公正平等，最根本的政治基础都只能是基于社会基本政治制度安排的基本政治权利与政治义务的公正分配和政治保护。[①]因此，人类的存续与发展需要公共权力对公共事务进行有效管理以维持社会的稳定与秩序，以政府管理为核心的公共管理提供了社会发展所需的“秩序”，而正是因为有了秩序，人类文明的持续发展才有可能。公共管理水平的高低关系着一个国家的经济增长、社会进步和公民权利得到保障的程度。从公共管理产生之日，人类就开始努力探寻一种良好的治理模式以适应社会发展的需要，由此推动了人类社会公共管理模式的变迁并经历了三次范式转变。[②]广而言之，公共管理活动随着国家的出现而产生，其主要发展进程历经前工业社会的统治主导型模式、工业社会的管理主导型模式，现在正转向服务主导型模式的治理。[③]税收从财产的角度说明了国家存在的最基本关系——公共权力与公民权利之间的关系，因此考察公共管理范式转换有助于认识税收公共性发展变化的历程和趋势。

---

① ［加］L. W. 萨姆纳：《权利的道德基础》，李茂森译，北京：中国人民大学出版社，2011年版，第8-9页。

② 褚添有：《嬗变与重构：当代中国公共管理模式转型研究》，桂林：广西师范大学出版社，2008年版，第56页。

③ 黄健荣：“论现代社会之根本性和谐——基于公共管理的逻辑”，《社会科学》，2009年第11期，第3-12页。

（一）统治主导型政府管理模式中税收公共性的遮蔽

自从有了国家，也就有了作为国家直接代表的政府对社会公共事务的管理，在前工业社会，国家、政府对社会的管理方式主要是一种统治主导型管理模式。该管理模式确认和维系社会等级秩序和等级差别，“国家有明显的统治者私有物的色彩”[①]，对公共事务的管理和对公共物品的提供及配置从属于统治需要。“普天之下莫非王土，率土之滨莫非王臣”，领土、土地、权力乃至居民都是统治者的世袭财产，政府管理也只不过是统治者私人管理的延伸。因此统治主导型政府管理模式的统治权力特别庞大，不仅涉及政治领域，而且渗透到经济和思想文化等各个领域，对社会进行全面控制。

为了维持统治主导型管理下公共权力的运转，统治者需要从社会抽取资源，其中最重要的是财力资源。在前工业社会，国家往往采取掠夺的形式从社会抽取资源，正如阿尔蒙德指出的：“税收是现代国家最普遍的、最重要的社会抽取形式，最初是作为取代掠夺的方法发展起来的。”[②]统治者的税赋名目繁多，有阶级税（对特定阶级征税）、团体税（对某些团体征税）和临时税（针对某项行动而一次征收的税）等，独裁的君主“利用他垄断的强制性权利以税收和其他方式获取最大的财富”[③]。加上正税之外的附加杂役，征收各种名目的附加税、附加费，摊派各种徭役，人民被沉重的负担压迫得苦不堪言。正如鲁道夫·戈德斯契德所言：“除了赤裸裸的奴隶制外，财政剥削是最古老的剥削形式……几乎所有特权阶级的特权都是税务特权，那些阶级也主要是征税阶级。”[④]征税需要建立强大的税收机构渗透到社会并掌握经济信息，而这具有强大的溢出效应——增强国家的制度建设，尤其是财政、司法和军事机构得到充分的发展，建立起官僚体系。但由于政府是统治者私人支配的，因而政府异化为统治者为满足其私人利益的工具，国家公共事务与私人事务不可避免的混合在一起，政府的“公共性”未能凸显。虽然抽取的社会资源部分用于履行兴修水利、建设道路和公共工程、维护社会治安以及救灾赈济等方面的公共职能，也相当大程度上是以公共利益的名义进行的，但这些公共职能极不发达和微弱，而且是从属于并服务于统治者的，就其本质而言，仍然是一种“私”的权力，天下、国家为一家一姓所有。这就决定了在税收制度运行中，不存在严格限制甚至惩罚突破国家财政与皇家财政之分的那些行为，更不存在民众对政府征税权以及财

---

① ［日］猪口孝：《国家与社会：宏观政治学》，高增杰译，北京：经济日报出版社，1989年版，第10页。

② ［美］加布里埃尔·A. 阿尔蒙德，等：《比较政治学：体系、过程和政策》，曹沛霖，等译，上海：上海译文出版社，1987年版，第339页。

③ ［美］曼瑟·奥尔森：《独裁、民主与发展》，载盛洪：《现代制度经济学》（上），北京：北京大学出版社，2003年版，第364页。

④ ［德］鲁道夫·戈德斯契德，《财政的社会学研究》，载［美］丹尼尔·贝尔：《资本主义文化矛盾》，赵一凡、蒲隆、任晓晋译，北京：生活·读书·新知三联书店，1989年版，第288页。

政支出进行限制的权利。税收的目的不是满足公共利益，而是满足统治者的私利。在税收的征收和支用都没能体现纳税人的意愿，更没有任何经过人民代表程序的法律来规范税收行为。因此，在统治主导型管理阶段税收的公共性是被统治者的私利所遮蔽，税收异化为凌驾于社会之上为统治阶级利益服务的工具。

（二）管理主导型政府管理模式中税收公共性的觉醒

进入工业社会，基于资产阶级革命后近代民主制度的建立，工业经济时代人们理性追求日益成为整个社会的主要价值取向，从而促使政府管理开始出现向理性与科学管理的嬗变，政府的管理模式也逐渐从统治主导型向管理主导型转变。管理主导型政府管理模式是在主权在民原则、法治原则、分权制衡原则和公民参政原则理念下，以政府为中心，以效率、经济等工具理性为主要价值取向，以民主、法治为运行基础，强调对公共事务的管理功能一种管理范式。与统治主导型管理模式相比，管理主导型政府税收的公共性开始觉醒，主要体现在以下几个方面：首先，税收收入来源具有公共性，即普遍、平等、直接和规范地征收于一般公众税收，区别于统治主导型管理模式的税收之下的阶级税、团体税、包税和临时税；其次，税收支出具有公共性，管理主导型政府管理模式下税款的支用主要用于公共利益与公共目的，保障社会的安全和正常运转，提高社会福利和经济发展水平，而不像统治主导型管理模式下税收的支用大多是为了满足统治者的私人需要；[①]再次，税收过程更具公共性，管理型政府管理模式下，税收法律的制定和执行具有一定的开放性，公民能够了解有关政策的信息，公民的利益通过民主的程序得到一定的表达与整合，并依靠规则来决定税收决策的选择，强调公民参与，通过决策参与通道和决策选择机制决定政府公共物品或服务的提供等，因而也更具合法性；最后，税收官僚机构根据职能划分并进行分工与合作，权力渗透性强，贯彻理性化的法律，依法征税和用税以保障纳税人基本权益。

虽然管理型政府管理模式下的税收较之统治主导型管理模式下更具公共性，但由于其管理主义、效率至上的取向，只能使其获得形式上的公共性，而无法有效地增进公共性目标的实质性实现：首先，管理型政府管理模式将效率作为核心价值，“忽视了公共行政的价值理性”[②]。政府税收追求效率、经济、秩序和可预测性，强调操作层面的科学性、程序的正当性，关注的是与政治毫无相关的管理议题，政治选择最终被工具化，并且被简约成技术和效率问题，恰恰竭力规避了讨论那些具有价值意义和长远目标的税收公共性问题。其次，“官僚制度是一个责任中心主义体

---

① 刘守刚：《国家成长的财政逻辑》，天津：天津人民出版社，2009年版，第3页。
② ［美］赫伯特·A. 西蒙：《管理行为》，北京：机械工业出版社，2004年版，第69页。

系”[①]，在形式合理性和工具理性原则下使得责任与价值相分离，追求手段的合理性，从而片面追求税收行政责任的制度化设计，把税收工作人员的责任包容在技术化的设计当中，是“形式主义非人格化的统治”[②]，忽视了纳税人的需求与税务工作人员的创新精神。这种税收“技术乌托邦”无法体现社会自由、秩序、公共利益与正义等基本价值，更无法承担回应社会需求和公民偏好的公共责任，从而造成税收“公共性”的微弱。最后，虽然税收作为公共权力应该代表着社会公正、维护公民的“善”的价值，但由于政府的自利性，税收部门和官员自我利益的驱动，并不能总是自觉地追求公共性，税收可能受到少数团体、阶层和阶级的控制，丧失对公共性的追求。在这种情况下，管理主导型政府管理模式面临着深刻的危机，对其进行改革成为必然趋势。

（三）服务主导型治理模式中税收公共性的重构

20世纪70年代末80年代初，为解决管理主导型模式管理面临的危机，全球掀起了声势浩大的政府管理改革运动，一系列政府改革的理论与实践推动了服务主导型治理模式的产生与发展。服务主导型治理模式是在扬弃管理主导型政府管理模式基础上兴起的治理模式，是一种以为社会提供优质、高效、便捷的公共服务为标准的一种政府治理模式。[③]从管理主导型政府管理模式到服务型治理模式的转变强调公共利益在政府服务中的中心地位，体现一种新型的国家与社会、政府与公民合作关系，公共服务不只是选举政治和组织程序之间相互作用处理公共事务，更确切地说要为社会确定一种“愿景”，即“通过建立一种集体的、共同的公共利益观念以创立共同的利益和共同的责任”[④]。在服务型治理模式下的税收从政府为中心的税收管理转向以公民为中心的税收服务转变，从征税权力本位向公民权利本位转变，形成一种以有效促进公共利益最大化为宗旨，以民主、平等、法治等价值为运行基础，以多元参与、合作共治为服务形式的税收治理模式，从而实现财政税收这一经济范畴与生俱来的属性[⑤]——公共性的重构。

第一，在税收职能的公共性上，服务型治理模式下的税收以满足全体社会成员的公共需要为界定税收职能的口径和标尺，与管理主导型政府管理模式下政府职能无所不包的税收不同，服务型治理模式下政府职能主要限于解决社会公众、企业、市场无力解决或不愿解决的社会公共问题，因此其税收职能的实现也是限于政府

---

① 张康之：《寻找公共行政的伦理视角》，北京：中国人民大学出版社，2002年版，第247页。
② ［德］马克斯·韦伯《经济与社会》（下卷），林荣远译，北京：商务印书馆，1997年版，第301页。
③ 褚添有：《嬗变与重构：当代中国公共管理模式转型研究》，桂林：广西师范大学出版社，2008年版，第104-105页。
④ ［美］珍妮特·V. 登哈特、罗伯特·B. 登哈特：《新公共服务：服务，而不是掌舵》，丁煌译，北京：中国人民大学出版社，2004年版，第65页。
⑤ 高培勇：“公共财政：概念界说与演变脉络——兼论中国财政改革30年的基本轨迹”，《经济研究》，2008年第12期，第4-16页。

提供社会需要的公共产品和公共服务之界，从而实现“无限政府”向“责任政府”转变。

第二，服务主导型治理模式下的税收是从一种税收制度构建和运行终极信仰的角度来理解公共利益，把维护和实现公共利益作为贯穿税收制度构建和运行始终的核心理念；强调政府角色由领航转变为服务，注重税收制度构建和运行过程中政府与公民之间的沟通，旨在提升税收公共性的价值，税收的公共性得以张扬，从而使“人类所能够实现的某些最高抱负和最深切的信仰成为政府工作的焦点”[①]。税收制度构建和实施的重要意义就在于确保公共利益居于支配地位，使税款的征收、支用都符合公平正义的民主规范。

第三，服务主导型治理模式下的税收公共性从满足抽象的公共利益到公民的实际需求。管理主导型政府管理模式下的税收是在威尔逊的政治与行政二分和马克斯·韦伯官僚制基础上建立起来的税收征管体系及运行机制，定位于强化维护公共利益和提供公共产品的能力上，以求凸显税收征管追求“效率”的天职。但是，“公共利益”是一个抽象的概念，依此概念为前提而制定的各种具体税收政策，有可能会因为税务部门的等级服从以及严格依章办事，导致“目标替代”而罔顾民意从而容易造成政策变形，因此，服务主导型治理模式强调税务部门及其成员以实现公民的价值为行动的指导原则，致力于对公众的具体需求作出回应，从而将公民的权利具体化。同时，重视公共资源的投入和执行政策的过程，以求能够真正满足公共利益。

第四，在服务型治理模式下税收活动的组织形式和实现机制是多元化的，国家并非唯一主体，非政府部门、社会部门等也参与其中。税收公共性的实现建立在真诚对话基础上，允许公民直接或间接参与到税收活动中来，特别在税收政策制定中引入以对话协商为手段的公民参与，通过公民话语权和交往权利的保障，建立对话交流的政策网络，建立沟通型政府，从而更为真实地反映公共需求和公共利益。

第五，服务主导型治理模式下的税收公共性决定了政府必须超越主体中心，树立社会本位的理念。把管理主导型政府管理模式对效率的关注转移到公共性和回应性上来，在实现公共服务使命理念价值理念的引导下提高税务部门的服务质量，渗透“人本、责任、服务”与“参与、互动、合作精神”，体现公共性本质要求的价值理性和目的导向的工具理性的初步融合，从而重构税收的公共性，形成以公民为本位或中心，关注公民多元要求和利益，以有效促进公共利益的最大化为宗旨，以人文关怀、民主法治公平责任等价值为运行基础，重视公民参与和公共责任，多元参与、合作共治为服务形式的税收治理模式。

---

① ［美］珍妮特·V. 登哈特、罗伯特·B. 登哈特：《新公共服务：服务，而不是掌舵》，丁煌译，北京：中国人民大学出版社，2004年版，第69页。

三、税收公共性是税负公平实现的起点

凡是有国家的地方就有税收，税收唯有靠国家公权力才得征收，国家亦必依赖税收而有发展。[①]人民转让自己的部分财产权利以构成国家的财政收入，从而供国家组织公共服务和公共产品所需。人民因纳税从而获得要求并享有公共服务的权利，国家因征税而负有满足人民对公共服务要求的义务。政府掌握着公共权力，既分配社会资源也提供社会正常运行所需的公共产品和公共服务，是公共责任的首要承担者，对保护和促进公众利益负有不可推卸的职责和义务，因此，公共性是政府税收治理的出发点和归宿，也是税负公平分析的一个基准性价值。

（一）公共利益是税负公平的价值归依

政府部门征税的目的在于向社会提供公共物品或服务，公民纳税的目的在于获取政府提供相应的公共产品和公共服务。现代政府的职能和任务就是向全体社会成员提供公共物品和服务。税负公平要求国家征收的税收总量与国家为社会全体成员提供的总体福利相对称，强调政府税收收入筹集的规模与支出的范围必须以公共利益为价值依归，体现税收的公共性。

第一，税负公平要求税收价值诉求的公共性。税收的职能的实现和税收收入的规模要以为公民提供公共产品和公共服务，满足公共需要为限。离开了维护和增进公共利益，税收不仅失去公共性，连其存在的意义也将失去。税负公共性从规范层面上追求税收在调节和分配公共利益时必须坚持不偏不倚以体现和维护公共性；现实的税收公共性构建要实现促进公共利益的实现和社会福利的增长，必须关注公民权利的实现和满足。因此，税收制度建构和设计中对人类所共同追求的公平正义价值的保障、实现和拓展正是税收公共性的深刻体现。

第二，税负公平要求税收制度构建和运行的透明性与参与性。作为公共权力的税收必须接受公众的制约和监督。税收立法活动、政策制定、政策实施、税收收入和开支等活动以及其他有关的政治信息都需要公开、透明，及时通过各种媒介为公民所知，促进不同社会成员就公共事务进行对话与交流，尤其是公民社会与国家之间的政策对话与交流。最大限度地为公众提供一个平等、开放和自由的公共话语空间供公众进行税收政策对话与论辩，以便公民有效参与税收决策过程，对税收治理过程实行有效的监督，并通过在税收制度机制的设计中公平地设定参与主体的权利

---

① 李刚："国家、税收与财产所有权"，载刘剑文：《财税法论丛》（第4卷），北京：法律出版社，第124页。

和义务和为每个公民的提供公平发展的机会实现对税负公平价值的追求。

第三，税负公平要求税收的非赢利性。[①]税收是以公共利益的极大化，而不是以追求经营利润作为出发点和归宿。税收依托的是国家公共权力，其目的只能是通过税收收入的筹集和使用满足社会公共需要的活动，为资源的有效配置和市场的有序运行提供必要的物质基础与制度保障。

第四，税负公平要求税收运行结果的共享性。公共利益是存在、超越于个人利益之上的共有或共享的利益。税收产生于公众权利的让渡，其所具有天然的公共性就决定了政府在税收运行的过程中是有其特定的目标指向的，其中对公共利益的追寻是税收产生的主要因素。税收的高效运行是建构良序社会的前提和保障，而公共需要和利益的满足是税收高效运行的内在动因。因此，税收运行结果的共享性体现在税收对公共利益的追寻。税收的收入与支出安排只有以满足人们需要为根本目的、以尊重公民切身利益从而调动公民参与的积极性为基本动力和主要手段，才能最终实现构建良序社会的目的，从而真正实现税收“取之于民，用之于民”。

（二）税负公平：税收公共责任的实现

税收作为国家治理的一个重要方面，既体现其财政收入、调节经济运行和调节收入分配的职能，又承载着促进社会公益、造福民众的公共责任。国家税收以个人权利的先在性为前提，其目的是实现公共利益，并通过提高公共产品与公共服务的水平以提升公共性程度和实现公共责任。正如哈耶克所言：“政府应当运用它所享有的经由征税而筹集资金的权力，并由此而为人们通过市场因种种缘故而不能提供或充分提供的一系列服务。”[②]在西方财政学中，萨缪尔森—马斯格雷夫传统对于公共物品的分析主要着眼于消费者（或受益者）消费方式上的行为特征，对公共物品的评判有两条标准：“联合消费”和“排他性原则的不适用性”[③]，认为公共物品是指非竞争性消费的物品，通常还具有消费上的非排他性。[④]布坎南关注供给主体的组织形式，认为“任何集团或社团因为任何原因通过集体组织来决定所提供的物品或服务，都将定义为公共物品或服务”[⑤]。结合两者对公共物品的定义，可以得知对于公共物品是一种社会建构，取决于社会实际赋予物品的属性，可以容纳一切以共同

---

① 高培勇：“公共财政：概念界说与演变脉络——兼论中国财政改革30年的基本轨迹”，《经济研究》，2008年第12期，第4-16页。

② ［美］弗里德利希·冯·哈耶克：《法律、立法与自由》（第二卷），邓正来译，北京：中国大百科全书出版社，2000年版，第332页。

③ R. A. Musgrave（1959）. The Theory of Public Finance. New York：McGraw-Hill Press.

④ R. A. Musgrave（1969）. Provision for Social Goods，in Margolis，J. and Guitton，H. eds. Public Economics. London：McMillan，p. 124-144.

⑤ J. M. Buchanan（1967）. Public Finance in Democratic Process. North Carolina：University of North Carolina Press，p. 1-10.

利益为基础的，包含物品（服务）的共同消费的强制性的集体行动。[①]以此为标尺，税收为满足公共需要而实现的公共责任主要表现为以下几个方面：

第一，提供公共产品与公共服务。由于公共物品与公共服务具有的效用非分割性、消费的非竞争性与受益的非排他性，因此必须由政府通过税收的征收和支用来担当起提供的责任。公共物品和公共服务的这些特性体现了公民都平等享有政府提供服务的权利和资格。需要注意的是如果公共物品与公共服务供给不足或者不均衡时，容易产生竞争性和拥挤效应，因此，公共物品与公共服务的提供必须具有实际意义上意即准入的“非排他性”，且受益范围覆盖到所有人，才能称之为具有充分的“公共性”。

第二，优化资源配置。国家通过税收将一部分社会资源转移到政府手中，势必影响生产结构、消费结构，导致资源配置的变化，加上税收的支用和投向必然也会对资源配置产生影响，因此，政府必须通过税收引导各经济主体的行为，提高经济运行和资源配置效率，保证宏观经济平稳、均衡发展，从而实现帕累托最优，促进社会福利和公共利益的最大化。

第三，调节收入分配。由于人们所拥有的资源、禀赋和能力的不同，即使最有效率的市场经济机制也只能在既定的财富分配格局下进行资源配置，仍然可能产生收入的不平等，同时由于“马太效应”的作用会造成收入差距越来越大。如果不进行调节，势必导致贫富分化加剧，从而对国民经济的发展运行和社会稳定产生不利影响。因此需要政府实行有助于实现公平目标的税收政策对财富分配进行适当调节，促使国民收入分配趋于合理化。

（三）税收公共性：税负公平实现的起点

公共性作为税收活动的基本性质和行为归宿，要求税收必须体现其活动的公平与正义，其基本活动应着眼于社会发展长期、根本的利益和公民普遍、共同的利益来开展。正如弗雷德里克森总结所言：“‘公共’既是一种理念也是一种能力。[②]”“公共”作为一种理念，意味着公共利益；作为一种能力，意味着积极充分地获取信息的能力。税收公共性为税负公平提供了价值目标和要求。

第一，税收公共性倡导的公共利益为税负起点公平、过程公平和结果公平提供了一种基本价值目标。一方面，公共利益存在于规范个体寻求其个人权利的努力之中；另一方面，公共利益又体现为个人权利的追求提供基本的公共物品和普遍分享的价值。税负公平的目标是通过在共同体中创造一种公平的分配方式寻求公共利

① 马珺：“论公共物品的供给机制”，载高培勇、杨之刚、夏杰长等：《中国财政经济理论前沿（5）》，北京：社会科学文献出版社，2008年版。

② ［美］乔治·弗雷德里克森：《公共行政的精神》，北京：中国人民大学出版社，2003年版，第46页。

益，以使公共利益能为所有公民直接或间接地分享。这种分享并不意味着“所有人都有权得到同样的或平等的利益，而是主张在利益的平衡方面每个人都能得到公平的对待”[①]。税收公共性对税负公平产生规范性力量，特别是对于税负的程序与过程公平，要求在具体的税收行为过程中体现税收公共性，体现公共利益作为税负公平的价值基础。

第二，税收公共性对公共精神的张扬为税负政治公平、经济公平和社会公平的实现提供了核心内容。税收公共性要求税收制度所设定的规定社会成员基本权利义务的规范具有普遍适用性，而这正是税负政治公平、经济公平和社会公平的基本要求。现代政府管理的公共精神包括：公正的精神、民主的精神、法的精神、公共服务的精神。[②]公正的精神承认公民应具有平等的权利；民主的精神强调人民主权和政府行为的合法性及公开与参与；法的精神意味对公共权力的限制和制约；公共服务的精神主张政府的施政过程应公正、透明和回应。因此，税收公共性所倡导的“公共精神”，就税收关系而言，唯有明晰国家权力与公民权利两者的对应关系，才能进而在法律上具体表现出来，并通过法治程序与法治实践使税负政治公平、经济公平和社会公平得以实现。

第三，税收公共性不仅提倡代内税负公平的实现，更要求代际公平的实现。美国学者莱维斯从民主性、共存性、可保存性和可持续性四个维度界定了公共利益。[③]其中民主性维度主要关注满足个体利益，可以通过公平竞争、意见表达等方式得以体现；而共存性、可保存性和可持续性都指向同一个问题：代内公平与代际公平，因此公共利益的实现是一个综合过程。而就税负公平而言，必须建立一套既考虑当代的公共性与共存性，又考虑未来的可持续性与传统的可保存性，确保个体利益与共同利益，未来发展与传统保存等维度间平衡发展，既使当代人的各种需要得到满足，又不对后代人的生存和发展构成威胁的税收体系，从而促进代内公平和代际公平的实现。

第三节 税收可持续性论析

随着经济的高速发展，工业化进程中生态环境的不断恶化对人类的生存和发展

① Janet V.Denhardt，Robert B Denhardt（2003）. The Public Service，M.E.Shape Inc.，p.69.
② 张成福：“论公共行政的‘公共精神’”，《中国行政管理》，1995年第5期。
③ Carol W.Lewis（2006）. In pursuit of the Public Interest，Public Administration Review，vol.66，no.5，p. 694-701.

构成了严重的威胁。可持续发展从环境和自然资源的角度提出的关于人类发展的战略和模式，特别强调环境和自然资源的长期承载力对发展进程的重要性以及发展对改善生活质量的重要性。要实现这一战略目标，税收起着不可替代的作用，政府必须通过运用税收调控手段，协调和引导资源配置、调整并优化发展结构，从而促进经济、社会与生态的可持续发展。

一、税收可持续性的理论基础

在经济迅猛发展的今天，人类创造了前人无法比拟的物质文明，但随之而来的是一系列的环境问题。生态失衡、气候变暖、大气和水污染以及资源短缺等问题已经成为人类社会发展的重大瓶颈。人们在对人类行为和发展模式作出深刻反思的同时，也在努力寻找一种新的发展模式和方向——可持续发展模式。税收的可持续发展作为可持续发展模式中的组成部分，是基于可持续发展理念而产生和发展的。因此，要理解税收可持续发展的内涵，首先必须对可持续发展理念内容进行分析与阐述。

（一）可持续发展理念的提出

1972年，美国学者丹尼斯·米都斯在《增长的极限》中阐释了环境的重要性，提出了“合理的持久的均衡发展”理念。1987年世界环境与发展委员会提出了可持续发展理念，[①]并将其定义为：既使当代人的各种需要得到满足，又不对后代人满足需要的能力构成威胁的发展。可持续发展理念的形成源于对当代生态安全的忧患与反思，认为健康的发展应当建立在自然环境生态可持续能力和人们积极参与自身发展的决策的基础上，[②]并把经济、社会、资源和环境保护协调发展看作一个密不可分的系统。可持续发展明确提出了三个目标：可持续性、共同性和公平性目标，以保障在代内和代际间公平地分享生存与发展的权利和机会。因此，可持续发展既是一个衡量人类社会能否有序演化的客观标准，又是一个追求人与自然和谐、人与人之间的公平，以保障人们生活质量不断提高的目标；可持续发展既是一种追求的目标，又是一种动态演化的过程，是标准、目标和过程的有机统一。[③]可持续发展实际上是一种新的代际伦理观和生态伦理观，也是一种视野更为广阔的文明观。[④]

① 世界环境与发展委员会：《我们共同的未来》，王之佳、柯金良译，长春：吉林人民出版社，1997年版，第10页。
② 裴广川：《环境伦理学》，北京：高等教育出版社，2002年版，第67页。
③ 毛志峰：《人类文明与可持续发展——三种文明论》，北京：新华出版社，2004年版，第126页。
④ 蒋亚娟：《可持续发展视域下的能源立法研究》，厦门：厦门大学出版社，2009年版，第9页。

（二）可持续发展理念的内涵

1955年，诺贝尔经济奖获得者西蒙·库兹涅茨（S. Kuznets）在对收入差异的研究中发现：人均收入的差异具有随着经济的增长表现出先逐渐增大、后逐渐缩小的规律，两者之间呈倒“U”形的关系，这就是著名的库兹涅茨模型。受到这一模型的启示, 1992年，美国环境经济学者格罗斯曼（Grossman）和克鲁格（Kureger）等根据长期以来经济增长和环境水平关系的演变轨迹，提出了环境库兹涅茨模型（见图3-1），试图说明如果没有一定的环境政策干预，一个国家的整体环境质量或污染水平，随着经济增长和经济治理的积累表现为先恶化后改善的趋势，尤其在工业化进程中，环境质量与经济增长呈倒“U”形的关系。[①]针对经济发展与环境恶化问题，一般有三种可能的发展趋势：[②]第一种是以环境恶化为代价的经济发展，由于环境治理严重滞后，环境污染水平超过了生态不可逆阈值，从而导致经济系统和环境系统的崩溃；第二种是先发展后治理，环境治理滞后于经济发展；第三种是通过改变经济增长方式，使经济发展和环境治理齐头并进。

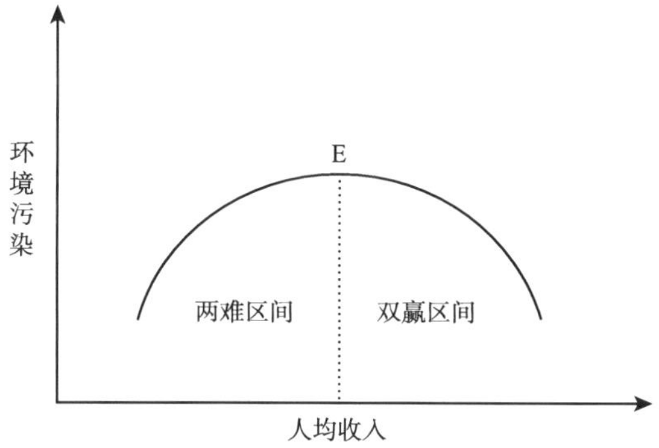

图3-1　环境库兹涅茨模型

资料来源：周敬宣：《可持续发展与生态文明》，北京：化学工业出版社，2009年版，第3-4页。

可持续发展理念所秉承的就是一种平衡的发展观，认为不应以生态价值作为代价换取经济发展，而应是自然、经济、社会复合系统的整体发展，是一个以公平、效率与持续为特征发展的复合体系。可持续发展强调代内公平和代际公平，要求通过资源的优化配置和环境保护促进经济、社会、资源与环境的和谐发展，公平地满足当代人与后代人在发展与环境方面的平等需求与发展权利的实现。

---

① 周敬宣：《可持续发展与生态文明》，北京：化学工业出版社，2009年版，第3-4页。
② 蒋亚娟：《可持续发展视域下的能源立法研究》，厦门：厦门大学出版社，2009年版，第29页。

（三）税收可持续性

可持续发展理念作为对传统发展理论的反思，强调兼顾系统内各种因素相互作用的基础上发展系统的持续性和整体性，寻求整个系统的最优发展。因此，为了人类更好地生存和发展，必须在整体上对经济活动与环境、社会承载力进行协调，当然，这一认识的前提是：人类的经济发展与环境、社会承载能力是可以协调的，环境承载能力是有价值的。可持续发展理念应该从保障经济、社会长远利益出发，通过政府驱动、总量控制、补贴、价格体制和税收等经济调控手段，积极协调经济发展与环境承载能力，既能达到发展经济的目的，又能保护人类赖以生存的自然资源和社会环境。因此，税收的可持续性是从保障经济、社会长远利益出发，在可持续发展系统内发挥其调控作用，引导人们在成本效益比较和审慎的经济分析基础上，通过合理有效地利用资源，保持生态系统的完整性、维护社会系统的公平性，[①]在不断提高人类生活质量的同时，实现生态、经济和社会系统观的协同进化。

（1）通过税收的资源配置机制促进经济平稳协调增长。第一，税收可以通过对经济的宏观和微观调控机制引导资源的流向，实现社会总供给与总需求平衡，保证充分就业和物价稳定；第二，用税收政策促进在技术创新和进步基础上的产业结构调整和优化升级，优化资源配置，努力实现经济的可持续发展；第三，利用税收政策引导资本流入经济欠发达地区，提高资源综合利用率，促进区域经济协调发展以实现整体经济的可持续发展，从而实现经济福利水平的维持和增长。

（2）通过税收政策促进资源的永续利用。第一，通过征收资源税和消费税等税收政策在资源的开采、使用以增加生产企业的成本，使资源的环境价值内在化，引导资源使用者减少自然资源消耗；第二，通过实施税收优惠鼓励可再生能源消费，并对不可再生资源采取提高税率或者开征新税种的方法以提高使用成本，以减少对非可再生资源需求量和消耗量，从而促进自然生态资源被合理有效地利用，使自然资源的生产能力得以维系和提高；第三，在资源消耗后产生的废弃物回收利用和排放环节，通过征收排污税或提高排污税税率以增加废弃物排放成本，并通过废弃物回收利用的税收优惠政策鼓励资源的回收利用，保持资源永续利用。

（3）通过税收政策促进生态环境保护。第一，通过税收政策使环境外部性内在化，使高能耗、高污染的企业积极改变行为模式，调整产业结构，实现资源的优化配置；第二，通过税收减免等优惠政策，加大对环保产业的税收支持力度，促进资源节约型、环境友好型产业的发展；第三，为政府履行环保职能污染治理和环境保护筹集所需资金；第四，通过税收政策引导人们生产、消费行为，从而使消费者

---

① 龚胜生、敖荣军：《可持续发展基础》，北京：科学出版社，2009年版，第25页。

的消费方式从不断增加物质消耗转化为注重提高生活质量和珍视自然的生活消费方式，倡导绿色消费，在保持自然资源质量的前提下实现生态环境的代内公平与代际公平。

（4）通过税收政策促进科学技术进步中的作用。第一，通过税收优惠鼓励企业对提高资源使用效率、保护生态环境的技术和产品的研发；第二，通过对科技人员工资薪金、奖金所得的税收优惠，推动科研项目的开展；第三，通过税收优惠使环境效益得到补偿，鼓励研究与开发治理污染的新办法、新技术，因而可以更有效地利用资源，减少资源的浪费，引导和鼓励环保技术的快速发展。从而在自然系统可更新的界限内，通过技术进步使经济发展既使当代人的各种需要得到满足，又不对后代人满足需要的能力构成威胁。

（5）通过税收职能的发挥促进社会的发展。经济发展与社会发展是一个国家或地区发展中两个互相促进又互相制约的重要方面。经济发展为社会发展提供物质资源，一个可持续发展的社会必须实现分配的公平、提供包括教育、健康等令人满意的公共服务和公共产品，因此，必须通过税收政策有效地筹集社会资金，发挥其调节收入分配的功能，实现基本教育和教育需求的满足，促进社会公平。同时，利用环境税收来改善和自然生态环境的治理，促进代内与代际间自然资源环境、经济、社会的可持续均衡发展。

二、税收可持续发展的内涵

税收可持续发展的落脚点是发展，由于其强调环境、经济和社会的均衡系统可持续发展，而不是单一目标的发展，因此税收可持续发展是一个复合的税收发展目标体系。

（一）税收可持续发展是一种秉承以人为本并强调人与自然和谐的税收理念

一方面，税收可持续发展是满足人类物资需要和精神需要的必由之路，满足人民的基本需要和提供美好生活愿望实现的机会是税收可持续发展的基本目标。税收政策的制定与执行的目的就是增进社会福利，使人民在收入水平、健康水平、教育水平和基本自由等发展向量上都能与时俱进，不断提高人民生活质量，并综合考虑当前利益与长远利益，保障代内公平与代际公平的实现。

另一方面，税收可持续发展强调人类的需要受限于人类赖以存在的自然资源与环境的有限性。人类的生存和活动必然对自然生态系统进行干预并产生一定的影响，要保持社会的可持续发展，就必须把人为干预控制在自然生态系统的动态平衡所许可的范围内。税收政策的制定与执行通过对人类经济生产和生活的引导与控制，确定消耗标准，不过度生产和消费，使资源的获取率不能高于人工的或自然的更新率，废物的排放率不超过自然的和人工的生态系统的相应的净化率，①使人类的经济发展和社会发展不能超越自然资源与生态环境的承载能力，实现人类系统和社会系统的协同进化，进而保障人与自然的和谐。

（二）税收可持续发展构建了一种复合的发展税收目标体系

追求人类社会的可持续发展旨在协调人与自然的关系，这不仅需要能动的人类不断探索自然演化和社会进化的规律，亦需要规范人类自身的生产和消费行为以及调节物质利益的分配机制。②税收可持续发展也是基于可持续发展理念的生态、经济和社会复合系统，与传统税收发展理念相比，税收可持续是将生态、经济和社会三类目标系统整合起来，追求三者的协调统一发展。

第一，税收可持续发展要求实现经济的可持续发展。税收在参与社会产品的分配过程中，不仅可以使政府获得一定数额的财政收入，而且也不可避免地对社会经济发展产生影响，在税收可持续发展的目标体系中，调节经济运行、增进社会福利是动力中介，没有税收对经济可持续发展的促进，社会的发展、生态系统的维护、保护与建设也无从谈起。因此，税收可持续发展的首要目标是通过税收作为政府履行职责的政策工具所具有的功能促进国家或地区投入、产出、分配、消费等结构的协调和优化，提高经济效率水平、社会和个人福利水平，实现清洁生产和文明消费。

第二，税收可持续发展要求实现生态的可持续发展。税收可持续发展要求的不仅是一种产值和利润的增长、物质财富的增加，还要求生态的可持续发展，通过制定合理的经济发展政策和环境调控政策等使经济发展与生态发展协调起来，通过税收法律、法规和政策的制定，实现环境污染的外部成本内部化，使污染者承担对社会和环境造成的外部成本，通过一系列税收治理措施保持生态环境的完整性、维护自然资本的稳定性和保护环境生产的高效性，③使人类的活动实现经济发展和环境改善的“双赢”。

第三，税收可持续发展要求实现社会的可持续发展。在税收可持续发展的目标体系中，社会可持续发展是目标结果。税收可持续发展的最终目的改善人类生活质

---

① Pearce D (1988). Optimal Price for sustainable Development, Collard D, Pearce D, Ulph D, Economics, Growth and Sustainable Environment, London: MacMillan.

② 毛志峰：《人类文明的可持续发展——三种文明观》，北京：新华出版社，2004年版。

③ 龚胜生、敖荣军：《可持续发展基础》，北京：科学出版社，2009年版，第28页。

量，创造一个保障人民享有平等、自由等各项权利的社会环境，保护好人类赖以生存的自然资源和环境，公平地满足当代人与后代人在发展与环境方面的平等需求与发展权利的实现，实现社会的整体进步和可持续发展。

（三）税收可持续性是一种提倡生态文明的税收发展模式

历史上人类社会创造了许多文明模式，而这些文明模式无一不是以人对自然的某种适应为基础的。[①]生态文明就是继原始文明、农业文明和工业文明之后的人类文明的一种新形态，是人们在对传统工业文明进行理性反思的基础上，探索建立的一种以可持续发展为核心理念，按照自然生态系统和社会生态系统运转的客观规律建立的人与自然、人与社会的良性运行机制。

第一，税收可持续发展提倡的是一种重视保护环境的全面发展模式。税收可持续发展是一种立足于环境和自然资源角度提出的关于人类长期发展的税收战略和模式。传统的税收发展模式重视经济的发展而忽视了对经济增长起支撑作用的自然与生态的保护和维持；税收可持续发展模式注重环境保护，通过税收政策引导从单一的经济增长目标转向经济、社会和生态的综合发展，从注重眼前利益和局部利益的发展转向注重长远利益和整体利益的全面发展模式，[②]积极优化人与自然环境的关系，使社会生态系统得以良性运行。

第二，税收可持续发展是一个资源节约型的循环发展模式。传统税收发展模式下的经济增长主要靠资金、劳动力和自然资源的高投入高消耗来实现，从而走的是“先污染后治理”代价高昂的资源消耗型线性发展道路；可持续税收发展模式下的经济增长通过税收政策的引导科学技术的不断发展，提高资源利用率、降低资源消耗、减少环境污染、增强生命保障系统，进行适度规模的社会生产与消费，从而形成资源节约型的循环经济发展道路。

第三，税收可持续发展是一个面向全球和面向未来的发展模式。税收可持续发展模式有着清晰的时间、空间和系统概念，力图把当代与后代、区域与全球、空间与时间，结构与功能有机统一起来[③]，把地球看成是一个不可分割的整体，要求人类采取共同的行动，通过国际税收合作，着力增进环境保护的正外部性和解决环境污染的负外部性，解决区域发展在空间上的不平衡和时间上的不均衡问题，实现当代人代内和谐的社会公正。税收可持续发展还重视当代人与后代人的代际公平，通过税收制度和政策引导资源在时间上的合理配置，强调以未来的发展规范当下的行为，以期在当代获得经济和社会利益的同时，又不损害将来各代获得相似利益的潜

---

① 黄鼎成、王毅、康晓光：《人与自然关系导论》，武汉：湖北科学技术出版社，1997年版，第2页。
② 韩文辉、曹利军、李晓明：“可持续发展的本质与实施的复杂性”，《科技进步与决策》，2002年第7期，第20-22页。
③ 牛文元、毛志峰：《可持续发展理论的系统分析》，武汉：湖北科学技术出版社，1998年版，第12页。

力，[1]促进当代人与后代人之间的代际税负公平。

三、税收可持续性是税负公平的实现形式

税收可持续发展通过环境、资源与人类之间的联系，将人与人之间、国与国之间、当代人与其子孙后代间的生存发展问题联系起来，通过从空间维度的代内、区际利益主体与时间维度的代际利益主体间关系结合起来，形成了一条反映人类公平价值观纽带，拓展了税负公平观的视野。

（一）税收可持续性体现了税负公平原则

税收可持续性关注的是机会选择的平等性和资源分配的公正性，其核心是公平问题。税收可持续发展要求在国家间、区域间、人与人之间、当代人与后代人之间公平分享利用自然资源的效益和健康的环境，并使一切环境的、经济的和社会的成本内部化，因此税收可持续性体现了税负公平的原则。

首先，税收可持续性体现了同一代人之间的代内公平，而代内公平是税负公平的原则内涵之一，税负的代内公平可以产生代际关系效应，解决好代内公平是实现代际公平的前提。因此，通过实现税负代内公平维护社会系统有序运行，协调不同阶层、不同地域、不同社会群体在需求满足、发展机会和消费水准等方面的利益关系，是建设满足全体人民都可以合理向往的生活需求的税收可持续性的必由之路。

其次，税收可持续性体现了当代人与后代人的代际公平。税负公平强调世代之间机会选择和资源分配的公平，这与税收可持续性的目标相一致，只有当代人在考虑自己需求的同时，也对不在场的后代人的需求与消费负起历史的责任，确保后代人拥有同样的选择机会和健康的生活环境，这样的发展才是公平的和可持续的发展。

（二）税收可持续性：税负公平的实现形式

税负公平既是一种理念，也是一种分析框架。税负公平所要达成的目标正是与税收可持续性所要追求的目标一致，既使当代人的各种需要得到满足，又不对后代人满足需要的能力构成威胁的发展。通过税收善治实现公平正义、自然资源、经济与社会的和谐发展。

---

[1] Goodland R，Ledoc G（1987）. Neoclassical Economics and Principles of Sustainable Development，Ecological Modeling，38（1）：p.36-39.

第一，税收可持续性强调经济发展必须以人为本，认为发展是一个能够促使人类认识潜能、实现美满生活的过程，强调经济发展的结果必须使人类福利在质量上的增加而不仅仅是资源产量在数量上的增加。有质量的生活包括长寿和健康的生活、教育、满足生活目标所需要的资源、政治自由、人权保障等，这是税负起点公平、过程公平和结果公平所要体现的实现形式。

第二，税收可持续性既强调人类享有自由、平等和发展的各项权利，又强调经济发展与环境保护的责任；既注重自然资源的可持续发展，又注重经济社会的可持续发展。税收可持续性要求基于权利与义务对等地发展、相互尊重，协商，互利和协作提供一个各自发展所需的条件和平台，通过协调人与人之间、区域之间、国家间的关系公平分配资源、维护共同利益。维持一个公平合理的获得性机会和环境，从而实现税负的政治公平、经济公平和社会公平。

第三，税收可持续性强调代内公平与代际公平。代内公平要求缩小地区间和人与人之间的发展差距，满足当代人的需求；而代际公平要求要留给后代至少同样的资本库存和发展机会，不损害后代人满足其需求的能力。事实上，对代际公平的追求，也有助于代内公平的解决。因而，当代人要有对后代人的强烈责任感，加强自律，将其放在人类未来命运的高度来考虑，因此，必须通过税收的可持续发展促进环境资源的优化配置和调节收入分配实现代内公平，使代内公平有了坚定的基础和土壤，并在代内公平的基础上把未来各个世代作为一个整体加以保护，以实现当代人与后代人之间利益与权利的公平。

本章小结

税收作为国家治理的重要途径，从财产的角度体现了国家与公民之间的互动关系，政府税收治理最终目的就是要通过税收的良善治理实现税负公平，从而促进社会公平与社会和谐。税负公平的实现在一定程度上依赖于征纳双方的税收遵从，税收遵从度的高低不仅是一个国家税收分配关系和谐与否的重要标志之一，也是其税收制度是否合理的重要判断标准之一。因此，政府必须增强税收的合法性、公共性和可持续性，通过创造良好的税负环境和税收秩序，提升社会资源配置效率、激发生产者和投资者的积极性、推动经济发展运行以提高征纳双方的税收遵从度，从而促进税负公平。本章通过对税收合法性、公共性与可持续性三个维度的分析，阐明税收善治各个维度与税负公平的关系，进一步完善和充实税负公平分析框架。第一，从税收合法性维度探讨税收法定、税收民主和税收法治，认为税收合法性是税收公平实现的关键，税收权力形式上的合法性是合法律性，而实质上的合法性是获得公众真正的认可和支持，因此，必须把公平、正义的社会基本价值纳入税收制度的制定与执行之中，从而获得公众的合法性认同。第二，从税收公共性维度分析公共收入与支出的科学性与透明性、税收管理公共性，指出税收公共性是税负公平实现的起点，要求国家征收的税收总量与国家为社会全体成员提供的总体福利相对称，强调政府税收收入筹集的规模与支出的范围必须以公共利益为价值依归，体现税收的公共性。要求税收必须体现其活动的公平与正义，其基本活动应着眼于社会发展长期、根本的利益和公民普遍、共同的利益来开展。第三，从税收可持续性维度分析税负公平，指出体现公平的税制结构、税权划分的规范性与绿色税收体系是税负公平的实现形式。税收合法性、公共性和可持续性是相辅相成、互为支撑的，只有通过满足这三个维度的税收善治，才能促进税负公平，推动经济、社会与国民福祉的同步协调增长。

第四章

现实考量：

中国税负公平的深度分析

问题研究

税收负担是纳税人依法履行纳税义务而造成的一种经济负担，在一定程度上反映着国家和纳税人、纳税人和纳税人之间在收入分配、财产和社会资源占有上的数量关系。合理的税负水平对于保证政府履行其职能需要的财力，促进经济的发展以及社会的稳定都有着重要意义。随着近年来中国税收持续高速增长，国内外对于中国税负问题出现了不同的评价。世界银行与普华永道的联合调查得出中国的宏观税负居世界前列的结论。而国家税务总局认为不论是以不包含社会保障缴款的宏观税负口径，还是以包含社会保障缴款的宏观税负口径来进行衡量，中国宏观税负目前仍处世界较低水平。

对中国税负水平出现不同评价的主要原因在于没有在同一个衡量尺度下进行评判，导致的结果只能是各执一词。要正确判断中国的税负水平，必须确定一个可供比较、相对客观的衡量尺度，并结合中国具体国情进行分析和论证，才能得到客观的结果。因此，本章在税负公平分析框架的基础上建立中国税负公平分析体系（见图4-1），从税收合法性、公共性和可持续性三个维度考察中国税负公平的制度基础、宏观税负水平和税负结构公平，综合分析中国税负公平现状。

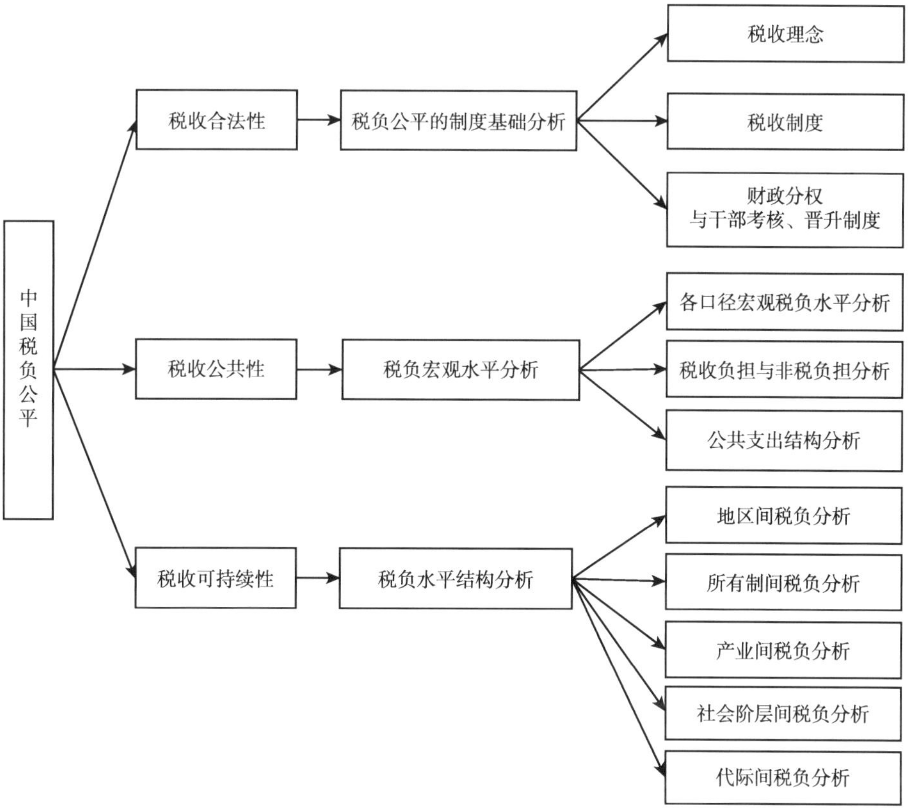

图4-1　中国税负公平分析体系

第一节 税收合法性之维：中国税负公平的制度基础分析

税收合法性是税收治理的基础，是社会成员基于公平正义等基本价值信仰而对国家税收正当性所表示的认可。它既是征税部门阐述其征税权来源的正当理由，也是纳税人愿意纳税的价值依据。在税收合法性维度中，最为重要的就是对规则的诉求，按照制度经济学的观点，制度是一种社会博弈规则，用以限制和规范人们相互交往的行为框架。制度最核心的功能是激励和约束功能。因为只有受到某种刺激或诱惑，人们才愿意遵守规则，从事合乎社会需求的活动。同样，人们也只有受到强有力的约束，才能按照多数人设定的规则从事，也才有可能优化资源配置、推动效率改善、促进经济增长。[①]因此，需要对税负公平产生影响的制度及其变迁过程进行分析，才能对中国的税负公平及其变化进行一个客观的评价。

一、中国税收理念的演变

在凡勃伦看来，制度是一种习惯，是基于被习惯化和为人广泛接受而成为一种公理化和必不可少的东西，实质上就是“个人或社群在某些关系或某些作用方面的流行思想习惯”[②]。他特别强调制度作为广泛存在的社会习惯这一意义。涂尔干强调“思维群体”这一概念，他认为在传统社会中维系社会整合的重要机制是人们的“共同意识”，即社会成员共享的道德价值观念可以制约个人利益与集体利益的冲突，协调人们间的合作，诱发人们社会性行为。制度通过提供一系列规则约束人们的相互关系，界定选择空间，从而减少不确定性和交易费用以保护产权。因此，税收理念作为社会成员共享的税收价值观念，是对税收在社会经济中应有的作用和地位等问题的基本认识和评价，既决定税收政策目标的选择与税收制度的制定和执行，也影响各税收主体在税收活动中的具体行为。

---

① 袁庆明：《新制度经济学》，北京：中国发展出版社，2005年版，第256页。

② ［美］凡勃伦：《有闲阶级论：关于制度的经济研究》，蔡受百译，北京：商务印书馆，2004年版，第5页。

（一）正式制度与非正式制度

诺思认为制度是由一系列国家认可的正式约束、社会认可的非正式约束及其实施机制三部分构成。[①]正式约束又称正式制度，对宪法到成文法、普通法、到具体的内部章程再到个人契约界定了约束。其中，政治规则界定了政治团体的科层结构以及支配其议事日程的外部特征。经济规则用于界定产权，即关于财产使用，从中获得收入的权力以及转让一种资产或资源的能力。[②]非正式约束又称非正式制度，是指价值信念、文化传统、意识形态等对人们的行为产生非正式约束的规则。在人类行为的约束体系中，非正式制度具有十分重要的地位和作用。在正式制度形成和得以实施之前，人们的行为往往依赖与非正式制度来维持和约束。[③]在社会经济与政治领域中，人们选择的大部分行为空间是由非正式制度来约束的。[④]意识形态处在非正式制度的核心地位，因为它不仅形式上构成某种正式制度的先验模式，而且还可以蕴涵其他非正式制度的范畴。[⑤]这种由生活习惯和一脉相承的文化所形成的非正式制度，并不是理性安排的，而是依靠每个客观现实的个体的价值观念来自觉维持，其能够渗透到社会生活的各个领域，因而其作用范围相当广泛，是减少提供其他制度安排的服务费用的最重要的制度安排。

与正式制度相比，非正式制度一般具有以下特征：第一，就变革速度而言，非正式制度的建立和形成需要较长时间，一旦形成就具有较大的稳定性，其变化和演变是一个相对较慢的、渐进的过程，较之正式制度的改变要困难得多；第二，就制度的实施机制而言，非正式制度主要通过社会成员的相互作用和他们对某种团体习惯的自发遵从得以实施，而正式制度依据的是政府的强制手段来实施；第三，就制度的可移植性而言，由于非正式制度内在所具有的传统根本性和历史积淀，不仅取决于所移植国家的技术变迁状况，而且更重要地取决于其价值信念、文化传统、意识形态等与被移植对象的相容程度，因此很难在国家或区域间移植。而由于非正式制度的基础性作用，正式制度只有在与非正式制度相容的情况下才能发挥作用。

（二）作为制度的税收理念

坎贝尔在《制度变迁与全球化》中指出思想观念是一种制度，并将其划分为认

---

① ［美］道格拉斯·C. 诺思：《制度、制度变迁与经济绩效》，杭行译，上海：上海三联书店，2008年版，第12页。
② ［美］道格拉斯·C. 诺思：《制度、制度变迁与经济绩效》，杭行译，上海：上海三联书店，2008年版，第65页。
③ 袁庆明：《新制度经济学》，北京：中国发展出版社，2005年版，第244页。
④ ［美］道格拉斯·C. 诺思：《制度、制度变迁与经济绩效》，杭行译，上海：上海三联书店，2008年版，第50–51页。
⑤ 卢现祥：《新制度经济学》，武汉：武汉大学出版社，2004年版，第115页。

知范式、公共情感、程序和规范框架。每一类思想观念都会对决策与制度变迁施加独特的影响，特别是因为处于前台的思想观念往往会被人们争夺，并且常常会挑战现状，因此促进或激发制度变迁（见表4-1）。[①]

表4-1 思想观念的类型及其对政策制定的影响

	处于决策争斗前台的概念和理论	处于决策争斗后台的基础性假定
	程序	范式
认知性的（结果导向的）	为精英提供指示的思想观念，使政治家、企业领导人和其他决策者制定一个清楚而具体的行动程序	为精英提供假定的思想观念，制约政治家、企业领导人和其他决策者获得有用的程序认知的范式
	框架	公共情感
规范性的（非结果导向的）	作为符号与概念的思想观念，使决策者能够在支持中实现程序的合法化	作为公众假定的思想观念，制约决策者获得合法程序的通常范围

资料来源：［美］约翰·L. 坎贝尔：《制度变迁与全球化》，姚伟译，上海：上海人民出版社，2010年版，第92-93页。

不同的思想观念会以不同的方式影响决策与制度的变迁，有时候是直接而外显的，有时候又是间接而微妙的。在思想观念的四种类型中，程序处于决策争斗的前台，是认知性的概念和理论，通过规定和说明决策者如何解决具体的问题对决策、对制度变迁产生促进作用；范式是认知性的假定，通过界定决策精英所想到的，且认为是有用的和值得考虑的替代方案的范围，进而制约决策与制度变迁；框架是一种规范性概念，处于决策争斗的前台，有助于精英把程序在支持者中合法化，进而实现制度变迁；公共情感是一种规范性的背景假定，这种假定会通过限定决策精英可能想到的，对于其支持者和自己来说都可以接受的和合法的程序之范围，进而制约决策和制度变迁。认知范式与公共情感建立了基础性思想观念，公共情感既会制约决策者以为可能会被公众接受的政策与制度的范围，又会影响集体行动者如何认知和理解他们的利益，在这种意义上，公共情感对决策会起到“规范之锁”[②]的作用。制约决策者在试图使这些程序、框架与由既有的认知范式、公共情感所形成的支配性制约相适应时，更加积极地直接参与程序和规范框架的建构。当行动者要求变革的程序成功地进入实践时，从行动者把新的思想以既有的话语结构相一致的方式转化到实际之中，从这个意义上看，常常会受到已有的话语结构——既包括规范性又包括认知性话语结构的深刻影响与调节。采纳新的程序常常会促进制度的变迁，但是新的程序一旦被制度化，其支持者与实施能力发展起来，并以路径依赖的方式实现进一步的程序变迁，范式与公共情感本身只要保持稳定，也会以路径依赖

① ［美］约翰·L. 坎贝尔：《制度变迁与全球化》，上海：上海人民出版社，2010年版，第92页。
② ［美］约翰·L. 坎贝尔：《制度变迁与全球化》，上海：上海人民出版社，2010年版，第92-108页。

的方式制约进一步的程序变迁。

税收理念是指人们对税收的理解和观念，以一定价值理念为基础和核心，构成了认知范式、公共情感、程序和规范框架，成为税收制度的重要组成部分，其内涵包括人们对税收的认知程度，对税收义务的遵从度和对税收权利的行使意识。从逻辑关系上看，对税收本质的认知程度是其税收理念形成的基础，决定着对税收义务的遵从态度和对税收权利的行使意识。从税收行为主体划分，可以将税收理念区分为税务部门的税收理念与公民的税收理念。税务部门的税收理念，即税收部门赞成或共享的价值观以及相应的税收理论，实际上也就是政府的税收政策理念，这一理念决定了税收政策的制定和执行的具体安排；公民的税收理念是社会各阶层的利益集团和社会公众赞同认可或共享的价值观以及相应的税收理念。显然，当税收部门和公民的税收理念相一致时，就意味着政府的税收政策的制定和执行能够获取公民的支持和拥护，并且与公众利益应当是一致的，从而提高征纳双方的税收遵从度，加强合作减少税收成本以促进公共利益最大化。

（三）中国税收理念的演变

税收理念随着经济社会的发展而变化，在不同的税收理念下有着不同的税收观和税收行为。现有的税收理念，在很大程度上就是原有税收理念的延续和继承，因此，厘清中国税收理念演变的脉络，对理解税收理念对中国税负公平的影响有着重要的意义。根据1949年后中国的税收理论发展脉络，主要可划分为计划经济时期的税收理念、改革开放时期税收理念和市场经济时期的税收理念三个阶段。

1. 计划经济时期的税收理念

中国几千年皇粮国税的历史，使民众对税收并不陌生，税收在很大程度上总是与“横征暴敛”联系在一起的，从而对后世税收理念产生深远的影响。1949年中华人民共和国成立后建立起以公有制和计划配置资源为特征的经济体制，主要依靠国家自身经营活动以获取财政收入。在整个计划经济时期税利不分，对国营企业而言，上缴利润和税收在实质上没有什么区别。1953年苏联首席财政专家杜沃罗夫来华宣扬“非税论”[①]，认为纯粹公有制经济环境下税收没有存在的必要。由此，税收被视作政府在社会主义公有制内部进行的“必要扣除”[②]。而且在当时的计划经济体制下，人民的生产、生活都依附于单位之中，整个国家成为受最高权威命令控制下的“单位集装箱”[③]。单位提供了医疗卫生、养老、教育等福利保障，人们几乎不需要通过另外的机制来满足个人对公共物品和公共服务的消费。因此在人们眼中，无

① 平新乔：《财政原理与比较财政制度》，上海：上海三联书店，1995年版，第246页。
② 高培勇：“论强化纳税意识”，《税务与经济》，1996年第4期，第1–3页。
③ 刘守刚：《国家成长的财政逻辑》，天津：天津人民出版社，2009年版，第135页。

论是纳税还是上缴利润，都几乎与个人利益无直接联系，并逐步形成了“不纳税是社会主义的优越性”和“税收无用论”等理念，税收意识淡薄，自觉纳税意识就更无从谈起。

2. 改革开放初期的税收理念

1978年中国改革开放后，纳税主体性质日益多元，税收开始逐渐介入到社会各个阶层乃至个人的利益分配之中。为激励国有企业自主经营，政府对其“分权”和“让利”，给予企业必要的生产经营权，并将利润的一部分以分成形式留在企业，通过对国有企业两步利改税和“税利分流”，将国营企业的上缴利润改为上缴所得税，运用相对规范的税收形式处理政府与国营企业间的关系，使其成为独立经营的主体，加上国营企业所得税、集体企业所得税、个人所得税等一系列新的税种陆续出台，税收重新出现在百姓生活中。但由于长期受计划经济思维模式的影响，税收收入至上和“税收万能论”成为当时政府的税收理念：一方面片面强调组织收入，各级税务机关都把“组织收入至上”作为税收工作的核心而忽视了税收法治；另一方面过分强调税收的调节职能与经济杠杆作用，“税收万能论”一度成为中国政府税收制度改革的主导思想。

随着税收政策的不断调整，税收开始广泛地介入经济社会生活。然而，由于长期“无（明）税”的惯性作用，普通民众对税收的认识依然停留在“苛捐杂税”的层面，从而导致各种偷逃税行为的发生与蔓延。加上当时税务部门的税收理念认为税务部门与纳税人之间是指挥与服从管理的关系，是一种“上对下”式的强制型管理关系。税务部门为了加强对纳税人的管理，制订了各种严格的规章制度，将税收管理的重点放在指挥和控制，其直接后果是纳税人与税收管理者形成一种对立甚至敌对的态度，严重影响纳税人的纳税遵从度和税收征纳关系，从而造成了税收的大量流失。因此从1992年开始每年一度的“税法宣传月”的主要目的就是根据形势变化重新审视和树立税收理念。税务部门以“应尽义务说”替代“必要扣除说”，将纳税解释为每个公民应尽的光荣义务，将纳税人与政府的经济交换契约变成了道德层面的贡献。但由于“应尽义务说”认为税收的本质是国家为实现其职能参与社会分配无偿地取得财政收入的过程，过分强调税收的“三性”即“强制性、无偿性和固定性”，不仅割裂了国家与纳税人之间权利义务平等对应关系，而且模糊了政府部门在税收与其支出关系问题上的视线，忽视了国家在征税、用税过程中对纳税人权利的应有的尊重和保护。另外，在政府决策权力集中的体制下“税收法治”的意识淡薄，政府部门未能真正确立依法治税和诚信用税的理念，在税款征收和使用过程中“有法不依、执法不严、违法不究”的现象频繁发生，从而也强化了纳税人偷逃税的动机。

3. 市场经济时期的税收理念

随着中国社会主义市场经济的初步建立和发展，中国税收理念逐步发生转变，开始突出税收的“公共性”，强调政府征税的目的是向全体社会成员提供公共物品和服务，公民纳税的目的在于获取政府提供相应的公共产品和公共服务。在1998年中国财政工作会议上，构建公共财政基本框架作为财政改革与发展的目标，被纳入了政府的工作议程。对于中国财政运行机制而言，将“公共财政”作为标示改革与发展的方向，旨在彰显体制转轨过程中财政的“公共性”，是政府收入和支出管理等各个方面的税收理念和运行规则的变革。在公共财政框架下的中国税收理念相对传统的税收管理理念发生了以下几方面的转变：

第一，从传统的只强调纳税义务到注重保护纳税人权利的税收理念。长期以来，中国的税收理论把税收的本质定位为国家需要和强制征收，过分强调国家权力，轻视公民权利，纳税人的权利难以得到保障。理论上的滞后与缺陷导致了征纳双方不平等的地位和不平等的权利与义务。市场经济条件下逐步建立了以纳税人为中心，将维护纳税人的权利作为税收工作的出发点和落脚点的税收理念，强调保护纳税人权利，纳税人权利优先于国家征税权。要求用纳税人权利来制约和监督国家征税权，从税收立法，税收执法、税收管理具体流程等方面全方位体现出对纳税人权利的保护，逐步推动各项保护纳税人权利的法律的制定与执行。

第二，从片面强调效率到逐渐注重公平的税收理念。“效率优先兼顾公平”这一提法，肇始于20世纪80年代中期，由于一味强调“效率优先”的税收理念目标，导致税收领域中很多不公平的现象的出现，对不同类型的纳税人实行区别对待的税收政策，繁杂的税收优惠使某些企业实际税负与名义税负差距较大，不利于纳税人在同等条件下的公平竞争，并一定程度上助长了纳税人偷逃税现象。因此，公共财政框架下的税收理念突出税收公平，要求在税款的征收和使用、税收政策的制定和实行都需要体现公平，从而既保障税收的财政收入职能的实现，更要体现其调节经济运行和收入分配职能的实现。

第三，从传统封闭式的以税收计划和税收任务为中心的管理转向以依法治税为宗旨的现代税收管理理念。传统的税收理念强调国家利益，在税收制度的设计上，过于强调税收的财政收入功能而较少考虑纳税人负担的合理性，形成了以税收任务为中心的税收工作目标和考核机制。而且由于税收法定与税收民主在税制建设和税收征管过程中一直没有得到应有的重视与尊重，大部分税收制度都是以“行政法规”的形式出台，导致具体税收实践更多的是依据部门规章而不是法律，使税收的合法性与正当性受到质疑。公共财政框架下“税收法治”理念强调对国家征税权的规范与约束，国家税收权力的行使必须由国家权力机关制定的法律明确规定。既保证国家筹集财政资金实现满足人民需要的职能，又要保障人民的财产权，防止国家权力滥用造成对人民财产的不当侵害。税务部门通过认真开展税源清查，强化纳税评估，堵塞征管漏洞，消除征管盲点，严厉打击各种偷、逃、骗、抗税行为，不收超前税，不收过头税，坚决防止和纠正税负不公、执法不公、执法不严等问题，确保应收尽收，体现税收法制化和依法治税的要求。

第四，从传统的税收管理到强调税收服务的理念。传统的税收理念是一种地征税部门对纳税人居高临下的强制型权威管理，长期以来一直实行税收专管员管户制度，征纳双方的关系是管理与被管理、监督与被监督的关系。而且在对纳税人的税收管理中，也是实行对纳税人“存在违规行为”的推定，对纳税人依法纳税的自觉性持否定假设，使纳税人依法纳税的主动性受到抑制。这种传统的税收管理理念严重影响了税收征纳关系和纳税人的纳税遵从度，给中国的税收管理工作带来了困难。1997年征管模式的改革，提出了纳税服务的新理念，以税务机关对纳税人依法、自觉纳税的信任为前提，强调纳税服务，逐步建立起管理与服务紧密结合的新征管模式，以纳税人满意度作为考量税收工作的主要标准。在税收征管过程中，要以纳税人为中心，通过优化服务手段、简化纳税程序，不断提高为纳税人服务的质量和水平，从而降低税收成本，推动征纳双方的税收遵从。

第五，从税务管理上升到税收治理能力和治理体系现代化的理念。随着改革开放进入全面深化改革新时期，党的十八届三中全会提出了“国家治理体系和治理能力现代化”目标，并以前所未有的高度对财政进行新定位，赋予财政“国家治理的基础和重要支柱”的地位和作用。这一重大治国理念的转变要求税收管理部门及时更新治理理念、努力完善治理体系、深入探索治理能力，全方位、多角度考虑税收治理的路径选择。在党的十九届四中全会所勾勒的中国特色社会主义制度“图谱”中，作为财税体制建设的重要内容，税制建设已经被摆上国家治理层面，纳入国家治理体系和治理能力现代化建设版图。[①]新的发展阶段背景下，建设现代税收制度已经成为推进国家治理体系和治理能力现代化的必然要求，税制改革需要与现实国情以及国家治理紧密结合。作为国家治理的基础和重要支柱，税收治理体系和治理能力现代化要成为推进国家治理体系和治理能力现代化的基础性和支撑性要素，将现代税收制度优势转化为现代税收治理效能，夯实税收现代化根基，推进共同富裕目标的实现。

二、制度变迁与路径依赖：中国税收制度变革的得失综论

税收作为产权安排的关键制度，[②]不仅是国家获财政收入的一个重要方式，通过

---

① 高培勇：“新发展阶段的税制建设该往什么方向走”，《税务研究》，2021年第5期，第11-12页。

② John L Campbell（2005）. Fiscal Sociology in an Age of Globalization：Comparing Tax Regimes in Advanced Capitalist Countries，in Victor Nee and Richard Swedberg（eds.），The Economic Sociology of Capitalism，Princeton：Princeton University Press，p.391-418.

在参与社会产品的分配过程中对社会经济发展产生影响，更通过影响一国财政支出水平及其配置资源和调节社会分配等机制作用于国家的制度建设和治理能力。税收负担通过税收制度的制定和执行得以实现，各种调节经济的税收手段的运用也必然最终归结为税收负担的变化。因此通过梳理中国税收制度变迁过程，并从中探求税收制度变迁的规律及其得失是综合分析当下中国税负公平的重要基础。

（一）税收制度

制度是社会科学多领域的一个重要的研究范畴，很多学者都对制度有过定义。康芒斯在《制度经济学中》把制度解释为“集体行动控制个体行动”的一系列行为准则或规则。[①]道格拉斯·诺思认为“制度是一系列被制定出来的规则、守法程序和行为的道德伦理规范，它旨在约束追求主体福利或效用最大化的个人行为。”[②]舒尔茨将制度定义为管束人们行为的一系列规则，并将制度划分为用于影响生产要素所有者之间配置风险、降低交易费用、提供职能组织与个人收入流之间的联系、确立公共产品和服务的生产与分配的框架四种制度。[③]柯武刚和史漫飞认为“制度是人类相互交往的规则”[④]。青木昌彦从博弈论的角度定义了制度，指出“制度是关于博弈如何进行的共有信念的一个自我维系系统”[⑤]。本研究在讨论税收制度时主要采用的是舒尔茨对制度的定义，认为制度是一套用于支配特定的行为模式与相互关系的行为规则。制度包含人类用于解决相互关系的所有制形式的制约，它既可能是一项制度安排，也可能是指一个制度结构，具有降低交易成本并为实现合作创造条件、提供关于行动的信息并为个人提供激励系统、约束主体的机会主义行为、减少外部性等功能。

税收制度是在一个课税主权下的各种税收组织体系，是国家为了实施税收分配活动或者处理税收分配关系而制定的基本税收法律法规的总称。在中国，对于税收制度的研究是从两个角度进行分析。一个角度是从“制度”的内涵出发，认为税收制度是一套用于支配税收相关者的行为模式与相互关系的行为规则；另一个角度是从“制度构成”的角度来研究税收体制的基本框架及各税种之间的关系，从这两个角度的研究可以把税收制度进行广义和狭义的划分。广义的税收制度是指国家设置的所有税种的法律法规和各项征收管理制度的总称，它是税务部门向纳税人征税的法律依据，也是纳税人履行纳税义务的法定准则。其具体内容有：（1）各个税种的

---

① ［美］康芒斯·J. R.：《制度经济学》（下册），于树生译，北京：商务印书馆，1962年版，第87页。
② ［美］道格拉斯·C. 诺思：《经济史中的结构与变迁》，陈郁，罗华平译，上海：上海三联书店，1994年版，第225–226页。
③ ［美］T·W. 舒尔茨：《制度与人的经济价值的不断提高》，载［美］R·科斯、A·阿尔钦、D·诺斯，等：《财产权利与制度变迁——产权学派与新制度学派译文集》，刘守英，等译，上海：上海三联书店，1994年版，第253页。
④ ［德］柯武刚、史漫飞：《制度经济学：社会秩序与公共政策》，韩朝华译，北京：商务印书馆，2000年版，第35页。
⑤ ［日］青木昌彦：《比较制度分析》，周黎安译，上海：上海远东出版社，2001年版，第28页。

基本法规，包括已经完成和尚未完成全部立法程序的各种税法、条例、实施细则、办法、暂行条例、协定等；（2）税收管理体制，即在中央和地方之间划分税收立法权、司法权和管理权；（3）税收征收管理制度，即征收程序法方面的各项制度；（4）税务机构和税务人员制度，即有关税务机构的设置、分工、隶属关系以及税务人员的职责、权限等方面的制度；（5）税收计划、会计、统计工作制度等。[①]狭义的税收制度是国家按照一定政策原则组成的税收体系，其核心是主体税种的选择和各税种的搭配问题，又通常称为税制结构问题。[②]本研究主要讨论的从“制度”内涵角度研究的税收制度，也就是广义的税收制度。从这个角度看，政府向谁征税、如何征税、征多少税，一定时期税负水平的高低，政府税收收入的多少都是通过税收制度加以规定的，税收政策的实施也是通过具体税制的实施来实现的。这样，税收对于社会经济运行产生何种影响，很大程度上取决于税收制度及其实施。因此，古往今来，人们始终在探索如何建立良善的税收制度，特别是进入现代社会，随着税收作用的增强，对税收制度的研究更是成为政府与学者们所关注的焦点。

（二）制度变迁：中国税收制度变迁的宏观图景

制度变迁是指制度的替代、转换和交易的过程，通常由对构成制度框架的规则、规范和实施的复杂结构的边际调整所组成，[③]是制度稳定性、环境变动性和不确定性及利益极大化追求三者之间持久冲突的结果。由于有一种可供选择的制度安排大于现行制度安排的净收益，人们为了捕捉这个盈利机会，就会意欲和力图改变原有的制度安排和制度结构。如果这种对新制度的渴望和需求能最终转化为正式的安排，便形成了制度变迁。[④]也就是说只有当预期成本小于预期收益时，行为主体才会去推动制度变迁，制度变迁的成本与收益之比，对于加速或推迟制度变迁起着关键作用。因此，制度变迁是供给主体在变迁收益大于变迁成本的一种理性行为，有效的制度变迁是一种效益更高的制度对另外一种制度的替代过程。

税收制度变迁也是新的税收制度在原有的税收制度内产生、壮大，并全部或部分代替旧税制的过程。它既包括新税制对旧税制的完全替代，也包括对旧税制的局部改变。基于目标实现途径的不同，制度变迁可分为四种类型：提高生产效率的制度变迁、重新分配收入的制度变迁、重新配置经济机会的制度变迁和重新分配经济优势的制度变迁。[⑤]税制变迁见证着一个国家的进步。1949年中华人民共和国成立

---

① 安仲文：《中国税制》，大连：东北财经大学出版社，2009年版，第9页。

② 陈共：《财政学》，北京：高等教育出版社，2004年版，第253页。

③ ［美］道格拉斯·C. 诺思：《制度、制度变迁与经济绩效》，杭行译，上海：上海三联书店，2008年版，第114页。

④ 袁庆明：《新制度经济学》，北京：中国发展出版社，2005年版，第290页。

⑤ ［美］丹尼尔·W. 布罗姆利：《经济利益与经济制度：公共政策的理论基础》，陈郁、郭宇峰、汪春译，上海：上海三联书店，1996年版，第153-172页。

以来的历次税收制度变迁也正是随着国家经济和社会条件的变化，为更好地完善税收财政收入、调节经济运行和调节收入分配的职能，以提高资源的有效配置和社会总福利而处于不断的变革之中，经历了多次重大的历史变迁。随着经济社会发展变化，中国税收制度也进行了多次改革，并与市场经济发展之间呈现出独特的中国特色与中国规律。

1. 中华人民共和国成立初期税收制度（1949—1957年）

1949年中华人民共和国成立之后，各行各业百废待兴，当时政府最为紧迫的任务就是推动生产的恢复和发展，筹集足够的收入以维持新政权各方面的需要。1949年11月24日，在北京召开的首届全国税务会议拟定了《全国税政实施要则（草案）》，明确规定税收制度、组织机构、管理体制和税收政策等一系列重大税收原则，建立起全国统一的税收制度。

第一，统一税收立法权。1950年1月30日，政务院通令发布《关于统一全国税政的需要》和《全国税政实施要则》，规定全国开征货物税、工商业税（包括营业税和所得税）、盐税等14个税种，除国家统一规定的14个税种外，由省、市或大行政区根据习惯拟定办法，报经大行政区或者中央批准以后征收的一些税种，主要有农业税、牧业税和契税等。

第二，统一税种、税目和税率。1951年3月，政务院颁布《财政收支系统划分的决定》，把全国财政分为中央、大区和省三级，对预算级次和税权进行了划分。把农业税、盐税、关税、中央企业收入、国家银行收入、内外债收入列为中央的财政收入；把屠宰税、房地产税、契税、特种消费行为税、使用牌照税、地方企业收入列入大区或省级收入；把货物税、工商税、印花税、交易税列为中央与地方按比例留解的收入。

第三，统一征收办法，对于工商业税，统一采取：（1）自报查账、依率计征；（2）自报公议、民主评定；（3）定期定额等三种方法征收。对于货物税，统一采取派员驻厂征收、查定征收和起运征收三种办法进行征收。

第四，统一税务机构。明确财政部税务总局以下各级税务机构受上级税务局和同级政府双重领导。

为了更好地发挥税收的杠杆作用，国家采取了简并税种的措施。首先，暂不开征薪给报酬所得税和遗产税，合并房产税和地产税为城市房地产税，从而使税种简并为11种。其次，简化了税目，印花税税目从原来的30个减为25个，货物税税目由原来的1136个减少为358个。1952年12月31日，国家又对税制进行了一次调整，一是试行商品流通税，试行生产到零售一次课征；二是修订货物税，将货物税税目简并为174个；三是修订工商业税中的营业税，将应纳的工商营业税及附加、印花税并入营业税；四是取消特种行为消费税。通过采取以上措施，初步形成了以货物税和工商税为主体税种，其他税种相辅助，在生产、销售、所得、财产等环节进行课征的统一、多税种、多环节征收的复合税制。

2. 计划经济时期的税收制度（1958—1978年）

在此时期，私营工商业通过赎买、没收和合营的手段绝大部分转化为社会主义、半社会主义性质的公私合营企业，公有制（包括全民所有制和集体所有制）经济占据了绝对统治地位，中国经济所有制结构比较单一，计划调控和行政命令的色彩浓重，计划经济制度运用指令性计划与行政手段集中和动员社会资源，在迅速组织恢复生产、稳定经济方面的优势得到了充分发挥。而且由于受到苏联财政体制的影响，税收在纯粹公有制经济环境下的作用被淡化，尤其在“文化大革命”中，复合税收制度被视为“烦琐哲学”和“管、卡、压”的典型而被批判。1957年9月召开的全国局长会议认为当时的税制复杂，企业利大税小的状况与经济发展不相适应，应当简化税制。①

1958年的税制改革是中华人民共和国建立以来第一次大规模的税制改革，其主要内容是简化工商税制。1958年6月和9月，全国人大常委会分别通过《中华人民共和国农业税条例》和《中华人民共和国工商统一税条例（草案)》，对农业税和工商税进行改革，试行“工商统一税”，合并原有的货物税、印花税、营业税和商品流通税。简化后的税收制度由原来的11种税简并为7种。1973年，中国进行了第二次大规模的税制改革，以合并税种、简化税目为中心，颁布实行新的工商税条例，对国营企业只征收将原来一些税种合并而成的工商税。将108个税目减为44个，141个税率减为82个（实际税率档次只有16个；全部取消了对“中间产品”的征税）。到20世纪70年代末，工商税制仍保留9种税（工商税、工商所得税、盐税、屠宰税、城市房地产税、车船使用牌照税、牲畜交易税、集市交易税和契税）。而城市房地产税、车船使用牌照税和屠宰税等，只对个人和外侨征收。

在此期间由于受“左倾”指导思想以及苏联经济理论及财税制度的影响，中国税收制度建设几经变革，走的是一条片面简化税制结构和管理方式的道路，大大缩小了税收在经济领域中的活动范围，使税收的财政收入和资源配置功能不断被弱化，②与此同时，税务机构被大量撤并，税务人员大幅减少，税收对宏观经济的调控作用微乎其微。

3. 改革开放初期的税收制度（1979—1993年）

1978年底中国共产党第十一届三中全会明确提出了改革经济体制的任务。在宏观调控方式上，由计划指令管理向计划新政手段加多种市场手段作为经济杠杆的复合型调控管理转变；在所有制结构上，经济体制改革不断深化，社会经济由单一公

① 刘佐：《中国改革开放以来税收制度的发展》，北京：中国财政经济出版社，2001年版，第15页。
② 李华罡：《税制结构变迁与优化的政治经济学分析》，北京：中国税务出版社，2009年版，第212-217页。

有制经济向以公有制为基础的多种所有制经济并存转变；在经济类型上，由封闭、半封闭经济体向逐步对外开放、引进国外技术、资本和管理经验，积极发展对外贸易和经济技术合作的开放型经济系统转型；在行政管理体制上，由中央全盘统管、统收统支向地方、国企放权让利的方向转变，逐渐建立以计划经济手段为主，商品经济（市场经济）为辅的双轨制。[①]在此时期，税收作为经济调控的手段逐渐受到重视，税收政策的目标也日益丰富，注重立体发挥税收职能，逐步把国有企业上缴利润的制度改为征收所得税，同时将工商税收划分为中央税、地方税、中央和地方共享税。

为适应中国改革开放初期维护国家主权、尊重国际惯例、引进外资、开展对外经合作交流的需要，中国先后颁布了《中外合资企业所得税法》《个人所得税法》和《外国企业所得税法》。1983年，国务院在全国范围内对国有企业、商业、交通企业实行第一步利改税，主要内容有：（1）对有盈利的国有大中型企业（包括金融保险机构），均根据实现的利润，按55%的税率缴纳所得税。（2）税后利润超过企业合理留利部分（其中，60%用于生产发展、新产品试制和后备，40%用于福利和奖金），再分别根据不同情况上缴国家。（3）对有盈利的国有小企业（工业企业固定资产原值不超过150万元，年利润不超过20万元；商业零售企业不超过30人，年利润不超过3万元或5万元），按八级超额累进税率缴纳所得税，企业自主经营，自负盈亏，国家不再拨款。利改税成为中国税收制度朝着市场经济转轨所迈出的第一步。

1984年10月，国务院推行第二步利改税和工商税制改革。对国有大中型企业缴纳所得税后的一部分利润，统一征收调节税，取消递增包干、固定比例上缴办法；调整国有小企业的划分标准，扩大国有小企业征税办法的适用范围；对国有小企业实行新的降低了负担率的八级超额累进税率；把原来的工商税按性质划分为产品税、增值税、盐税和营业税；对石油、天然气和原煤等自然资源开采业征收资源税；相继颁布了《集体企业所有税暂行条例》《城乡个体工商所得税暂行条例》和《私营企业所得税暂行条例》，形成了中国按经济性质分别设立税种的企业所得税制。此后至1993年，国务院陆续发布关于个人收入调节税、房产税、城市土地使用税、耕地占用税、车船使用税、印花税、城市维护建设税、固定资产投资方向调节税、筵席税等税收行政法规，并决定开征特别消费税。

至1993年底，中国逐渐建立起以流转税和所得税为主体、以资源、财产、行为等税种为补充的多税种、多环节、多层次课征的复合税收体系。这一时期的税制改革较好地适应了改革开放和经济形势的变化，拓宽了税收活动的领域，财政收入

---

① 李华罡：《税制结构变迁与优化的政治经济学分析》，北京：中国税务出版社，2009年版，第218–219页。

结构由“利税并存以利为主”逐步转变为“利税并存以税为主”，税收成为组织财政收入的基本形式和宏观调控的有力手段。[①]然而，随着中国逐渐转入社会主义市场经济轨道，这套税收制度存在的一些诸如税制过于烦琐、税负不公平、税收的征管难度大等问题逐渐凸显出来，[②]而且由于当时对于建立什么样的税收制度和税收体系还未有很明确的理论共识，在税收政策的制定上也存在很大的随机性，例如筵席税、特别消费税、奖金税等的设立不仅缺乏必要的理论支持，执行起来也十分困难，不但达不到预期效果，还影响到了政策的稳定性和有效性。此外，20世纪80年代以来，西方国家掀起了一场以“低税率、宽税基、简税制、严征管”为特征的全球性税制改革浪潮，这对正在扩大改革开放与世界经济接轨的中国税收制度也产生了很大影响，要参与国际分工、融入国际市场，意味着税收制度也要遵循国际惯例，迈向市场经济的税制改革，促进国际合作与交流。

4. 适应社会市场经济时期的税收制度（1994—2011年）

1992年9月，中国共产党第十四次代表大会提出了建立社会主义市场经济体制的战略目标，并于1993年明确提出税制改革的基本原则和主要内容。1993年10月，全国人大常委会通过了修订后的《中华人民共和国个人所得税法》。1993年12月，国务院和财政部颁布了增值税、消费税等六项税收暂行条例，从1994年起在全国实施。1994年税制改革是中华人民共和国成立以来规模最大、范围最广的税制改革，通过统一税法、理顺分配关系、合理分权、规范分配方式、简化税制，初步确定了市场经济下中国税收制度的基本格局，形成了多税种、多环节的复合税制体系。经过1994年税制改革以及近年来不断完善，中国税收制度结构逐渐趋于合理，税收筹集财政收入、促进资源合理配置、调控宏观经济和调节收入分配的功能有所增强；通过分设国家税务局和地方税务局两套税收征收管理机构，规范税收分配关系，将主要税权和大部分收入集中到中央政府，有效增强中央财政在宏观调控中的主导作用；初步建立了适应市场经济和现代税制要求的税收征管运行机制，促进税收征管效率的提高；借鉴外国税制改革的成功经验，基本实现与国际税制的接轨。

5. 全面深化财政体制改革阶段的税收制度（2012年至今）

党的十八大之后，我国进入全面深化改革的新时代，财税改革成为全面深化改革的重点和开创新时代的突破口。国家赋予财政以“国家治理的基础和重要支柱”的特殊定位，这一全新定位要求包括税制在内的财政制度致力于提升国家治理体系和治理能力现代化，由适应市场经济体制到面向现代国家治理。2014 年 6 月，中共中央政治局审议通过《深化财税体制改革总体方案》，为新一轮财税体制改革确立了时间表和路线图。党的十九大进一步提出加快建立现代财政制度，重点推进三

① 刘佐：“二十年来我国税制改革简要回顾”，《中国税务》，1998年第11期，第6-9页。
② 杨志清：“二十年我国税收制度改革与展望”，《中央财经大学学报》，1998年第11期，第1-4页。

大重点改革，打造国家治理现代化的基础和重要支柱。[①]新的发展阶段背景下，税制改革需要与现实国情以及国家治理紧密结合，建设现代税收制度已经成为推进国家治理体系和治理能力现代化的必然要求，2012年1月1日起，率先在上海市交通运输业和6个现代服务业实行营改增试点。2016年5月1日，在全国范围内全面推开营业税改征增值税试点，以“减税降费”为主线的税制改革不断深入推进；2018年，个人所得税由分类征收模式改为综合与分类相结合的模式，增加专项附加扣除；《环境保护税法》《资源税法》分别于2018年、2020年正式实施；2020年8月11日，第十三届全国人民代表大会常务委员会第二十一次会议通过《中华人民共和国契税法》《中华人民共和国城市维护建设税法》，一系列围绕现代税收制度建设的改革不断深入。同时，党的十八大以来，我国税收征管体制先后经历了以“合作”“合并”“合成”为主要内容的三次大的变革，将省级和省级以下国税地税机构合并，构建优化高效统一的税费征管体系。在税收职能不断调整、功能定位不断深化的过程发挥税收在国家治理中的基础性、支柱性、保障性作用，持续推动财税体制改革和国家治理能力现代化。

（三）制度变迁与路径依赖：中国税收制度改革的逻辑

诺思认为制度变迁是制度不均衡时追求潜在获利机会的自发交替过程。根据制度变迁的层次分析，可分为基础性和次级制度安排；根据制度变迁的规模考察，可分为单项（局部）和整体制度变迁；根据制度变迁的速度分析，可分为渐进式和激进式制度变迁；根据制度变迁的主体和诱因考察，可分为诱致性和强制性制度变迁，在实际的制度变迁中，可相机组合成多种多样的变迁模式。[②]各种制度变迁模式之间并无绝对好坏、优劣之分，其效果主要看组合模式与该阶段的制度要求的结合，要充分考虑制度需求状况、制度初始条件、预期制度与制度环境的兼容性，而且要把握制度转换的时机，降低制度变迁成本，提高制度效益。中国税收制度的变迁与社会经济的发展变化紧密相连，是以政府为主导，随着经济和社会条件的变化而在现有的制度模式内不断优化以适应经济和社会环境的变化而发展的历程。在其变迁过程中，具有明显的渐进式强制性制度变迁的特点。

首先，中国的税收制度变迁模式主要是由政府命令和法律引进和实现的制度变迁。[③]强制性变迁的主体是国家或政府，国家提供的基本服务是博弈的基本规则，其目的一是界定形成产权结构的竞争与合作的基本规则（即在要素和产品市场上界

---

① 楼继伟：“40年重大财税改革的回顾”，《财政研究》，2019年第2期，第3–29页。

② 邓大才：“论制度变迁的组合模式——制度创新方式与制度演进方式相机组合研究”，《北京行政学院学报》，2002年第4期，第42–47页。

③ 林毅夫：“关于制度变迁的经济学理论”，载［美］R·科斯、A·阿尔钦、D·诺斯，等：《财产权利与制度变迁——产权学派与新制度学派译文集》，刘守英，等译，上海：上海三联书店，1994年版，第396页。

定所有权结构）；二是降低交易费用以使社会产出最大，从而使国家的税收增加。[①]国家在使用强制力时有很大的规模经济，具有制度实施和组织成本的优势，可以比其他竞争性组织以低得多的费用提供一定的制度性服务。而作为一个典型的政府主导型经济，中国政府的激励结构及其背后的制度安排是理解税收制度变迁的关键。1949年中华人民共和国成立之后形成高度集中的资源计划配置制度，一切制度依照国家的意志和发展战略来制定，税收制度也不例外。税制建设主要是根据当时的政治需要和实行计划经济的要求而进行的调整。改革开放以后，由计划经济向市场经济转变的过程同时也是一个政府放权和让利的过程，从改革实践看，中国税收制度变迁是在政府的主导下逐步建立起适应市场经济发展多种税、多环节、多次征收的复合税制，而且税收制度变迁中的时序安排以及启动也完全受控于政府。因此，中国税收制度的变迁具有强制性制度变迁的特点。当然，在近几年的个人所得税法的修正案提交和出台过程中，由于社会公众的积极参与，体现出一些诱致性变迁的特点，但是并没有改变中国税收制度变迁模式的主导模式。

其次，中国的税收制度变迁体现出渐进式变迁的特点，制度变迁过程相对稳定，采取需求累增与阶段性突破的方式，逐步推动制度演进并向终极目标靠拢。作为一种经济制度，中国的税收制度是在不断适应经济和社会环境变化的要求，不断地进行自身优化中而向前演进和变迁的。渐进性变迁是其主要特征，正是这种渐进性变迁维持了原有组织资源和法律体系的连续性，基本保持了制度创新中制度安排的相对稳定和有效衔接，这种渐进式变迁体现很强的路径依赖特点。

路径依赖（Path-dependence）是道格拉斯·C. 诺斯将人类技术演进过程中的自我强化现象的论证拓展到制度变迁方面的解释。他认为有两种力量形塑了制度变迁的路径：报酬递增，以及以明显的交易费用为特征的不完全市场。[②]在这种情况下，因为制度具有自我实施或强化的机制，从而形成影响制度变迁收益递增，使制度形成自我强化力量，促使制度变迁沿着某条路径不断自我发展而出现路径依赖。所以人们过去作出的选择决定了他们现在可能的选择。制度给人们带来的规模效益使制度变迁呈现出两种截然不同的轨迹：制度变迁可能沿着原来错误的路径继续下滑，最终被“锁定”（Lock-in）在一种恶性循环的无效率状态而导致停滞；也可能进入良性循环的轨道得到巩固和支持，从而环环相扣迅速优化。路径依赖意味着历史的重要性，体现了制度变迁的历时性特征——人们对过去作出的选择决定了他们现在可能的选择。中国税收制度的路径依赖体现在中国税收制度改革的历史初始条件提供强大的制度惯性，沿着初始的改革路径和既定的方向运行，随着制度实施规模的扩大以及自我积累、自我强化从而形成规模效应，很难再为其他潜在的体系所取代。

---

① ［美］道格拉斯·C. 诺斯：《经济史中的结构与变迁》，陈郁、罗华平译，上海：上海三联书店，1994年版，第24页。
② ［美］道格拉斯·C. 诺斯：《制度、制度变迁与经济绩效》，杭行译，上海：上海三联书店，2008年版，第130页。

第一，从税收的收入来源结构看，尽管在市场经济建设的过程中，私营企业、外资企业等多种经济成分获得了相应的发展，但国有经济仍然在关系国民经济命脉的重要行业和关键领域占支配地位，在实现国家宏观调控目标中发挥关键作用。因此国家税收收入获取的主要来源与主要渠道仍然是国有经济为主，历次税收改革也与国有经济改革紧密联系在一起。造成这样的局面主要有两方面的原因：一方面，国家具有从计划经济时代延续下来长期通过直接管理国有经济、获取税收收入的规模优势和信息优势；另一方面，由于国有企业会计制度相对健全、账目相对清晰、对其征收税款的成本较低，具有对个人以及其他经济成分的企业征收税款所无法具备的优势，[①]因此，中国税收收入一直是以国有企业为主要来源。

第二，就税收主体税种而言，中华人民共和国成立之初直到改革开放以至后来较长的一段时间里，现实的财政压力迫使国家强调收入最大化的税收制度安排。由于流转税以商品劳务的交易额为税基，不需要考虑企业经营效益和实际负担能力，并具有强大的收入功能因而被选择成为主体税种。在随后的改革中，这种制度安排得到强化，中国历次税收制度改革都强调稳定收入、保持税负总体水平不变，虽然1994年的税制改革确定了流转税与所得税并重的双主体税制结构，但是在路径依赖的作用下，在税收实践中仍然是流转税比重较大，所得税比重较小。加上经济发展和各项公共开支的巨大收入压力迫使国家继续倚重强调收入的税收制度，国家的收入也越来越倚重流转税种所征收的收入。因此，即便国家的税制结构失衡，缺乏税种间的相互补充机制，难以有效发挥税收在公平收入分配的作用，但在路径锁定的“惯性”作用下却被逐渐强化，从而给调整与改革税制结构带来相当的难度。

第三，就税权划分模式而言，主要表现为由中央政府把握最后的决定权，税收立法权、解释权主要集中于中央，中央通过不断调整地方的税收上缴比例和收入基数来调动地方政府的积极性。无论是1980年的“分灶吃饭”财税体制改革，还是1994年的分税制改革，中央政府作为改革的发起者和推动者，都体现出中央政府对税收收支的调整权和决定权。中央政府在财政收入分配占有绝对优势，并通过税种的调整和税收收入的分成比例调整分配份额；就地方政府而言，仅仅是获得中央政府制定的税种的使用权、管理权、征收权，而缺乏必要的税收立法权、解释权和调整权，不利于各地根据当地实际情况开征适合的税种或利用税收进行经济调控，从而造成地方政府过分依赖中央政府财政拨款和非税收入，也容易造成税收征管中不符合税法规定的非规范性行为的发生。

---

① 余雁刚：《中国税收制度变迁研究》，厦门大学博士论文，2002年，第61-62页。

三、分税制与晋升锦标赛：中国式财政分权对税收的影响

税收负担不仅为税制结构所决定，而且还与税收制度的执行密切相关。因为，税收负担的最终实现有赖于税收政策的具体执行。税收政策的执行不仅受制于税收制度，而且还受经济、政治、行政等制度的影响。由此，必须将税收负担与税负公平放置于政治与经济的制度环境下进行分析。在中国式财政分权体制下，由于中央政府和地方政府之间的目标差异、信息不对称以及任务的多维性，实际上形成了一种任务冲突的多任务委托—代理关系。[①]因此，如何在中国式财政分权下进行有效税收治理以实现税负公平成为国家治理的重要内容。

（一）中国式财政分权的含义

中国式财政分权不同于西方财政联邦制国家财政分权与政治分权同时存在的体制，而是财政分权与政治集权紧密结合。钱颖一、Weigast等学者提出“中国特色的联邦主义”假说，指出虽然中国是单一制国家，但中国在财政方面因为特殊的分权模式而具有联邦主义特征，以行政分权和财政包干为内容的财政分权改革推动了中国经济的增长和转型。[②]2001年，Blanchard和Sheleffe指出中国财政分权中的政治集中和经济分权并存的特点。[③]王永钦等也认为政治集权和经济分权是中国式分权的基本特征。[④]傅勇等将中国分散的财政体制和集中的政治管理体制联系起来，把中国式财政分权归属为中国经济改革先行、政治改革滞后的渐进道路的一个表征。[⑤]中国式财政分权是在中央和地方政府之间不断地调整财政关系的过程中实现的。一方面，中国式财政分权通过强化地方政府间的竞争，调动了地方政府的积极性，从而促进中国经济的快速发展；另一方面，中央政府自上而下构筑的分权体制将大量财政资源和经济自主权下放的同时，强化对地方政府官员的考察和监督，建立了以

① 王赛德、潘瑞姣：“中国式分权与政府机构垂直化管理：一个基于任务冲突的多任务委托—代理框架”，《世界经济文汇》，2010年第1期，第92-100页。

② Gabriella Montinola，YingyiQian，Barry R.Weingast（1995）. Federalism，Chinese Style：The Political Basis for Economic Success in China，World Politics，October，48（1）：p.50-81.

③ Blanchard O.，A Sheleifer（2001）. Federalism with and without Political Centralization：China versus Russia，IMF Staff Papers，48，p.171-179.

④ 王永钦、张晏、章元、陈钊、陆铭：“中国的大国发展道路——论分权式改革的得失”，《经济研究》，2007年第1期，第4-16页。

⑤ 傅勇、张晏：“中国式分权与财政支出结构偏向：为增长而竞争付出的代价”，《管理世界》，2007年第3期，第4-12页。

相对经济增长绩效为核心指标的政绩考核体系，[①]进一步强化了地方政府之间的横向竞争。在中国式财政分权的渐进式改革路径中，中央政府把握着改革的主动权和决定权，通过分权在现有的政治架构下对地方官员提供适当的激励。地方政府在政治集权、政绩考核和晋升激励机制下，主要不是对下负责，而是对上负责，使得地方政府官员有非常强的政治动力促进地方经济发展，围绕GDP增长而进行晋升锦标赛。[②]在晋升机制的激励下，地方政府官员存在非常强的单纯追求任期内或短期经济增长的倾向，有可能为追求自身目标而偏离中央政府的目标，忽视对基础教育、医疗卫生等与社会福利密切相关的任务的投入。由此带来环境污染加重、基础教育投入严重不足、食品安全恶化等一系列问题，[③]从而对国家治理的合法性和有效性产生影响。

（二）分税制：中国式财政分权下央地关系的经济逻辑

财政是庶政之母，财政改革的目标是规范政府间财政关系，促进不同级别政府间的分工合作，因此，中国财政体制改革一开始就被视为经济体制改革的突破口。[④]纵观中国财政关系的变化历程，总体而言呈现出从统收统支到分灶吃饭，从高度集权到适度分权的发展趋势。[⑤]1978年改革开放之前，中国的财政收支管理制度高度集中于中央政府，基本上采取“以支定收、一年一变”的统收统支办法，不利于调动地方的积极性。1978年的改革开放改革了过去中央政府统收统支的集中财政管理体制，加快了经济体系中资源脱离政府控制的步伐。在中央和各省之间实行“划分收支、分级包干”的财政包干体制。通过向地方分权的措施打破了统收统支的局面，财力分配由“条条”为主到以“块块”为主，扩大了地方的财政权限，地方财政由原来被动地安排财政支出转变为主动参与经济管理，地方逐步成为权责利统一的主体，从而调动了地方理财的积极性，在很大程度上促进了经济的发展。[⑥]但随着市场经济的不断深入，财政包干制的运行出现了诸多问题，主要体现为：（1）财政包干制导致国家财力偏于分散，弱化了中央政府宏观调控能力；（2）财政包干制按企业隶属关系划分中央与地方的收入在一定程度上助长了地区经济封锁和盲目投资，不利于全国统一市场的形成和产业结构的调整；[⑦]（3）财政包干制种类较多、规范性和稳定性不足，带有严重的随意性，容易造成预算约

---

①② 周黎安：“晋升博弈中政府官员的激励与合作——兼论我国地方保护主义和重复建设问题长期存在的原因”，《经济研究》，2004年第6期，第33-40页。

③ 王永钦、张晏、章元、陈钊、陆铭：“中国的大国发展道路——论分权式改革的得失”，《经济研究》，2007年第1期，第4-16页。

④ 杨志勇、杨之刚：《中国财政制度改革30年》，上海：上海人民出版社，2008年版，第1页。

⑤ 崔运政：《财政分权与完善地方财政体制研究》，北京：中国社会科学出版社，2012年版，第77页。

⑥ 贾康、阎坤：《中国财政：转轨与变革》，上海：上海财经出版社，2000年版，第34页。

⑦ 项怀诚：《中国财政体制改革》，北京：中国财政经济出版社，1994年版，第112页。

束软化，导致中央和地方互相侵权以及互相不断讨价还价关系，滋生地方保护主义。[①]王绍光在其《分权的底限》中认为当时财政“分权让利”的政策结果削弱了“国家能力”，致使中央政府的行政管理和经济调控能力大为下降。[②]到20世纪90年代初期，中国在某种程度上已经出现“弱中央、强地方”的趋向，正是基于对此趋势的重视，中央决策层启动了分税制改革。[③]按照“存量不动、增量调整、逐步调整中央的宏观调控能力，建立合理的财政分配制度”的原则，进行了分税制财政体制改革，对中央与地方事权及支出、收入进行划分，设立中央和地方两套税务机构，建立转移支付体系。通过此项改革，中国基本确定了中央与地方分级管理的公共财政总框架，通过规范中央和地方政府的收入分配方式和范围，规范中央和地方政府的分配关系，为构造中央与地方政府各自相对独立的财政运行系统和合理的政府间转移支付制度奠定制度基础，[④]并在此前提下，形成一个中央政府与地方政府之间灵活性和协调性相协调、宏观调控与地区发展相协调的国家财政运行模式。

（三）晋升锦标赛：中国式财政分权下央地关系的政治逻辑

中国式财政分权体制将经济的、社会的、政治的一系列目标下放给地方政府的同时，也将大量的经济自主权和财政资源下放，为地方政府提供了财政激励和政治激励。财政激励推动地方政府发展地方经济从而增加财政收入，政治激励推动当地方官员为了被提升促进经济发展。一方面，地方政府获得了稳定的财政收入，同时获得规模可观的转移支付；另一方面，通过任命、干部交流、晋升等手段，中央政府得以掌握较充分的信息，克服监督中的信息不对称问题，保证政府官员目标统一，选拔合适的人选。[⑤]中央政府从政治上按照一种相对经济增长绩效的指标来提拔官员，即地方官员的政治升迁与地方经济增长绩效挂钩，并在绩效考核时采用相对绩效评估办法，尽可能消除评估误差，加大激励效果。[⑥]

政治考核激励机制从20世纪80年代中期实行的“官员目标责任制”逐渐走向制度化，官员升迁的考核标准由过去以政治表现为主转变为以经济绩效为主，形成了基于地方经济发展的绩效观，为追求晋升最大化，地方政府官员尽可能促进本地

---

① 杨志勇：“关于中国财政体制改革的理论综述”，载杨之刚等：《财政分权与基层公共财政改革》，北京：经济科学出版社，2006年版，第74页。
② 王绍光：《分权的底限》，北京：中国计划出版社，1997年版，第26页。
③ 贾康、阎坤：《中国财政：转轨与变革》，上海：上海财经出版社，2000年版，第34页。
④ 贾康、李全：《中国地方财政运行及改革思路》，载高培勇、杨之刚、夏杰长等：《中国财政经济理论前沿（4）》，北京：社会科学文献出版社，2005年版，第233页。
⑤ 傅勇：《中国式分权与地方政府行为：探索转变发展模式的制度性框架》，上海：复旦大学出版社，2010年版，第36–42页。
⑥ 傅勇、张晏：“中国式分权与财政支出结构偏向：为增长而竞争付出的代价”，《管理世界》，2007年第3期，第4–12页。

区的经济增长。[①]张军把这种现象称为地方官员“为增长而竞争”。锦标赛作为一种激励机制的特性最早由Lazear和Rosen加以研究，其研究表明指出在产出难以直接观察或者观察成本非常高的时候，锦标赛激励和统计值优于其他激励机制，因为锦标赛机制的奖励依据与竞争者之间的相对排序，而不是绝对成绩，所以在锦标赛的机制在于驱使竞争者去赢得竞赛，这是锦标赛的激励效果。[②]就政府治理而言，政府官员工作的投入和产出往往难以衡量，政府内部的升迁类似于锦标赛机制，形成中央（或上级）政府制定一系列指标，由地方（或下级）政府实行的目标责任制。由于中央政府对地方政府的责任要求是全方位的，除了追求效率和经济增长目标外，还需要追求环境保护、医疗卫生、社会公平等其他目标。在不同时期，中央政府侧重点不同，长期而言是按照一种相对绩效来考核地方官员的。[③]周黎安等运用中国1979—2002年的省级官员数据考察了中国地方官员的晋升机制，研究发现经济绩效对省级官员的晋升有正的影响；在相对绩效考评中，在任官员相对于前任的经济绩效提高对其晋升有正相关关系，而周边省份的经济绩效的影响相对有限，因此，研究认为中央政府运用一种相对绩效来激励地方政府促进当地经济发展。在这种具有中国特色的激励地方官员推动地方经济发展的治理模式下，上级对下级的财政收入竞争（上级分成比例提高或上级对下级的财政规制加强）导致下级通过税收竞争、提高税收征管效率来弥补纵向财政竞争损失，[④]从而成为分析中国税收合法性和税负公平的制度基础之一。

第二节
税收公共性之维：中国宏观税负水平分析

国家对公民权利的保障需要支付成本，税收从财产的角度说明了国家存在的最基本关系——公共权力与公民权利之间的关系。在现代国家，税收的公共性最主要体现为公共收入与开支的科学性与透明性，通过国家公平高效地筹集和使用财政资金，为公民提供所需的公共产品与公共服务。由此，对中国税收公共性的分析可以从宏观税负的衡量指标、宏观税负与非税负担、宏观税负与财政支出三个方面展开。

① 徐现祥、李郇、王美今：“区域一体化、经济增长与政治晋升”，《经济学》（季刊），2007年第4期，第1075-1096页。
② Lazear，Edward P. and Sherwin Rosen（1981）. Rank-order Tournaments as Optimum Labor Contracts，Journal of Political Economy，Vol. 89，No. 5，October，p. 841-864.
③ Li，Hongbin and Li-An Zhou（2005）. Political Turnover and Economic Performance：the Incentive Role of Personnel Control in China，Journal of Public Economics，89，P.1743-1762.
④ 汤玉刚、苑程浩：“不完全税权、政府竞争与税收增长”，《经济学》（季刊），2010年第1期，第33-50页。

政府征税与纳税人缴纳税款，实际上就是税收负担的形成过程，税收负担水平的确定，直接关系到政府职能的履行和税收政策的实现。宏观税负水平的高低是影响一个国家经济增长的关键因素之一，因此，确定科学合理的税收负担水平非常重要。美国经济学者阿瑟·B. 拉弗（Laffer）提出拉弗曲线（Laffer Curve）（见图4-2），描述了税负水平、经济增长与税收收入的关系。

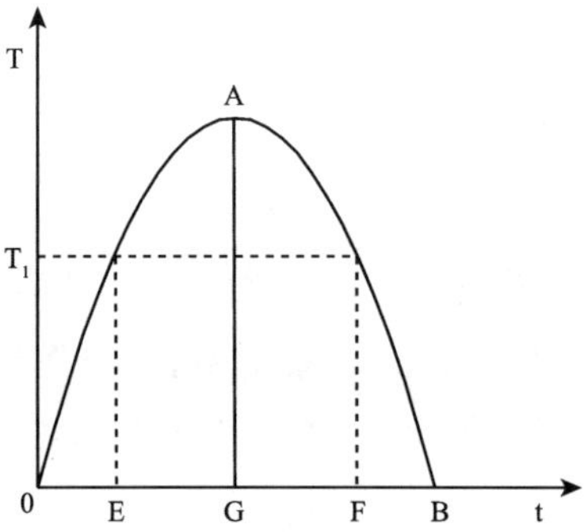

图4-2　拉弗曲线示意图

如图4-2所示，T表示税收收入，t表示税负水平，在一定的区间内当税负水平增长，政府的税收收入也相应增长。然而，一旦税负水平超过某个范围，随着税负水平提高，经济活动主体由于税负过重而导致生产积极性的下降，削弱劳动和资本的投入，导致经济的停滞或倒退，政府的收入反而会下降。因此，税负水平、经济增长和税收收入之间存在一种相互制约、相互依存的关系，税负水平必须适当，过高的税负水平会制约经济的增长。从理论上说，存在着一种兼顾经济增长与税收收入均衡状态的最优税负水平，三者的最佳结合在图中体现为A点，这就为合理确定税负水平提供了一定的理论依据。

一、税负衡量的指标

税负要通过一定的指标来反映，才能对税负规模、结构以及影响进行客观考察和分析比较。税负既可以从全体纳税人角度来考察，也可以从个别纳税人角度来分析。具体而言，大致可以划分为宏观税负衡量指标、中观税负衡量指标和微观税负衡量指标①。

① 王诚尧：《国家税收》，北京：中国财政经济出版社，2009年版，第79页。

1. 宏观税负衡量指标

宏观税负是指一国所有纳税人税负的总和，也称总体税负，是从整个社会或国内经济的角度来衡量税收负担水平。目前衡量全社会经济活动总量并可进行国际比较的指标有国民生产总值（Gross National Product，GNP）、国内生产总值（Gross Domestic Product，GDP）和国民收入（National Income，NI），因此反映宏观税收负担的指标主要有国民生产总值税负率、国内生产总值税负率和国民收入税负率。

（1）国民生产总值税负率（T/GNP），是指一定时期（通常为一年）内，一国税收收入总额（T）与同期国民生产总值（GNP）的比率，其反映一国的国民在一定时期内提供的全部财产和服务所承受的税收负担情况，其计算公式为：

国民生产总值税负率（T/GNP）=一定时期税收收入总额/同期国民生产总值 ×100%

（2）国内生产总值税负率（T/GDP），是指一定时期（通常为一年）内，一国税收收入总额（T）与同期国内生产总值（GDP）的比率，其反映一国的本国居民和外国居民在一定时期内在国内提供的全部财产和服务所承受的税收负担情况，其计算公式为：

国内生产总值税负率（T/GDP）=一定时期税收收入总额/同期国内生产总值 ×100%

（3）国民收入税负率（T/NI），是指一定时期（通常为一年）内，一国税收收入总额（T）与同期国民收入（NI）的比率，其反映一定时期内新创造的价值的税收负担情况，其计算公式为：

国民收入税负率（T/NI）=一定时期税收收入总额/同期国民收入总值 ×100%

在上述三项衡量宏观税收负担的指标中，国际较为通用的是前两个指标，而由于GNP中有一部分是本国拥有的生产要素在国外生产最终产品的价值，为了避免重复征税，以GDP税负率来衡量税收负担水平更具准确性，目前国际经济组织及世界多数国家大多采用此标准衡量和比较各国的宏观税负。宏观税负的确定实质是一个财政职能的实现问题，既关系到资源配置效率，也关系到社会公平和经济稳定与发展。如果宏观税负率过低，政府可供支配收入过少，难以满足公共支出需要；而如果宏观税负率过高，不仅影响民间部门的可支配收入，还会造成民间部门对资本和劳动的投入的减少，从而造成税收收入的减少。

2. 中观税负衡量指标

中观税负率是指各地区、产业、部门或行业的销售收入或净产值中税收的比重，具体包括：

（1）地区税负率，是指某一地区在一定时期税收收入总额与该地区国内生产总值的比率。其计算公式为：

地区税负率=该地区一定时期税收收入总额/该地区同期国内生产总值 ×100%

地区税负是全国宏观税负的缩影，对其研究有利于了解各地区的税源结构，分析税收制度及政策与国家地区经济发展战略的协调状态。[①]

（2）行业或部门税负率，是指某一国民经济行业或部门在一定时期内所缴纳的税收收入总额占该行业或部门产值的比率。其计算公式为：

行业或部门税负率＝该行业或部门一定时期税收收入总额/该行业或部门同期国内生产总值 ×100%

通过对行业或部门税负率的分析，可以考察税收政策与宏观产业政策的协调状况以优化税收制度。

3. 微观税负衡量指标

微观税负分析纳税人或负税人个体，反映税收负担的结构分布和纳税人的税负状况。衡量微观税负的指标主要有企业综合税负率和个人所得税税负率。

（1）企业综合税收税负率，是指在一定时期内，企业缴纳的各种税收总额与同期企业盈利或各项收入总额的比率。其公式表示为：

企业综合税收税负率＝企业一定时期实缴各税总额/同期企业各项收入总额 ×100%

该指标可以表明国家以税收参与企业创造的纯收入分配的规模，可以用来比较企业间的总体税负水平，通过对此指标的进一步分析，还可以得出各税种在企业缴纳税收中的比重。

（2）个人所得税税负率，是指一定时期内，个人所缴纳的所得税与个人所得总额的比率。其公式表示为：

个人所得税税负率＝一定时期个人实缴所得税总额/同期个人所得总额 ×100%

这个指标体现了国家运用税收手段参与个人所得分配的程度。

一个国家的税负水平，既要能达到保证国家财政支出的需要，又必须考虑各地区、产业、行业之间的税负均衡，以处理好国家与纳税人、纳税人与纳税人相互之间的利益分配关系，才能有效发挥税收调节宏观经济、调节国民分配收入的作用。

二、中国宏观税负衡量指标

宏观税负是从整个社会或国民经济的角度来衡量税收负担水平，反映的是税收与国民经济总量之间的关系，西方国家政府收入体系比较规范，税收负担一般通过一定时期政府财政收入占同期国内生产总值（GDP）的比重来反映。而且西方国家

---

① 许善达：《国家税收》，北京：中国税务出版社，1999年版，第46页。

财政收入中绝大部分是税收收入，政府收入与财政收入基本上是同一个概念，尽管各国都或多或少地存在着税外收费，但都要纳入预算，而且在政府收入中所占比重有限，因此，政府可支配财力的水平大体上能通过税收收入占GDP的比重来反映。而由于中国正处于经济转型期，政府收入形式还不够规范，不仅包括预算内财政收入，还包括预算外收入，以及各级政府及其部门收取的没有纳入预算内和预算外管理的制度外等收入。由此中国形成了以税收收入、财政收入（预算内收入）和政府收入占GDP比重的三个口径宏观税负衡量指标。①以上三种统计口径的税收负担指标，需要根据不同的研究目的进行选择。“小口径”的税收负担能准确反映纳税人经济水平与实际纳税额间的比例关系，但在税收收入形式不规范、难以完整体现政府可支配财力的情况下，“小口径”的税收负担就不能准确反映纳税人的实际负担；②“中口径”税收负担统计数据较易获得，可以说明在政府取得的收入中财政真正能够有效管理和控制的水平；“大口径”税负能够最为真实、全面地反映政府集中财力的程度和整个国民经济的负担水平，但存在着统计数据和技术的障碍等问题。因此，单纯用税收收入占GDP的比重的小口径税收负担来衡量中国税收负担并不能完全说明其内在的实质问题，而是要根据不同的衡量口径综合进行考察。

国内学者普遍认为，大口径的宏观税收负担实际反映的是在国民收入分配中，政府部门所取得的份额，因此更能真实反映纳税人的实际负担。在大口径宏观税负的测算中，虽然政府财政收入名义上以税收为主，但由于中国特殊的财政统计制度和财政数据披露状况，实际上还存在大量的行政事业性收费、政府性基金、社会保障费收入、国有资产有偿使用收入、罚没收入以及各部门和地区“自立规章、自收自支”的各种收费、罚款、集资、摊派收入等，大量的资金实际上处于财政控制之外而很难精确统计。国内的研究机构和学者对中国的财政收支规模进行了估算，但由于政府收入的定义、计算方法、数据来源不一，所以估算的结果存在较大差距。因此，本研究基于国际可比较的视角，结合IMF（2001）的《政府财政统计手册》、中国的政府收支分类标准以及中国社会科学院财政与贸易研究所《“十二五”时期的财政收支规模》一文中的标准，将一般公共预算收入、政府性基金收入、国有资本经营收入、社保基金收入等③作为中国政府性收入，对中国大口径宏观税负进行统计与分析，并结合小口径与中口径的宏观税负，考察税收负担不同口径的变化情况。因为中国1994年分税制改革前后的税收制度有很大差别，从可比性角度出发，主要从1994年开始考察中国宏观税负的变化。

① 安体富、岳树民：“我国宏观税负水平的分析判断及其调整”，《经济研究》，1999年第3期，第41–47页。
② 辛波：“从有效政府的角度看我国对税收负担率的合理选择”，《管理世界》，2005年第12期，第24–34页。
③ 中国社会科学院财政与贸易研究所课题组：“‘十二五’时期的财政收支规模”，《经济研究参考》，2011年第3期，第30–46页。

1994年中国分税制改革，建立中央税收和地方税收体系，分设中央与地方两套税务机构，逐步建立适应市场经济和现代税制要求的税收征管运行机制，为中国经济的转型升级提供了强有力的支撑。随着经济的高速发展，税收收入规模的壮大，宏观税负也呈现持续攀升趋势。世纪之交，我国税收收入突破万亿元大关（见表4-2）。自2012年起，我国实行了一系列减税降费措施，税收增长趋缓。

表4-2 1994—2019年中国不同口径宏观税负情况

年份	GDP（亿元）	政府性收入（亿元）	一般公共预算收入（亿元）	税收收入（亿元）	大口径宏观税负（%）	中口径宏观税负（%）	小口径宏观税负（%）
1994	48637.5	5960.1	5218.1	5126.9	12.25	10.73	14.49
1995	61339.9	7248.2	6242.2	6038.0	11.82	10.18	14.57
1996	71813.6	8660.4	7408.0	6909.8	12.06	10.32	14.93
1997	78715.0	11696.0	8651.1	8234.0	14.86	10.99	15.36
1998	85195.5	13283.5	9876.0	9262.8	15.59	11.59	15.86
1999	90564.4	15694.0	11444.1	10682.6	17.33	12.64	16.89
2000	100280.1	18178.2	13395.2	12581.5	18.13	13.36	16.99
2001	110863.1	21458.5	16386.0	15301.4	19.36	14.78	17.08
2002	121717.4	25475.9	18903.6	17636.5	20.93	15.53	17.76
2003	137422.0	29894.9	21715.3	20017.3	21.75	15.80	18.39
2004	161840.2	36270.2	26396.5	24165.7	22.41	16.31	18.68
2005	187318.9	43814.4	31649.3	28778.6	23.39	16.90	18.64
2006	219438.5	54213.4	38760.2	34804.4	24.71	17.66	18.52
2007	270092.3	88510.5	51321.8	45622.0	32.77	19.00	18.13
2008	319244.6	90455.3	61330.4	54223.8	28.33	19.21	17.47
2009	348517.7	103973.2	68518.3	59521.6	29.83	19.66	17.35
2010	412119.3	138739.6	83101.5	73210.8	33.66	20.16	17.01
2011	487940.2	171155.9	103874.4	89738.4	35.08	21.29	14.49
2012	538580.0	187023.1	117253.5	100614.3	34.73	21.77	14.57
2013	592963.2	209130.6	129209.6	110530.7	35.27	21.79	14.93
2014	643563.1	225595.4	140370.0	119175.3	35.05	21.81	15.36
2015	688858.2	229676.9	152269.2	124922.2	33.34	22.10	15.86

续表

年份	GDP（亿元）	政府性收入（亿元）	一般公共预算收入（亿元）	税收收入（亿元）	大口径宏观税负（%）	中口径宏观税负（%）	小口径宏观税负（%）
2016	746395.1	243923.1	159605.0	130360.7	32.68	21.38	16.89
2017	832035.9	276197.6	172592.8	144369.9	33.20	20.74	16.99
2018	919281.1	314199.5	183359.8	156402.9	34.18	19.95	17.08
2019	990865.1	337191.4	190390.1	158000.5	34.03	19.21	15.95

资料来源：根据历年中国统计年鉴、部分年度统计公报、全国财政决算、预算草案报告（财政部网站）等整理。

根据表4-2的测算结果可知，1994年中国分税制改革以来，随着中国经济发展、产业结构调整和经济效益改善，特别是随着我国税收征管质量和效率的不断提高，大口径和中口径的宏观税负基本呈整体上升趋势，大口径的宏观税负从1994年的12.25%上升至2011年的32.65%，中口径宏观税负从1994年的10.73%上升至2019年的19.21%。小口径宏观税负呈现出阶段性的变化，1994—2010年呈稳步上升趋势，从1994年的14.49%上升到2010年的17.01%，从2011年起，小口径宏观税负进入缓慢下降及平稳时期。2019年，小口径宏观税负回落至15.95%。根据以上数据，我们可以直观地看到1994年以来中国大、中、小宏观税负口径的变化情况（见图4-3）。

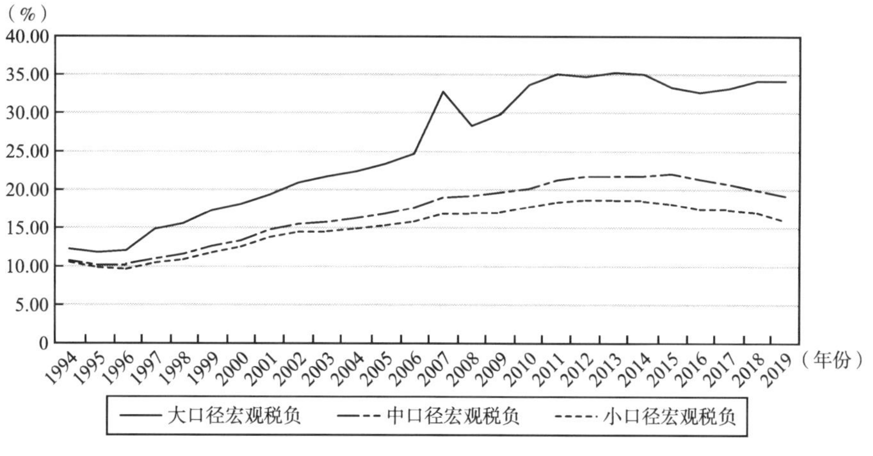

图4-3　1994—2019年我国不同口径宏观税负变化情况

对于税收收入与宏观税负的高速增长，国内学者展开了多层次、多角度的分析，主要有以下几种观点：一从经济角度出发，认为经济增长、物价上涨、产业结构升级、所有制结构的优化和居民收入的快速增长是税收快速增长的原因，[①]中国正

① 安体富："如何看待近几年我国税收的超常增长和减税的问题"，《税务研究》，2002年第8期，第10-17页。

处于税收增长红利集中释放期。[①]二是从分税制改革的角度出发，认为分税制的税收分权契约性质具有强烈的税收激励作用，分税制改革使税收从以分成合同和定额合同为主向分税合同为主的契约形式转变，[②]提高了税务部门征税能力和税收努力。曹广忠、袁飞、陶然指出地方政府在现有分税制和政治考核体制下为竞争投资，为推动产生较高税收建筑业、制造业、房地产业等快速发展而低价出让土地，是税收高速增长的主要原因。[③]三是从税制结构[④]和政策因素[⑤]出发，认为现行税制的累进税率和间接税的制度设计[⑥]放大了纳税人的纳税能力。四是从管理角度出发，认为分税制以来无论是中央税收部门还是地方税收部门都加强了税收征收管理，对税收高速增长起到了重大作用。[⑦]高培勇进一步指出中国现行税制诞生时预留了很大的征管空间是加强税收管理能促进税收增长的根本原因，从而也为法定税负水平和实征税负水平之间的巨大反差埋下了伏笔。尽管1994年分税制以来政府没有采取旨在增税的税制调整，但是凭借税务部门加强征管的税收努力，不仅使中国税收收入逐年快速增长，远超GDP的增长速度，而且，实征税负水平与法定税负水平和之间的差距已经在逐步缩小。[⑧]

随着经济社会的发展和改革的逐步深入，中国的税制改革也在不断深化。2012年以来，通过“营改增”、简化税率结构、支持创新发展等一系列政策，不断深入推进以“减税降费”为主线的税制改革，从而我国财税体制改革使宏观税负呈现阶段性特征。在前述税收制度变迁的论述中，回顾我国1994—2019年的税收制度变迁过程，可以划分为两个阶段：适应社会市场经济时期的税收制度（1994—2011年）和全面深化财政体制改革阶段的税收制度（2012年至今），两个阶段的三个口径平均宏观税负变化如图4-4所示。三个口径宏观税负呈逐阶段增长趋势，小口径宏观税负极差相对温和，大口径、中口径宏观税负级差较大。在适应社会市场经济时期的税收制度阶段（1994—2011年），“分税制”带来强有力税收激励，税收收入的高速增长推动了财政收入的同步增长，大、中、小三个口径宏观税负稳步增长。在全面深化财政体制改革的税收制度阶段（2012年至今），我国通过全面推开“营改增”试点、简并和降低增值税税率、提高个税减除费用标准、实施小微企业普惠减税等一系列减税降费政策，解经济之困，减企业之负，保障发展之稳，支持经济社会发展。

---

①②⑥ 吕冰洋、郭庆旺“中国税收高速增长的源泉：税收能力和税收努力框架下的解释”，《中国社会科学》，2011年第2期，第77-90页。

③ 曹广忠、袁飞、陶然：“土地财政、产业结构演变与税收超常规增长——中国‘税收增长之谜’的一个分析视角”，《中国工业经济》，2007年第12期，第13-21页。

④ 李方旺：“2000—2005年我国税收收入增长的数量特征与新一轮税制改革”，《税务研究》，2006年第8期，第3-10页。

⑤ 贾康、刘尚希、吴晓娟、史兴旺：“怎样看待税收的增长和减税的主张——从另一个角度的理论分析与思考”，《管理世界》，2002年第7期，第24-30页。

⑦ 安体富：“如何看待近几年我国税收的超常增长和减税的问题”，《税务研究》，2002年第8期，第10-17页。

⑧ 高培勇：“中国税收持续高速增长之谜”，《经济研究》，2006年第12期，第13-23页。

“十三五”时期，新增减税降费规模合计超过7.6万亿元。[①]这个期间税收增长呈放缓趋势，大、中、小三个口径的宏观税负稳中有降。

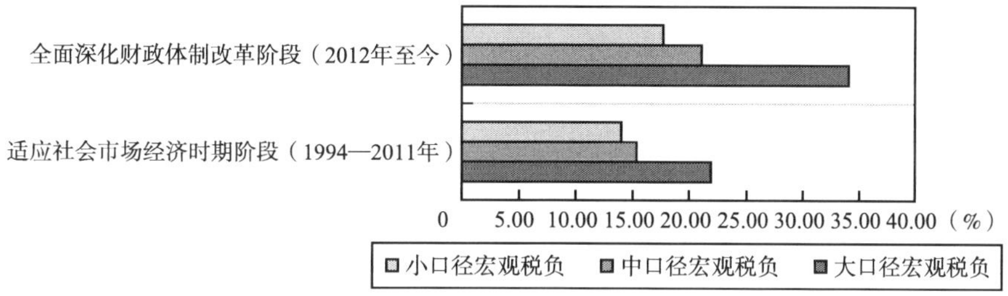

图4-4　1994—2019年我国不同阶段宏观税负对比情况

三、中国宏观税负与非税负担分析

税收负担的评价指标是一组数据群，如果多个指标和数据聚集于同一指向，那么应该可以得到宏观税负水平的明确判断。但由于各方采用的指标、使用的方法、分析的视角、研究的口径不同，得出的结论也大相径庭。朱青认为衡量一个国家（而非个别企业）税负的高低，主要是看宏观税负，即全部税收收入占国内生产总值（GDP）的比重，中国的宏观税负与发达国家和其他发展中国家相比都是偏低的，[②]这是从小口径的宏观税负去判定中国的税负水平。辛波从“中口径”的宏观税负的角度出发，认为中国与其他发展中国家相比宏观税负水平偏低。[③]杨中全等按照国际统计口径，调整税收收入，将使经济增长最大化设定为宏观税负的最优化目标，使用计量经济学方法计算出中国最优的宏观税负水平，指出中国宏观税负水平是适度的。[④]安体富认为，中国政府收入除了包括财政收入外，还包括预算外收入、制度外收入、土地出让金收入等，因而税收占GDP的比重不能反映政府可支配财力水平和国民税收负担水平，更不能脱离政府收入水平孤立研究宏观税负。他指出目前中国政府大口径的宏观税负偏高，而中、小口径的宏观税负与当前经济社会发展大体上是相适应的。[⑤]本研究认为，由于中国政府除了税收以外有大量其他政府非税收入形式存在，中国的非税收入是政府收入体系的重要组成部分，包含政府性基金、社会保障基金收入、土地出让收入、预算内非税收入、预算外收入等多项内

① http://www.chinatax.gov.cn/chinatax/n810214/n810631/c5165804/content.html国家税务总局网站，十组税收数据反映“十三五”期间中国经济社会发展取得新的历史性成就。

② 朱青：“对我国税收负担和减税问题的剖析”，《税务研究》，2008年第11期，第11-14页。

③ 辛波：“从有效政府的角度看我国对税收负担率的合理选择”，《管理世界》，2005年第12期，第24-34页。

④ 杨中全、邹俊伟、陈洪宛：“中国宏观税负、非税负担与经济增长”，《中央财经大学学报》，2010年第3期，第11-16页。

⑤ 安体富：“我国宏观税负水平多维视角解析”，《广东商学院学报》，2011年第1期，第26-31页。

容，[①]其超常规增长和无序膨胀却是中国在体制转轨时期出现的一种特殊现象。因此大口径宏观税负要远高于小口径的宏观税负。不同口径的宏观税负反映的问题不同，而要讨论税负公平，必须对税收收入和非税收入进行区分，从而衡量国民经济不同统计口径下的负担水平，以便把握严格意义上的税收负担与实际税收负担的差别。

由图4-5数据得知，随着大、中口径税收负担的逐年增长，非税负担也呈逐年增长的态势，从1994年的1.75%逐年波动攀升至2018 年的 18.08%，这与大口径宏观税负走势基本吻合。一般预算收入之外的政府性收入规模增长导致大口径宏观税负提高，加大了与中、小口径宏观税负之间的差距。以社会保障基金为例，从2000年开始完善城镇社会保障体系试点至2020 年建立起覆盖全民的社会保障体系，社会保障基金收入共征收 628490.1亿元，年均增长率超过税收收入。由于非税收入的征收依据和管理方式等都与税收不同，因此，在判断中国的宏观税负时须区分小口径和大口径的宏观税负。小口径的宏观税负是严格意义上的税收负担，即税收收入与GDP的比重，而大口径的宏观税负是包含非税收入的税收负担，即政府收入占GDP的比重。就小口径的宏观税负而言，2019年中国15.95%的宏观税负不高，但如果加上非税收入，2019年中国的大口径宏观税负就达到34.03%，这个数字就不低了，也就是说，各种预算中的非税收入、预算外收入、政府性基金等拉高了中国大口径宏观税负水平。因此需要在保持当前总体宏观税负水平稳定的同时确定科学合理的宏

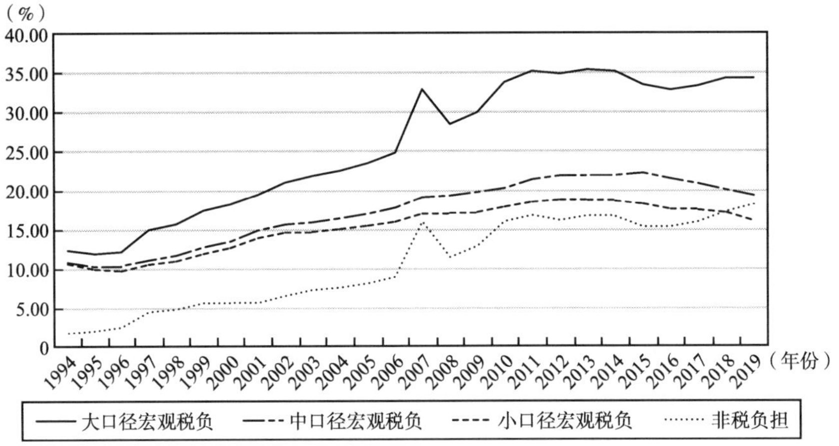

图4-5 1994—2019年中国宏观税收负担与非税负担比较

资料来源：根据历年中国统计年鉴、部分年度统计公报、全国财政决算、预算草案报告（财政部网站）等整理。

① 中国社会科学院财政与贸易研究所课题组："'十二五'时期的财政收支规模"，《经济研究参考》，2011年第3期，第30-46页。

观税负水平，保证税收能够满足财政需要，发挥其优化资源配置、调节经济运行和收入分配的职能，并通过规范各种非税收入和费改税等措施调整政府收入结构，优化非税收入的比重，并在制度上不断健全非税收入机制，这样才能从根本上理顺税收负担与非税负担的关系。

四、中国宏观税负与财政支出分析

对于中国的宏观税负水平，高培勇认为现有的围绕中国税负水平问题的议论多是局限于收入一个线索上，单纯就税收收入规模数字论及企业和居民的税收负担，或者将税收收入与国民收入联系起来作简单比较。而税收收入终归是作为支撑财政支出的基础来收取的，至少其中的与百姓生活直接相关的福利性支出在某种程度上应算作税收负担的抵充项目，也就是说只有从财政收入与财政支出相联系，价格高低与质量好坏相对接的线索上去评判税负水平才可能得出比较全面的合乎情理的结论。[①]因此，不光要考虑政府向纳税人征收了多少税，更要从人民福利水准提升的标准来分析，从财政支出的视角，充分考虑有多大部分税收收入真正做到“取之于民、用之于民”，考察政府为公民提供的公共产品及公共服务的数量与质量，政府所取得的收入是否增进了国民福祉，建立“以人为本”的规范收支关系，将更有助于从更深层面把握中国宏观税负水平。

财政支出是政府参与资源配置的一种方式，可以根据不同需要、依照不同的标准进行划分和归类。国际通行的统计分类方法有财政支出功能分类和财政支出经济分类。经济分类反映政府支出的经济性质和具体用途，支出功能分类反映政府的职能活动，这两种分类方式从不同侧面、不同角度反映了政府支出活动。中国的财政支出在2007年之前主要是按中国传统的支出分类方式集成的，其分类标准不够统一，部分支出按功能分类，部分支出按经济性质分类，主要分为经济建设支出、社会文教支出、国防支出、行政管理支出和其他支出五大类，从而形成兼具功能分类和经济分类的“支出功能经济分类法”。[②]2007年中国进行收支分类改革，将财政支出划分为一般公共服务、外交、国防、公共安全、教育等17个类别，为财政支出结构的国际比较提供了可能。由于财政支出结构反映了一国（地区）政府配置资源的重点和方向，本研究讨论的焦点是财政支出为公民提供的公共产品及公共服务占总支出的比重，并在此基础上分析中国的税负公平问题，因此重点按功能性质分类分

---

① 高培勇：“什么才是衡量税负水平高低的根本标准”，《财会研究》，2012年第5期，第20–21页。
② 中国社会科学院财政与贸易研究所课题组：“‘十二五’时期的财政支出规模”，《经济研究参考》，2011年第3期，第46–67页。

析对财政支出结构。针对2007年中国财政支出统计口径发生变化的情况，分别对1994—2007年和2008—2019年的财政支出结构进行分析。

由表4-3数据得知，1994年以来，中国经济建设支出在财政支出中占有很大比重，但呈现逐年下降趋势，从1994年的41.3%下降至2006年的26.6%；国防支出缓慢下降，从1994年的9.5%降至2006年的7.4%；社会文教支出所占比重维持在25%左右，基本呈现稳中有升的状态，并在2006年首次取代经济建设费成为财政支出中占比最大的一项开支；行政管理支出增长较快，从1994年的14.6%增至2006年的18.7%；其他支出也有较大增长，从1994年的8.6%增至2006年的20.5%。

表4-3 1994—2006年中国财政按功能性质分类支出结构 单位：%

年份	国防支出	行政管理	经济建设	社会文教	其他支出
1994	9.5	14.6	41.3	25.9	8.6
1995	9.3	14.6	41.9	25.7	8.5
1996	9.1	14.9	40.7	26.2	9.0
1997	8.8	14.7	39.5	26.7	10.2
1998	8.7	14.8	38.7	27.1	10.7
1999	8.2	15.3	38.4	27.6	10.5
2000	7.6	17.4	36.2	27.6	11.2
2001	7.6	18.6	34.2	27.6	12.0
2002	7.7	18.6	30.3	26.9	16.5
2003	7.7	19.0	28.0	26.2	18.9
2004	7.7	19.4	27.9	26.3	18.8
2005	7.3	19.2	27.5	26.4	19.7
2006	7.4	18.7	26.6	26.8	20.5

资料来源：《中国统计年鉴》，北京：中国统计出版社，2007年版。

表4-4 2007—2019年中国按功能性质分类财政支出结构 单位：%

项目＼年份	2007	2008	2009	2010	2011	2012	2013	2014	2015	2016	2017	2018	2019
一般公共服务	17.1	15.65	12.01	10.39	10.06	10.08	9.81	8.74	7.70	7.88	8.13	8.32	8.52
外交	0.43	0.38	0.33	0.3	0.28	0.27	0.25	0.24	0.27	0.26	0.26	0.27	0.26
国防	7.14	6.68	6.49	5.93	5.52	5.31	5.29	5.46	5.17	5.20	5.14	5.11	5.08
公共安全	7	6.49	6.22	6.14	5.77	5.65	5.55	5.51	5.33	5.88	6.14	6.24	5.82
教育	14.31	14.39	13.68	13.96	15.1	16.87	15.69	15.18	14.94	14.95	14.85	14.56	14.57
科学技术	3.58	3.4	3.6	3.62	3.5	3.54	3.63	3.50	3.33	3.50	3.58	3.77	3.97

续表

项目＼年份	2007	2008	2009	2010	2011	2012	2013	2014	2015	2016	2017	2018	2019
文化教育传媒	1.81	1.75	1.83	1.72	1.73	1.80	1.81	1.77	1.75	1.68	1.67	1.60	1.71
社会保障就业	10.94	10.87	9.97	10.16	10.17	9.99	10.33	10.52	10.81	11.50	12.12	12.23	12.30
卫生健康	4	4.4	5.23	5.35	5.89	5.75	5.91	6.70	6.80	7.01	7.12	7.07	6.98
节能环保	2	2.32	2.53	2.72	2.42	2.35	2.45	2.51	2.73	2.52	2.77	2.85	3.09
城乡社区事务	6.52	6.72	6.69	6.66	6.98	7.21	7.96	8.54	9.03	9.80	10.1	10.02	10.42
农林水事务	6.84	7.26	8.81	9.05	9.1	9.51	9.52	9.34	9.88	9.90	9.40	9.55	9.57
交通运输	3.85	3.76	6.09	6.11	6.86	6.51	6.67	6.85	7.03	5.59	5.26	5.11	4.95
住房保障支出	—	—	0.95	2.64	3.5	3.56	3.20	3.32	3.30	3.61	3.23	3.08	2.68

资料来源：《中国统计年鉴》，北京：中国统计出版社，2008—2020年版。

通过表4–3、表4–4数据得知，2007年以来中国财政支出的统计口径和支出结构也作出较大的调整，在分类上更加详细和具体，在2009年增加了住房保障支出。在财政支出结构中，一般公共服务、外交、国防等支出总体呈下降趋势，城乡社区事务、卫生健康、农林水事务等支出总体呈上升趋势。2019年，教育、社会保障与就业和一般公共服务三项支出比重分别为14.57%、12.30%和8.52%（见图4–6），处于中国财政支出的前三位，而且从2009年起，教育支出所占比重已跃居财政支出首位。

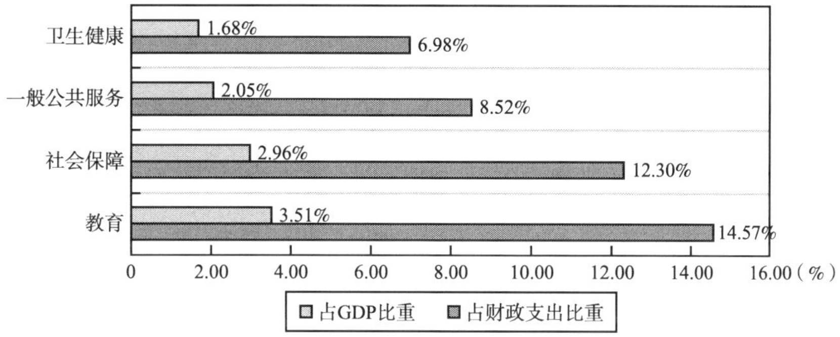

图4–6 2019年中国主要财政支出项目占比

资料来源：《中国统计年鉴》，北京：中国统计出版社，2008—2020年版。

通过对1994—2019年中国财政按功能性质分类财政支出结构的分析，一方面可以看出财政支出越来越向以教育、就业、医疗、社会保障和住房为代表的基本民生事项倾斜，中国财政支出结构的转变与中国政府向公共服务型政府转型的进程是基本吻合的；另一方面，虽然中国政府在医疗、社会保障、教育等公共服务方面加大了支出力度，但是仍然存在较大的缺口。首先，1994年以来教育支出比重连年上升，2019年教育支出占财政支出的14.57%，占GDP的3.51%，但仍低于一般发展中国家4%的平均水平，更低于发达国家6%的平均水平；其次，卫生健康支出比重也是逐年上升，2019年卫生健康占财政支出总额比重为6.98%，占GDP比重为1.68%，低于OECD国家10%—20%和5.5%的水平；最后，社会保障与就业支出稳定在10%左右，2017年开始达到12%，2019年其占GDP比重为2.35%，与OECD国家社会保障支出占GDP平均20%的比重相比相对较小[①]。

教育、医疗卫生、社会保障等支出直接涉及人民群众的切身利益，也是体现民生财政的关键性支出。谢舜等学者的研究表明从生产型政府向公共服务型政府转型，把财政收入高效率地用于民众最需要的科教文卫和社会保障支出能显著提高民众的幸福感。[②]如果政府真正将政府财政收入用于提供社会急需的教育医疗卫生和社会保障等公共产品和公共服务的方式将纳税人税收进行返还，民众会得到更多的公共服务与效用。[③]随着经济的发展与增长，中国宏观税负上升虽然带动了财政支出绝对额的增长，但财政支出中民生财政支出份额亟待提高，因此，通过考察宏观税负与财政民生支出的关系得知，中国宏观税负水平与中国民生财政支出并不匹配，财政支出中民生支出的增长滞后于税负水平的增长。由此可知，虽然中国的小口径宏观税负水平并不高，但由于各种非税收入占政府财政收入比重较大，导致非税负担偏高，大口径宏观税负水平偏高，加之在税负增加的与民生支出方面的提高并不同步，纳税人没有享受到相应的公共服务与福利水平，从而加重了公众的税痛感。

第三节 税收可持续性之维：中国税负公平的结构分析

税收可持续发展体现的是一种发展目标：通过税负公平的实现促进自然资源、

① 中国社会科学院财政与贸易研究所课题组："'十二五'时期的财政支出规模"，《经济研究参考》，2011年第3期，第46-67页。

② 谢舜、魏万青、周少君："宏观税负、公共支出结构与个人主观幸福感"，《社会》，2012年第6期，第86-106页。

③ 刘尚希："公共支出范围：分析与界定"，《经济研究》，2002年第6期，第77-85页。

生态环境和经济社会的可持续发展，既满足当代人的需要，又不对后代人满足其需要的能力构成危害。税收的可持续发展要求税收的发展应当建立在生态可持续能力、社会公正和人们积极参与自身发展的决策的基础上，既强调地区间、企业间、纳税人间的税负公平，也强调通过税负代际公平实现对自然资源环境保护，使后代人拥有同样的发展机会，从而实现税收的代内公平和代际公平。由于中国幅员辽阔，各地区发展不均衡，并且由于政策和执行等因素的存在，不同地区、不同所有制和不同行业之间的税收负担存在明显差异。因此，中国税收可持续性可以从地区间、产业间、所有制间、社会阶层间和代际间税负公平状况展开分析。

一、中国税负公平的区域结构分析

宏观税负不仅要考察总体状况，更要了解不同区域的宏观税负的特点，分析区域差异及变化趋势，在此基础上进行税负公平的区域结构的分析，本研究基于2010—2019 年我国省级面板数据，运用泰尔指数分析我国区域宏观税负特点、差异及变化趋势。

（一）区域单元划分

地区经济发展的不均衡具有一定的空间体系结构，根据自然条件、资源禀赋、经济发展水平和地理位置等可以将中国31个省、市、自治区划分为东、中、西部三大经济区。[①]详细划分情况如表4-5所示，在此基础上对中国税负的地区差异进行分析（见表4-6）。

表4-5　　三大经济区划分情况

区域	省、市、自治区个数	区域内的省、市、自治区
东部地区	11	北京、天津、上海、河北、辽宁、山东、浙江、江苏、福建、广东、海南
中部地区	8	山西、黑龙江、吉林、安徽、河南、江西、湖北、湖南
西部地区	12	广西、四川、重庆、贵州、云南、陕西、甘肃、青海、内蒙古、宁夏、西藏、新疆

① 孙玉栋：《中国税收负担问题研究》，北京：中国人民大学出版社，2006年版，第144页。

表4-6　　2010—2019年中国各地区宏观税负情况　　单位：%

地区	年份	2010	2011	2012	2013	2014	2015	2016	2017	2018	2019
东部地区	北京	43.1	47.6	48.6	48.9	49.1	49.3	47.5	46.3	43.6	38.6
	天津	29.6	30.3	29.3	27.9	27.3	23.9	22.6	24.1	23.8	32.5
	上海	45.6	48.0	48.6	49.1	49.3	49.3	49.1	49.2	48.6	43.9
	辽宁	11.5	11.5	12.9	12.3	11.2	9.0	11.9	12.5	12.6	13.3
	河北	11.7	12.2	13.0	12.7	12.7	12.6	12.3	13.5	14.3	15.0
	山东	9.8	10.4	11.1	10.9	10.8	10.2	9.5	10.2	10.8	11.9
	江苏	17.5	18.3	18.8	18.4	18.5	18.6	17.2	16.4	16.7	15.5
	浙江	14.2	14.7	15.6	15.	15.3	15.1	14.8	15.1	15.8	14.8
	福建	10.6	11.1	11.8	12.2	12.3	11.5	10.1	9.8	9.6	8.2
	广东	15.3	15.8	16.5	16.2	16.4	16.2	15.5	16.0	16.1	14.4
	海南	23.0	24.5	25.1	23.8	24.2	24.3	23.4	24.3	25.9	23.7
中部地区	山西	17.8	18.1	19.1	17.9	16.5	14.6	13.8	16.0	17.2	18.4
	吉林	12.4	13.3	14.2	14.4	14.3	13.3	13.1	13.2	13.1	15.2
	黑龙江	12.6	14.4	15.3	15.4	14.7	12.5	10.8	11.9	12.9	14.5
	安徽	13.4	14.0	14.6	14.4	14.8	15.0	14.3	14.5	14.7	12.2
	江西	11.9	12.2	13.5	13.9	14.5	14.9	14.0	14.4	14.9	13.9
	河南	8.3	8.8	9.7	10.2	10.4	10.6	9.9	10.3	10.8	9.9
	湖北	11.1	11.4	12.5	12.8	13.3	13.6	13.0	13.3	13.1	11.4
	湖南	9.4	9.7	10.8	11.0	10.9	11.0	10.3	11.1	11.5	10.6
西部地区	广西	11.1	11.8	13.1	12.6	12.6	12.3	11.7	12.6	12.7	12.4
	重庆	13.7	14.2	14.7	15.2	15.6	15.8	14.7	14.3	14.8	12.4
	四川	12.1	12.8	14.0	14.2	14.2	13.8	13.1	13.1	13.6	12.3
	贵州	17.6	18.0	19.2	19.2	19.4	18.2	16.7	16.4	17.0	14.8
	云南	22.7	22.4	23.4	22.5	21.8	20.1	17.8	17.5	18.6	15.3
	陕西	16.0	16.8	17.2	16.1	15.2	14.6	12.3	13.8	14.6	14.3
	甘肃	14.7	15.0	15.9	14.9	15.3	17.2	16.3	17.0	16.7	15.0
	青海	14.9	15.2	16.0	16.2	15.4	14.2	12.2	13.8	13.8	13.1
	内蒙古	13.3	13.9	14.0	13.5	11.7	12.1	12.2	14.9	14.9	16.1
	宁夏	15.1	15.4	17.4	17.7	17.3	17.1	16.0	16.6	16.4	15.5
	西藏	9.9	15.7	21.6	17.8	18.5	18.7	22.1	25.5	27.0	22.4
	新疆	20.1	21.6	22.2	21.0	20.5	19.0	19.1	19.2	18.2	16.0

资料来源：《中国统计年鉴》，北京：中国统计出版社，2011—2020年版；《中国税务年鉴》，北京：中国税务出版社，2002—2012年版。

通过表4-6所列数据，可以整理出按东、中、西经济区表示的区域税收负担情况（见表4-7）。

表4-7　2010—2019年中国分区域宏观税负情况　单位：%

地区＼年份	2010	2011	2012	2013	2014	2015	2016	2017	2018	2019
东部地区	21.3	22.4	23.3	22.9	23.1	22.8	21.8	21.9	22.0	21.0
中部地区	12.1	12.7	13.7	13.8	13.7	13.2	12.4	13.1	13.5	13.3
西部地区	15.1	16.1	17.4	16.8	16.5	16.1	15.3	16.2	16.5	15.09

资料来源：《中国统计年鉴》，北京：中国统计出版社，2011—2020年版；《中国税务年鉴》，北京：中国税务出版社，2002—2012年版。

从表4-6和表4-7可以看出从2010—2019年，中国东、中、西部的税负水平呈现比较稳定的态势，基本都是在2012年达到阶段高点，然后逐年小幅下降。从整体趋势上来看，东部地区最高、其次是西部地区，最后是中部地区。从2019年的数据来看，2019年，东部地区达到21.0，中部地区为13.3，相差了7.7个百分点。经济发达的东部地区在人均GDP和税负水平上都基本一致，居于前列，东部地区经济发达，经济增长速度快，相对较高的税负水平符合量能纳税的原则。这说明经济增长水平与宏观税负水平是呈一定程度相关性的。但是，经济相对落后的西部地区税负水平竟然高于中部地区，又显示出中国区域经济增长和税负水平的不均衡。因此，东中西三大经济区域之间宏观税负存在差异，其中固然有地理位置、经济基础、国家政策等诸多客观原因，但也反映出由于地区经济结构、税收优惠和税收努力的差异而造成税负不公的问题。

（二）区域宏观税负差异测算方法

泰尔指数（Theil index）由荷兰经济学家泰尔（Theil，1967）运用信息理论中熵概念来计算收入不平等而得名，由于泰尔指数可以衡量组内差距和组间差距对总差距的贡献，因而在衡量地区间或个人间者收入差异等方面得到广泛应用，本研究选用以 GDP为比重加权的泰尔指数对区域间宏观税负差异进行测度和分析。根据东、中、西三个区域的省、市、自治区的个数，记I_r为衡量各区域内部税负差异之和的泰尔指数，I_k为衡量三个区域之间税负差异的泰尔指数，表达式分别为：

$$I_r=\sum_{q=1}^{n}\frac{G_q}{G}G_q\,I_q \;=\; \sum_{q=1}^{n}\sum_{p=1}^{m}\frac{G_{qp}}{G}\ln\left(\frac{G_{qp}/G_q}{T_{qp}/T_p}\right)$$

$$I_k=\sum_{q=1}^{3}\frac{G_q}{G}\ln\left(\frac{G_q/G}{T_q/T}\right)$$

其中，G表示全国GDP，T为税收收入，m为每个区域中的省（区、市）个数，G_{qp}表示第q区域第p省的GDP，T_{qp}表示第q区域第p省的税收收入。

（三）区域间税负差异及影响分析

本研究的区域税负数据主要基于2011—2020年《中国统计年鉴》《中国税务年鉴》并在此基础上整理或计算。

从表4-8可知，2010—2019年，三大区域宏观税负总差异总体平稳，呈逐渐缩小趋势，从2010年的0.0925缩小至2019年的0. 0812，三大经济区域之间的宏观税负差异与税负总差异变化相似，除2014年三大经济区域间税负差异有小幅上升之外，继续保持稳定向下趋势，除2010年的0.0638扩大之外，其余年份呈下降趋势，从2010年的0.0638下降至2019年的0.629。

就三大区域而言，三大区域税负差异也是大致保持稳定并呈总体下降趋势。东部地区税负差异大于其他地区税负差异，其次为西部地区，中部地区差异最小。就三大区域经济区内具体分析，东部地区宏观税负差异呈逐年缩小趋势，从2010年的0.0352年缩小至2019年的0.0302；中部地区宏观税税负差异在2014年达到0.0167后，逐年呈下降趋势；西部地区宏观税负较为稳定，总体呈逐年缩小趋势，从2010年的0.0236缩小至2019年的0.0219。

表4-8　　2010—2019年中国分区域泰尔指数

年份	东部区域I_e	中部地区I_m	西部地区I_w	区域内部I_r	区域之间I_k	总体I
2010	0.0352	0.0153	0.0236	0.0465	0.0638	0.0925
2011	0.0324	0.0158	0.0241	0.0471	0.0641	0.0912
2012	0.0355	0.0162	0.0252	0.0482	0.0645	0.0839
2013	0.0307	0.0156	0.0233	0.0495	0.0652	0.0818
2014	0.0357	0.0167	0.0264	0.0498	0.0661	0.0865
2015	0.0311	0.0161	0.0218	0.0472	0.0653	0.0857
2016	0.0324	0.0159	0.0257	0.0488	0.0642	0.0876
2017	0.0315	0.0148	0.0229	0.0475	0.0637	0.0845
2018	0.0321	0.0145	0.0242	0.0472	0.0641	0.0835
2019	0.0302	0.0143	0.0219	0.0463	0.0629	0.0812

（四）我国区域税负差异的时空演化特征及原因分析

第一，东部、中部、西部不同区域税负水平存在差异，东部最高，其次是西部，中部地区最低。不同区域的GDP和税负差异分化，税收收入与国内生产总值高度相关，经济发达的地区GDP和税收收入较高，由表4-7数据可知，2019年东部地区的平均税负是21.0%，西部地区为15.09%，中部为13.3%，经济较发达的东部地区GDP和税收收入较高，经济欠发达的中部和西部地区GDP和税收收入较低，地区间的分化特征比较明显。

第二，中国税制结构中流转税的主导地位与地区产业结构差异是导致税负不均衡的重要因素。我国是以流转税为主，由于流转税主要是针对货物和劳务征税，因此第二、第三产业发达的地区税源丰富，[①]财政收入能力较强，税收负担相对越高。同时，由于流转税占主导地位的主要特点是纳税人（地）和负税人（地）不一致，税收负担转嫁给了自然资源相对丰富但经济欠发达的中西部地区，造成第二、第三产业较为发达的东部地区显得税负较重，而以第一产业为主的中部地区宏观税负显得较轻。

第三，区域内税负差异缓慢缩小。如表4-8数据所示，由于相似的资源禀赋以及产业结构和发展战略，三大区域内税负差异逐渐缩小。在分税制财政体制下，地方财政利益所引发的税收竞争使相邻省区互相模仿，导致区域内竞争策略和产业结构呈现一定的趋同性，[②]进而表现为宏观税负的趋同性，东、中、西三个区域内的税负差异泰尔指数缓慢下降。

第四，经济较发达的区域内税负差异较大。虽然各个区域内的税负差异在逐渐缩小，但是经济较发达的区域内税负差异较大。2019年西部和中部的区域内税负差异是0.0219和0.0143，而经济较发达的东部区域内税负差异是0.0320。由表4-6的数据可知，东部地区的北京和上海的宏观税负较高，这两个城市分别是中国政治和经济中心，也是区域发展的核心城市，经济发展较快，第二产业和第三产业发达，税源较为充足。而东部区域内的其他城市虽同属于东部地区，但整体经济发展与这两个城市还是有较大差距，2019年，北京和上海的宏观税负分别为38.6%和43.9%，而同属于东部区域的福建和山东分别只有8.2%和11.9%，造成区域内税负差异较大。

二、税负公平的产业结构分析

税收是各国在引导资源合理配置、调整经济结构普遍采用的重要经济手段之一。税收主要可以通过流转税实行产业或行业差别税率、所得税调节税收投资利润

---

① 林颖："我国区域间税负差异原因的实证分析"，《税务研究》，2009年第8期，第54-58页。
② 张艳彦、朱为群："我国六大区域税负差异的实证分析"，《统计与决策》，2013年第10期，第87-90页。

影响产业结构的调整。

通过表4-9的数据将三次产业的年度税收负担进行比较，可以看出中国三次产业税收负担的总体发展态势。随着中国工业化发展，第二产业特别贡献最大，第二、第三产业的税负规模不断接近，农林牧渔等第一产业的税收负担明显低于总体税收负担。第一产业税负偏低主要原因是国家为鼓励农业发展而采取的低税政策，2010—2019年第一产业的税收负担在0.20%至0.37%的低税负区间小幅波动。第二产业的税收负担一直保持比较稳定，这与中国持续加快工业化发展的步伐相一致。第三产业的税收负担在2010—2014年呈逐年小幅上升态势，2015—2019年呈逐年小幅下降趋势，但是第三产业中的行业税收负担并不均衡，其中，金融业和房地产业税负水平逐年上升，成为近年拉动第三产业税收负担水平提高的主要行业。由于房地产业和制造业一样，都是能够为地方产生较高税收的行业，特别在当下分税制和干部晋升制度的影响下，地方政府有很强的动力积极推动产生较高GDP和财政收入的行业发展，使地区产业结构出现日益趋同化[①]和过度发展房地产业等现象，进一步造成产业间的税负不公。近年来，随着我国经济从高速增长转向高质量发展阶段，国家不断出台各项政策进行供给侧结构性改革，调整中国产业税收政策，合理配置资源，推动产业结构调整，不断增强平衡性、协调性、促进不同产业和行业的均衡发展。

表4-9　　2010—2019年中国三次产业税负情况　　单位：%

年份 产业	2010	2011	2012	2013	2014	2015	2016	2017	2018	2019
第一产业	0.20	0.18	0.25	0.30	0.37	0.31	0.39	0.29	0.27	0.24
第二产业	21.20	21.93	22.41	21.65	21.64	21.85	20.60	20.47	20.02	19.42
第三产业	20.16	21.22	22.79	22.69	22.32	21.26	20.32	20.00	19.76	18.31
总体税负	17.01	14.49	14.57	14.93	15.36	15.86	16.89	16.99	17.08	15.95

资料来源：《中国统计年鉴》，北京：中国统计出版社，2011—2020年版；《中国税务年鉴》，北京：中国税务出版社，2011—2020年版。

三、税负公平的企业类型分析

在计划经济时代，中国采取的是根据不同的所有制成分实行区别对待的税收政策，改革开放后的历次税制改革开展了大量统一税制和征收管理的工作，有效推动

① 李波："宏观税负、产业税负与结构性减税政策"，《税务研究》，2010年第1期，第25-29页。

了经济社会的发展。由于企业各项税收是对扣除中间投入后的产出课征的，因此，选择企业增加值作为测度企业税负的分母。[①]

从表4–10数据可知，股份公司、国有企业和外商投资企业等三种类型的企业构成了中国企业的纳税主体，国有企业纳税占税收总收入的比重逐年下降，从2010年的15.47%下降至2019年的8.13%，下降了7.34个百分点，这与近年来国家深化国有企业改革，提高国有资本效率、完善产权清晰、建立权责明确、政企分开、管理科学的现代企业制度，发展混合所有制经济方向一致；股份公司所占比重呈稳步上升态势，从2010年的43.65%增长至2019年的48.93%，2016年达到阶段性高点50.36%，对总体税收的贡献率日益增强并成为纳税支柱企业；外商投资企业所占比重呈下降趋势，从2010年的14.57%下降至2019年的10.58%，说明外商投资企业对税收的贡献率有所下降；港澳台投资企业所占比重比较稳定，一直保持在6%左右；集体企业所占比重越来越小，从2010年的1.09%下降至2019年的0.33%，说明其对总体税收的贡献率日渐减弱；私营企业所占比重稳步上升，从2010年的4.39%上升至2019年的5.22%，占税收收入总额比重逐年上升。

表4–10　2010—2019年中国主要类型企业纳税比重情况　单位：%

年份 企业类型	2010	2011	2012	2013	2014	2015	2016	2017	2018	2019
国有企业	15.47	14.54	13.52	12.82	12.29	11.76	10.64	9.46	8.30	8.13
集体企业	1.09	0.97	0.88	0.84	0.76	0.65	0.60	0.44	0.38	0.33
股份公司	43.51	45.30	46.38	47.18	48.21	49.94	50.36	49.34	48.72	48.93
私营企业	10.64	10.61	9.76	9.74	9.68	9.57	10.81	12.95	15.44	16.51
港澳台投资企业	6.61	6.65	6.32	6.17	6.21	6.11	6.30	6.47	6.36	6.08
外商投资企业	14.57	13.86	13.33	13.07	13.02	12.13	11.97	12.27	11.52	10.58
个体经营	4.39	4.23	4.99	5.65	5.28	5.03	5.07	5.18	5.43	5.22

资料来源：《中国统计年鉴》，北京：中国统计出版社，2011—2020年版；《中国税务年鉴》，北京：中国税务出版社，2011—2020年版。

四、税收负担的社会阶层和代际公平分析

税收代际公平强调世代之间机会选择和资源分配的公正性，要求在国家间、区域间、人与人之间、当代人与后代人之间公平分享利用资源的效益和健康的环境。

① 吕冰洋、詹静楠、李钊："中国税收负担：孰轻孰重？"，《经济学动态》，2020年第1期，第18–32页。

因此，对于税负代际公平的分析一是要考察税收对于调节国民分配收入的作用；二是要考察税收对于资源环境保护的作用。由于中国的税收制度建设中对代际公平不够重视，存在着调控力度不足、税种间缺乏协调和相互补充机制等问题，从而限制了税收代际公平的实现。

第一，中国现行税收制度中调节居民收入分配的税种主要依靠个人所得税。首先从规模上看，2010年个人所得税税收收入为483.73亿元，占总体收入比重为6.25%，到2019年税收收入上升至1038.85亿元，占总体税收收入6.04%，总体金额呈稳步上升趋势，占比在2018年达到阶段性高点8.16%，2019年回落至6.04%（见图4-7、表4-11）。个人所得税是中国1994年税制改革以来增长速度最快的税种，目前已成为国内税收的第四大税种（前三为增值税、企业所得税和消费税），但是由于个人所得税占税收收入总额比重较低，对国民收入的调节作用有限。

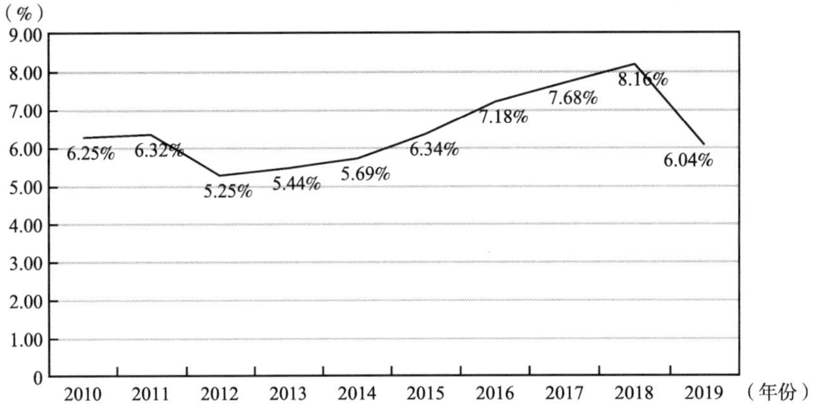

图4-7　2010—2019年中国个人所得税占比情况

资料来源：《中国税务年鉴》，北京：中国税务出版社，2011—2020年版。

表4-11　2010—2019年中国个人所得税主要项目收入比重　单位：%

项目＼年份	2010	2011	2012	2013	2014	2015	2016	2017	2018	2019
工资、薪金所得	65.29	64.45	61.67	62.70	65.34	65.23	66.65	67.76	67.26	59.45
个体工商户生产、经营所得	12.56	11.30	10.25	8.84	7.06	5.60	4.70	5.01	5.71	6.74
企事业单位承包、承租经营所得	1.27	1.36	1.54	1.87	2.09	1.77	1.46	1.03	1.03	—
劳务报酬所得	2.25	2.28	2.62	2.67	2.81	3.08	3.54	4.05	4.51	4.00
稿酬所得	0.06	0.06	0.06	0.07	0.06	0.06	0.06	0.07	0.08	0.10

续表

项目＼年份	2010	2011	2012	2013	2014	2015	2016	2017	2018	2019
特许权使用费所得	0.02	0.03	0.04	0.03	0.06	0.04	0.05	0.05	0.08	0.08
利息、股息、红利所得	11.14	10.91	12.99	11.11	10.55	10.49	8.88	8.45	8.31	11.95
财产租赁所得	0.29	0.33	0.42	0.43	0.48	0.46	0.52	0.62	0.63	0.91
财产转让所得	5.29	7.67	8.32	10.35	9.57	11.40	12.66	11.56	11.03	14.59
其中：限售股转让所得	—	—	1.20	2.31	2.53	3.21	2.96	1.75	1.60	2.93
房屋转让所得	1.64	1.90	1.83	3.27	2.32	3.16	4.10	3.48	3.68	5.27
偶然所得	1.15	1.12	1.33	1.19	1.27	1.16	0.90	0.90	0.90	1.55
其他所得	0.50	0.35	0.56	0.57	0.52	0.49	0.39	0.29	0.23	0.06

资料来源：《中国税务年鉴》，北京：中国税务出版社，2011—2020年版。根据2018年《个人所得税法》修正案规定，调整和简并部分所得项目，将个体工商户生产经营所得调整为经营所得，取消对企事业单位承包承租经营所得项目，将其中属于工薪性质、经营性质的所得，分别并入工资薪金所得、经营所得征税。

其次，从收入结构分析：(1)现行个人所得税制度主要针对劳动要素征税，且主要对工资、薪金所得征税。从表4-11数据可知，2010年中国个人所得税收入主要来源是工资、薪金所得与个体工商户承包、承租经营所得，两项分别占个人所得税收入的65.29%和12.56%，两个税目的收入占到个人所得税总收入的77.85%。2019年工资、薪金所得与个体工商户承包、承租经营所得占比分别为59.45%和6.74%，两个税目的收入占到个人所得税总收入的66.19%。个体工商户承包、承租经营所得占比整体呈下降趋势，工资、薪金所得总体占比较为稳定，2017年，工资、薪金所得已经占到个人所得税收入的67.76%，2019年回落至59.45%，但依然是个人所得税中占比最大的税目。(2)财产转让所得占比稳步上升。2019年中国个人所得税收入主要来源是工资、薪金所得与财产转让所得，两项分别占个人所得税收入的59.45%和14.59%。近年来，随着经济社会的发展，我国居民收入结构发生了较大变化，财产性收入的占比也相应不断提高。2010年财产转让所得占比5.29%，2019年达到14.59%，10年间增长175.80%。(3)利息、股息、红利转让收入占比较为稳定。2010年占比为11.14%，2019年占比为11.95%。根据2019年的数据，工资薪金所得和劳务报酬所得属于劳动要素所得，占当年个人所得税收入的63.45%，利息、股息和红利所得和财产转让所得属于资本要素所得，占当年个人的所得税收入的26.54%，个体工商户生产经营所得税属于劳动要素还是资本要素所得，国内至今没有明确分类。但总体而言，个人所得税针对劳动要素课征税收的比重要远高于针对资本要素课征的比重。由此可见，由于税制设计和征管手段等问题，中国个人所得税主要针对劳动要素征税，把征税重点放在了工薪阶层，而对资本要素的所得征税较轻，对高收入人群的征收的力度较弱，能够起到的再分配效果比较有限，造成社会阶层的税负不公。而且中国现行财产税体系设置不够合理，未能有效弥补个人所得税无法对存量财富进行课税的局限，再加上中国尚未开征遗产税和赠与税，无法抑制财富代际转移，难以充分发挥税收调节收入和实现社会公平的作用。

第二，中国现行税制共有18个税种，其中与环境和资源相关的税种有环境保护税、消费税、资源税、耕地占用税、城镇土地使用税、车船税、城市维护建设税、企业所得税和增值税9个税种，除了2018年新开征的环境保护税是我国首个以保护环境为目标的税种，其他税种都是传统税种。一方面通过税种的税率、税目对生产、消费等行为进行和约束和引导，为保护环境，促进合理利用资源而征收的限制性税收，另一方面是通过税收优惠政策鼓励保护环境，低碳发展，运用税制的双向调控作用，减少碳排放，保护生态环境。

如表4-12所示，中国主要资源环境保护税种主要分为约束型和鼓励型，约束型的税种主要是通过设置税目和税率对耗用自然资源、污染环境的产品与行为征税，提高税收负担来减少负外部性；而鼓励型的税种虽没有专门设置资源环境保护的税目税率，但是针对资源综合利用、节能环保等方面制定了税收优惠政策，引导纳税人节能减排，保护环境，鼓励环保企业发展，从而实现资源、环境和经济社会的协调和可持续发展。由于数据可得性的问题，目前增值税、企业所得税对于资源环保税收优惠的减免税难以进行统计，因此，暂不计入资源环境保护税收收入。2018年，我国开征环境保护税，将过去由环保部门征收的排污费改为由税务部门征收的环境保护税，因此，2018年以前的数据来自《中国环境统计年鉴》中的排污费，2018年、2019年数据来自《中国税务年鉴》中的环境保护税。

表4-12　　中国主要环境资源税收分类

作用方式	税种	目的	具体形式
约束型	环保税	对大气污染物、水污染物、固体废物和噪声征税，保护和改善环境，减少污染物排放，推进生态文明建设	税目、税率
	资源税	对开发能源矿产、金属矿产、非金属矿产、水气矿产、盐等自然资源征税，促进资源节约集约利用、加强生态环境保护	税目、税率

续表

作用方式	税种	目的	具体形式
约束型	耕地占用税	对占用耕地建房或从事其他非农业建设的单位和个人征税，引导合理利用土地资源，加强土地管理，保护农用耕地	定额税率
	城镇土地使用税	对使用土地的单位和个人征税，促进合理、节约使用土地，提高土地使用效益	定额税率
	消费税	以特定消费品为课税对象，调节产品结构，引导消费方向	税目、税率
	车辆购置税	对在境内购置规定车辆的单位和个人征收，筹集交通基础设施建设和维护资金，同时调节过高的消费支出	税目、税率
	车船税	向车辆、船舶的所有人或者管理人征税，对符合标准的新能源车船免征车船税，对符合标准的节能汽车减半征收车船税	税目、税率
鼓励型	企业所得税	对我国境内的企业和其他取得收入的组织的生产经营所得和其他所得征税，对节能、资源综合利用、购买使用环保设备等实施税收优惠	优惠政策
	增值税	对商品生产、流通、劳务服务中多个环节的新增价值或商品的附加值征税，对节能、资源综合利用、购买使用环保设备等实施税收优惠	优惠政策

通过表4-13的数据可知，在资源环境保护税收中，消费税占比最大，从2010年的8.74%到2019年的7.83%，整体占比变化不大。其次是车辆购置税，占比从2010年的1.30%到2019年的1.28%，整体占比也比较稳定。2018年开征的环境保护税，总体负担与之前的排污费相比差异不明显，作为我国唯一以环境保护为目的的税种，总体占比较小，占总税收的比例在0.09%—0.24%间波动。2010—2019年10年间，我国资源环境税收总体占比变化不大，在12.54%—14.85%间波动，资源环境税收收入占总体税收收入比重仍然较低，政策调节力度不足，弱化了税收对环境保护的作用，不能充分实现开采、利用自然资源的外部成本内部化，因而不能真正达到有效节约资源、控制污染的目的，也限制了税收的代际公平与可持续发展的实现。

表4-13　　中国主要环境资源税收收入占比　　单位：%

税种	2010年	2011年	2012年	2013年	2014年	2015年	2016年	2017年	2018年	2019年
消费税	8.74	8.29	8.01	7.58	7.58	8.37	7.85	7.16	6.79	7.83
资源税	0.54	0.63	0.82	0.84	0.84	0.76	0.68	0.87	0.96	1.06
耕地占用税	1.15	1.12	1.44	1.45	1.54	1.51	1.43	1.06	0.78	0.81

续表

税种	2010年	2011年	2012年	2013年	2014年	2015年	2016年	2017年	2018年	2019年
城镇土地使用税	1.30	1.28	1.39	1.43	1.54	1.58	1.61	1.52	1.40	1.28
车船税	0.31	0.32	0.35	0.40	0.42	0.45	0.48	0.50	0.49	0.51
车辆购置税	2.32	2.14	2.01	2.16	2.23	2.05	1.90	2.11	2.03	2.03
环境保护税（排污费）	0.24	0.20	0.17	0.17	0.14	0.13	0.15	0.14	0.09	0.13
资源环境税收总收入	14.59	13.97	14.20	14.03	14.28	14.85	14.10	13.35	12.54	13.65

资料来源：《中国税务年鉴》，北京：中国税务出版社，2011—2020年版；《中国环境统计年鉴》，北京：中国统计出版社，2011—2018年版。

本章小结

税收负担是纳税人依法履行纳税义务而造成的一种经济负担，在一定程度上反映着国家与纳税人、纳税人与纳税人之间在收入分配、财产和社会资源占有上的数量关系。促进税负公平对于保证政府履行其职能需要的财力，促进经济的发展以及社会的稳定都有着重要意义。要正确判断中国的税负水平，必须确定一个可供比较、相对客观的衡量尺度，并结合中国具体国情进行分析和论证，才能得到客观的结果。本章在税负公平分析框架的基础上结合中国具体国情建立税负公平分析体系，对当下中国税负公平状况进行综合分析。首先从税收合法性维度对当下中国税收理念、税收制度、中国式财政分权、官员考核与晋升制度作为制约税负公平实现的制度基础进行分析；其次从税收公共性维度对宏观税负与非税负担、宏观税负与财政支出对中国宏观税负水平进行分析，指出税负公平不仅要考虑税收负担而且要考虑非税负担，不仅要分析税收征收的公平，还要分析税款支用的公平；最后，从税收可持续发展的维度对地区间、产业间、所有制间、社会阶层间和代际间税负公平行系统分析。

第五章

税负论衡：
中国税负公平存在的主要问题及其原因探析

问题研究

通过第四章对中国税负公平的现实考量得知，中国小口径宏观税负即税收收入与GDP之比并不高，而大口径宏观税负即政府总收入与GDP之比却偏高；严格意义上的宏观税负并不重，但并入几乎可以与税收收入并驾齐驱的非税负担就不可谓不重，并且税负结构失衡，主要表现为地区间、产业间、所有制间和代际间税负分配不均。在税负公平问题上，政府注重的是客观标准即税收收入占GDP之比，而就民众而言，更重要的是一个主观评价即公平的感受。显然，税收作为政府向纳税人提供的公共产品和公共服务之对价，价格再高，如果物有所值，消费者也会接受和认可；反之，如果商品的数量和质量都存在问题，价格很低也会遭到民众的诟病。因此，客观标准和主观标准都是评价一国税负轻重及公平不可或缺之要素，前者关乎税收对纳税人财产权的征收程度，而后者关乎纳税人平等权的实现程度。政府与民众在税负水平感受上的分歧，不仅再次清晰证明了征税者与纳税者所受制的不同立场，也说明了中国税收在公平上存在的诸多理念缺失与制度不足，而这些缺陷和不足就构成了中国税收改革乃至国家治理转型的时代背景。本章运用税负公平的分析框架，从税收的合法性、公共性和可持续性三个维度对中国税负公平存在的主要问题、形成机理及其成因进行探析，为中国促进税负公平的改革提供现实依据。

第一节 失范的税负：税收合法性不足

税收的合法性是国家实施税收权力的正当性，蕴涵着对公民权利和自由的尊重。只有承认私人财产权在先以及对私人财产制度予以确认和保障，国家和政府所采取的税收制度和政策才能得到公民的认可和尊重而获得合法性认同。长期以来，中国囿于国家分配论和国家意志论等课税依据理论的限制，强调国家课税的无偿性、强制性和固定性，一直未在宪法层面涉及税收主体之间应有的权力义务关系以体现对国家税权的制衡与对纳税人权利的保障，[①]加上税收制度供给不均衡，在税收实践中引发诸多问题，从而导致税收合法性不足。

① 李炜光："论税收的宪政精神"，《财政研究》，2004年第5期，第2-5页。

一、缺乏统领作用的税法总则

税收法定要求一切税收的课赋和征收都必须以国家立法机关制定的法律为依据。税收法定一方面强调立法机关对税收立法权的控制，另一方面通过制定和颁布的法律规范规制税收机关的具体执法行为以实现税收法治。中国税收立法权主要根据《宪法》第六十二条第三项规定和《立法法》第八条规定全国人民代表大会行使国家税收立法权，但根据《立法法》第九条规定全国人民代表大会及其常务委员会可以授权国务院，对税收部分事项制定行政法规。因此，国务院及其部委虽然没有固定的、法定的税收立法权，但却拥有源于全国人民代表大会及其常务委员会的相关授权的行政立法权。根据授权立法的原则，国务院获得的授权仅限于具体或个别的税收事项，然而，宪法并没有对授权立法做限制性规定，从而导致行政机关授权立法的范围极为广泛。

截至2010年底，我国仅有个人所得税和企业所得税两个税种实现税收法定，其余税种均是依据国务院的行政法规开征。2013 年通过的《中共中央关于全面深化改革若干重大问题的决定》首次提出“落实税收法定原则”的任务，在全面依法治国方略的指引下，税收法定原则逐步落实，目前，我国现行征收的 18 个税种中，已经有12个税种完成立法，但仍缺乏一部统领税法体系、规定税法领域最基本问题的税法总则。我国采取税种实体法与程序法分立的模式，单行法律调整对象单一，法律漏洞和各税种间的协调性不足难以避免。为提高相关法律适用的确定性，在实践中财政部、国家税务总局颁布实施大量的规章和规范性文件，降低了法律的稳定性和权威性。因此，为保护纳税人合法权利，规范政府税收权力的行使，需要制定一部我国税收领域的“基本法”，在贯彻落实税收法定原则中发挥纲举目张的作用。通过对基本税收制度和规则加以确立，提升税收法律法规的精准度、确定性和可操作性，构建税收领域的治理规则，将税收法定原则贯穿于财税法律制定和实施的全过程，使税收法律不仅仅是征税之法，更是调整税收的缴纳和使用相统一的“纳税人权益保障”之法，从立法原则、立法模式与具体制度等方面进一步优化我国税收法律体系，更好地发挥各单行税法的调整和规范作用，不断完善税收法治体系。

二、税收制度供给不均衡

李普塞特认为，合法性是政治系统使人们产生和坚持现有政治制度是社会最适宜之制度的能力。①从税收治理的角度出发，对现有税收制度的认同将有助于增强政府税收的合法性基础。公众对税收制度需求会随着技术进步、环境的变化和意识形态的调整发生变化，因此，政府能否适时出台税收政策以满足不断发展的经济和社会的需要，保持税收制度供给的均衡就成为税收合法性的重要评判标准。新制度经济学的研究表明，制度作为一种行为规范和规则，会随着时间的推移、条件与环境的变化失去原来的一些功能，原来适宜的一些制度就变成了过时的制度，这就要求人们打破旧的均衡，建立新的制度。制度效率存在递减现象意味着当制度效率降低到一定程度时，制度的改革与变迁就成为可能。舒尔茨在《制度与人的经济价值的不断提高》中指出，当制度结构中出现制度不均衡时，伴随制度失衡而出现的“潜在收益”（或称外部利润）就可能促使制度变迁发生，经济主体就有激励和动力去尝试制度的再安排，从而使外部收益内部化。②戴维斯和诺思对引起制度安排需求和供给变动的因素做了探讨，引起制度变迁供求变动的主要诱致因素是期望获取最大的潜在利润。诺思将制度变迁视为一种制度均衡—非均衡—均衡的过程，制度均衡就是现存制度结构处于“帕累托最优”状态，在既定制度安排下已经取得各种要素资源所产生的所有潜在收入的全部增量，在这样一种状态，在现存制度的任何改变都不能给经济中任何人或任何个人的团体带来额外的收入。制度均衡状态在任何时候都是有可能的，但是成本与收益的变动会使制度产生不均衡，并导致了安排的再变迁，③当按照现有的制度安排，无法获得某些潜在的利益，行为者认识到改变现有的制度安排能够获得在原有制度安排下得不到的利益，就会产生改变现有制度安排的需求。④

推动制度变迁的主体是多元化的，但政府是制度的主要供给者，正如林毅夫指出：“在社会所有制度安排中，政府是最重要的一个。”⑤在现代社会，政府通过综合运用各项资源协调社会成员行为，降低集体行动的交易成本，从而推动制度变迁的顺利进行。杨瑞龙认为中国在由中央集权型计划经济向市场经济体制渐进过渡中有三种方式制度变迁。中国在改革之初选择“自上而下”的供给主导型制度变迁方式，权力中心凭借行政命令、法律规范与利益刺激，在一个“金字塔”形的行政系统自上而下地规划、组织和实施制度变迁，随着改革开放和放权让利改革的深入逐渐向中间扩散型制度变迁方式转变，并随着排他

---

① ［美］西摩·马丁·李普塞特：《政治人：政治的社会基础》，张绍宗译，上海，上海人民出版社，2011年版，第55页。

② 舒尔茨：“制度与人的经济价值的不断提高”，载［美］R·科斯、A·阿尔钦、D·诺斯，等：《财产权利与制度变迁——产权学派与新制度学派译文集》，刘守英，等译，上海：上海三联书店，1994年版，第256–258页。

③ ［美］戴维斯、诺思：“制度创新的理论”，载［美］R·科斯、A·阿尔钦、D·诺斯，等：《财产权利与制度变迁——产权学派与新制度学派译文集》，刘守英，等译，上海：上海三联书店，1994年版，第296页。

④ ［美］戴维·菲尼：“制度安排的需求与供给”，载［美］V·奥斯特罗姆、D·菲尼、H·皮希特：《制度分析与发展的反思：问题与抉择》，王诚译，北京：商务印书馆，1992年版，第138页。

⑤ 林毅夫：“关于制度变迁的经济学理论”，载［美］R·科斯、A·阿尔钦、D·诺斯，等：《财产权利与制度变迁——产权学派与新制度学派译文集》，刘守英，等译，上海：上海三联书店，1994年版，第374页。

性产权的逐步建立，最终过渡到与市场经济内在要求相一致的需求诱致性制度变迁方式。①

1949年中华人民共和国成立以来的历次税收制度变迁是一种政府主导，通过需求累增与阶段性突破的方式以适应经济和社会环境变化的要求的一种渐进式变迁。其目的是为更好地完善税收财政收入、调节经济运行和调节收入分配的职能，以提高资源的有效配置和社会总福利。然而，这种渐进式改革具有明显的不均衡性，从制度变迁过程来看，税收制度供给不均衡不仅体现在制度出台相对于制度需求的不均衡，而且包括制度出台后在实际的贯彻、实施过程中各主体的博弈行为导致的新制度无法发挥作用而造成的制度供给不均衡。而且，税收制度执行层面制度的不健全和立法的短缺是各行各业人们的普遍共识。尽管有税收制度，但“有法不依”“执法不严”、法治观念淡薄，有令不行、政策变通与选择性执行现象普遍存在，导致民众对税收制度的认同的缺失，从而期望把各种税收矛盾纳入制度化渠道中解决的难度也就会加大。

当下中国税收制度建构和供给是属于政府供给主导型的制度变迁，政府主体是决定税收制度供给的方向、形式、进程及战略安排的主导力量。税收制度变迁受到宪法秩序和规范性行为准则、制度设计成本和实施新安排的预期成本、社会科学知识的进步和制度选择集的变化等方面的约束，加上中国中央政府和地方政府间分权模式和不同政府和层级之间的利益冲突，形成一个博弈结构协调和制约着税收制度的供给，在税收实践中造成制度供给过剩或不足。一方面是制度供给的过剩，例如筵席税、奖金税、烧油特别税等税种，包括为了抑制房价过快增长而制定的各种税收调控政策，由于未能综合考虑实施的成本与效果而匆忙出台，不仅难以达到政策目标，也影响了税收制度的稳定性与公信力。另一方面是税收制度供给的不足。例如房地产税的立法，近年来，房地产税立法一直备受各界关注，相关部门也曾数次披露其起草和立法进程。从2013年党的十八届三中全会要求“加快房地产税立法并适时推进改革”到党的十九大后明确“立法先行、充分授权、分步推进”的原则，社会各界寄望于其能通过增加保有环节税收的方式，为地方公共服务融资以及应对房地产业出现的周期性波动，②但迄今尚未能正式立法。2021年10月，人大常委会授权国务院在部分地区开展房地产税改革试点工作，更引发了社会新一轮的热议。我国房地产税改革与居民的财产利益密切相关，是对现存收入格局进行再分配而推行的制度变革，不仅仅是简单的税种合并，而是要扩大房地产税收的征税范围，涉及面广，影响深远，待论证的问题较多，对税收征管和政府治理都是一个不小的挑战，又如，我国的第一大税种增值税目前依然适用“暂行条例”，权威性不足，与

---

① 杨瑞龙：“我国制度变迁方式转换的三阶段论——兼论地方政府的制度创新行为”，《经济研究》，1998年第1期，第3-10页。
② 蒋励佳：“新加坡房地产税实践经验借鉴及中国的政策选择”，《中国发展观察》，2000年第4期，第117-120页。

其主体税种地位不符，而且随着全面推行“营改增”、简并税率、农产品核定扣除等一系列增值税改革，影响了增值税抵扣链条的完整性，亟须对增值税进行立法。综上所述，由于我国税收制度供给的不均衡，尤其是制度供给不足造成对制度需求满足的滞后性，从而导致制度真空的存在或低效的制度不能替代，降低了税收法律的稳定性和权威性，影响了税收各项职能的有效发挥和税负公平的实现，也影响了公众的合法性认同。

三、税收理念的滞后

诺思在《经济史中的结构与变迁》中将意识形态这一变量引入制度变迁理论，认为意识形态提供一种价值和理念，具有节省决策费用、克服集体行动中的“搭便车”问题以及确认现行制度合法性的功能。①林毅夫将意识形态定义为关于世界的一套理念，倾向于从道德上判定劳动分工、收入分配和社会现行制度结构。②意识形态的一个固有部分是关于制度的公平或公正的判断，任何政府都不可避免地依据一定的价值体系和利益共同体的引导来进行权力的行使。意识形态可以使政府与公众建立起一种目标和利益上的一致关系，它特殊的号召力和信仰上的约束力使其可以成为稳定社会秩序的力量和源泉。因此，税收理念不仅影响政府政策目标的选择和税收制度的制定和实施，也通过对社会成员的认同感、信仰和价值体系等方面的培养获得共识，从而取得公众的合法性认同。

从历史上看，中国税收理念受以儒家思想所主导的中国传统文化所确定的伦理规范和道德准则影响，税收总是与“皇粮国税”“横征暴敛”“苛捐杂税”联系在一起的，在很大程度上成为统治阶级巧取豪夺的代名词，所以不乏各种抗税的主张和行为。中华人民共和国成立后，在财政统收统支管理体制下，选择了一条依靠农副产品统购统销制度、城市职工低工资制度和工农剪刀差等无税之名而有税之实的方式取得财政收入，③这种形式上表现为政府基本不向企业和个人征税的做法使民众逐渐形成认为不纳税是社会主义国家的优越性、纳税与己无关等观念，民众的纳税意识淡薄。随着改革开放和税收制度的调整，税收开始广泛地介入经济社会生活，逐步使得纳税人独立的利益主体地位得以确立，这一变化，对传统的税收观念提出了挑战，要求按照变化的形势重新审视税收理念并对此赋予新的解

---

① ［美］道格拉斯·C. 诺思：《经济史中的结构与变迁》，陈郁、罗华平译，上海：上海三联书店，1994年版，第49-64页。

② 林毅夫：“关于制度变迁的经济学理论”，载［美］R·科斯、A·阿尔钦、D·诺斯，等：《财产权利与制度变迁——产权学派与新制度学派译文集》，刘守英，等译，上海：上海三联书店，1994年版，第379页。

③ 高培勇：“论更新税收观念”，《税务研究》，1999年第2期，第3-8页。

释。但由于各项税收制度安排对于纳税人的各项权利的规定却很模糊，纳税人的合法权益在税收制度安排得不到有效的尊重与保护，没有形成良好的政府征税用税理念和纳税人纳税理念。我国现行《宪法》第56条规定“公民有依照法律纳税的义务”，也只强调了纳税人的纳税义务而缺乏“纳税人的合法权益受法律保护”的相应条款，而体现纳税人基本权利的“税收法定”“政府必须为纳税人服务”和“合法合理使用税款”等原则也未能在宪法和法律得到明确规定。虽然我国相关法律如《税收征管法》《行政诉讼法》《行政赔偿法》等对纳税人权利作了许多规定，但总体而言，中国对纳税人权利的规定不够充分和具体，难以维护纳税人的根本权益。在多年的“依法纳税”的宣传中，也只是强调纳税义务，对纳税人权利的尊重和宣扬严重不足。而纳税人对自身权利与义务的关注，在相当大程度上影响其对税收的基本认识和整个社会的纳税意识，在这种滞后的税收理念下，纳税人缺乏良好的权利意识和纳税意识，而政府部门缺乏保护纳税人权利意识。

一方面是公民的权利意识和纳税意识淡薄，纳税人权利没有得到很好的尊重、保障和维护，从而降低税收遵从度，导致偷逃税行为的增加和税收秩序的紊乱。许多公民既不清楚作为纳税人应该拥有的权利，也不知道如何主张和维护自身的合法权益。更有甚者，认为偷逃税是一种正常现象，从而影响了各项税收政策的执行效果，也在一定程度上造成了税收负担的不公平。

另一方面反映在征税部门则是决策者偏好代替民众偏好现象严重，对公民作为纳税人的权利不够重视。中国现有对纳税人权利的保护大多局限于税收征纳环节，将对纳税人权利的保护狭隘地等同为提供纳税服务。虽然近年来税务部门通过各种手段不断提高提高纳税服务水平，但征税部门和纳税人依然处于主导和从属地位，侵害纳税人权利现象时有发生。而公民纳税不仅仅需要优美的办税环境和良好的服务态度，更需要基于保护纳税人权利基础上的公平合理的税收制度。同时，由于民众对税收收入的支出缺乏有效监督机制，难以提高政府在提供公共产品和公共服务中的质量和效率，无法真正实现对纳税人权利和利益的保障。

税收理念的滞后成为中国税收制度运行效率低下的重要原因和税收制度有效运行的重大阻碍。公民税收意识的淡薄和政府部门对纳税人权利的漠视导致征纳双方税收遵从度降低，影响了税收治理的有效性与合法性。因此必须培育政府的法治、服务意识和公民的纳税人权利意识，致力于创造一个现代税收的制度环境和文化环境，使征税部门和纳税人的税收理念趋于理性化，增进对税收制度的理解和认同，形成自觉纳税、合理征税和用税的税收环境，降低税收制度的运行成本，促进资源优化配置和收入合理分配，从而增强税收合法性。

第二节
税痛之争：税收公共性不彰

近年在美国福布斯杂志发布的税负痛苦指数排行榜中，中国大陆排名十分靠前，引发了人们对于税负水平问题的关注，而由于选取指标与评判立场的差异，导致各方对中国税负水平合理性的争议。在现代国家中，公民纳税的目的是通过税收让渡一部分财产权利换取政府提供相应的公共产品和服务，因此，政府行使征税权力的最终落脚点应在于努力增进公共福利。“税痛之争”既包含着一种现代政府必须为纳税人服务的责任意识，也是民众对国家税收公共性的拷问。

一、对税负痛苦指数的思考

美国福布斯杂志推出“税负痛苦指数（Tax Misery Index）”排行榜，通过一年一度的全球税负调查，为企业及其雇员在全球选择经营或工作、生活地点提供依据。在2009年的排行榜（见表5-1）中，中国以159名居全球第二，仅次于当年位居榜首的法国，高于瑞典丹麦等传统北欧高福利国家。

表5-1　《福布斯》杂志2009年税负痛苦指数前10名国家情况　单位：%

税种 国家	企业所得税	个人所得税	财产税	雇主社会保障税	雇员社会保障税	增值税/销售税	税负痛苦指数
法国	34.4	52.1	1.8	45	15	19.6	167.9
中国	25	45	—	49	23	17	159.0
比利时	34	45	—	34.8	13.1	21	156.6
瑞典	26.3	61	—	31.4	7	25	150.7
荷兰	25.5	52	—	18.8	31.2	19	146.5
意大利	31.4	42.3	0.7	35	10	20	139.4
芬兰	26	53.5	—	27	7.6	22	136.1
巴西	34	27.5	—	28.8	11	25	126.3
西班牙	30	43	—	30.2	6.4	16	125.6
匈牙利	19	38	—	27	17	23	124.0

资料来源：福布斯中文网站：http：//www.forbeschina.com。

从表5-1数据可知，《福布斯》杂志发布的税负痛苦指数也称税收痛苦指数，是将一国的商品税、财产税、个人所得税、雇主和雇员的社会保险缴款（社会保障税）以及公司所得税等6大主体税种的最高法定税率加总而得，指数越高则纳税人的痛苦程度越高。对应中国2009年各税种的具体情况，增值税17%、个人所得税45%、企业所得税25%、公司缴纳的社保金即雇主社会保障缴款49%、个人缴纳的社保金即雇员社会保障缴款23%，加总得出税负痛苦指数159.0，从2009年的数据来看中国的税负痛苦指数位列世界第二，仅次于税负痛苦指数为167.9的法国。由此引发了社会各界对中国税负高低的讨论。中国税负真的有那么高吗？政府部门、学者都纷纷对《福布斯》杂志公布的数据提出了不同的观点。2010年10月，时任国家税务总局局长肖捷在《中国改革》杂志发表文章《走出宏观税负的误区》为题，批驳《福布斯》杂志发布的2009年税负痛苦指数中国排行第二的说法，认为其计算依据存在明显偏差，指出比较分析宏观税负水平既要考虑结构性差异，又不能忽略具体项目和负担对象，不能脱离不同国家所处的发展阶段和政府职能范围来简单判断一国宏观税负的高低。[①]朱青、孙玉栋等财税学者也撰文指出《福布斯》杂志对于税负痛苦指数排行榜的计算选取指标和计算方法不够合理。首先，就其计算方法而言，只是将现有部分税种最高边际税率直接加总得出结果进行比较，而这种计算方法得出的结果并不能科学的反映宏观税负水平，只能反映各国各主要税种的最高边际税率；其次，《福布斯》杂志公布的“税收痛苦指数”主要用来衡量收入相对较高人群的税收负担，个人所得税按最高档税率45%计算，[②]而根据中国目前的工资收入分布状况，在个人所得税中，适用30%税率以上的各类其他所得和适用25%税率以上的工薪所得所产生的税收收入只占该税种收入的6%左右，真正按45%税率缴纳工薪所得税的更是凤毛麟角，用它来说明普通民众的税收负担是不科学的；最后，世界各国由于税制结构不同，主体税种不同，各税种占税收收入的比重也不尽相同，《福布斯》杂志的“税负痛苦指数榜”不考虑税制结构和税基比重，将不同税种的法定税率进行简单加总，忽视了各国主体税种的差异以及各税种在总体税负所占的比重，例如将占中国税收收入比重近半的增值税与占税收收入7%左右的个人所得税法定税率直接加总，科学性和规范性将大打折扣。[③]因此，不能简单通过税负痛苦指数高就得出中国宏观税负高的结论。

虽然《福布斯》杂志在选取数据与计算方法等方面存在值得商榷之处，但中国的税负水平还是引起了社会各界的广泛讨论。中国的税负水平是高还是低，民众的感觉与政府部门的评价一直存在着很大的差别。民众认为中国税负水平偏高，而政

---

① 肖捷：“走出宏观税负的误区”，《中国改革》，2010年第10期，第23-25页。

② 朱青：“中国税负高低辨析”，《中国税务》，2007年第8期，第58-60页。

③ 孙玉栋：“我国税收负担的走势及其政策调整——兼评‘税负痛苦指数’”，《当代经济研究》，2007年第6期，第54-57页。

府部门和一些学者则认为与其他国家相比，中国的税负水平仍然属于偏低水平。之所以会得出各种不同的结论，其主要原因是对宏观税负计算方式有着不同的理解和计算口径。林赟等按照OECD界定的宏观税负概念，将调整后的我国宏观税负的数据与24个国家进行比较，发现中国宏观税负目前仍处于世界较低水平。[①]贾康指出按照国际货币基金组织（IMF）的统计口径计算得出2009年中国的宏观税负水平为25.4%，低于工业化国家的平均水平。根据中国社科院财政与贸易经济研究所2010年发布的《中国财政政策报告2009—2010》认为，按照IMF《政府财政统计手册》标准，中国政府的全口径财政收入可以定义为政府性基金收入、土地有偿使用收入、社保基金收入、一般预算收入、预算外收入，2009年全口径财政收入为10.8万亿元，占国内生产总值（GDP）的比重为32.2%。如仅以税收收入占GDP的比重比较，中国近期税负已与美国、日本、德国、韩国等发达国家接近；如包含社保税，中国近期税负接近部分发达国家20世纪70—80年代的水平。[②]由于选取的指标和计算方法不同，各方得出的研究结果相去甚远，因此，有必要通过国际比较对中国的宏观税负进行分析（见表5-2）。

表5-2　2010—2017年OECD成员国宏观税负情况　单位：%

OECD国家	2010年	2011年	2012年	2013年	2014年	2015年	2016年	2017年
澳大利亚	25.31	25.93	26.95	27.16	27.33	27.92	27.76	—
奥地利	40.96	41.12	41.77	42.64	42.71	43.10	42.23	41.77
比利时	42.62	43.14	44.17	45.11	45.07	44.81	44.08	44.60
加拿大	31.08	30.88	31.25	31.21	31.34	32.68	32.71	32.24
智利	19.59	21.12	21.33	19.86	19.61	20.38	20.16	20.16
捷克	32.48	33.26	33.68	34.08	33.10	33.35	34.24	34.89
丹麦	44.76	44.79	45.51	45.89	48.53	46.13	46.19	45.98
爱沙尼亚	33.25	31.51	31.67	31.63	32.27	33.31	33.73	32.97
芬兰	40.79	42.03	42.68	43.62	43.81	43.93	44.02	43.34
法国	42.15	43.33	44.36	45.37	45.45	45.28	45.46	46.23
德国	35.01	35.70	36.39	36.77	36.70	36.99	37.43	37.54
希腊	32.02	33.64	35.50	35.46	35.75	36.58	38.84	39.39
匈牙利	37.27	36.25	38.36	37.95	37.99	38.71	39.21	37.71
冰岛	33.21	34.30	35.04	35.59	38.32	36.33	51.60	37.69

① 林赟、李大明、邱世峰："宏观税负的国际比较：1994—2007年——基于OECD的概念界定"，《学习与实践》，2009年第1期，第29-33页。

② 中国社会科学院财政与贸易研究所课题组："'十二五'时期的财政收支规模"，《经济研究参考》，2011年第3期，第30-46页。

续表

OECD国家	2010年	2011年	2012年	2013年	2014年	2015年	2016年	2017年
爱尔兰	27.01	27.39	27.55	28.22	28.41	23.11	23.33	22.84
以色列	30.75	30.90	30.03	30.81	31.15	31.31	31.29	32.73
意大利	41.86	41.91	43.90	44.05	43.47	43.11	42.61	42.39
日本	26.54	27.46	28.23	28.86	30.26	30.63	30.58	—
韩国	23.39	24.16	24.78	24.30	24.59	25.16	26.24	26.90
卢森堡	37.40	37.04	38.39	38.29	37.45	37.09	38.15	38.65
墨西哥	12.84	12.77	12.65	13.30	13.70	15.93	16.63	16.17
荷兰	35.66	35.44	35.59	36.11	37.05	37.01	38.40	38.75
新西兰	30.27	30.06	31.64	30.48	31.22	31.57	31.57	31.98
挪威	41.90	42.03	41.46	39.87	38.79	38.43	38.70	38.23
波兰	31.42	31.85	32.08	31.94	31.88	32.37	33.39	33.90
葡萄牙	30.41	32.33	31.78	34.07	34.26	34.45	34.32	34.71
斯洛伐克	28.08	28.62	28.34	30.24	31.12	32.18	32.39	32.90
斯洛文尼亚	36.90	36.48	36.80	36.42	36.19	36.35	36.45	36.02
西班牙	31.21	31.17	32.13	32.91	33.59	33.59	33.19	33.66
瑞典	43.22	42.51	42.57	42.91	42.59	43.08	44.04	43.96
瑞士	26.60	26.89	26.91	27.00	26.88	27.60	27.76	28.46
土耳其	24.82	25.90	24.95	25.35	24.58	25.09	25.30	24.89
英国	32.31	33.21	32.41	32.20	31.83	32.16	32.73	33.26
美国	23.49	23.90	24.07	25.65	25.98	26.24	25.89	27.14
OECD平均	32.54	32.91	33.38	33.68	33.91	34.00	34.72	34.75
中国	22.44	23.55	24.39	24.59	24.71	24.81	24.64	25.42

资料来源：OECD网站；根据历年中国统计年鉴、部分年度统计公报、全国财政决算、预算草案报告（财政部网站）等整理，2013—2020 年社会保险基金收入扣除财政补贴收入，仅为社会保险费收入。

根据OECD宏观税负的统计口径，用税收收入和社会保险基金收入之和占 GDP 的比重进行衡量。根据表5-2的数据可知，2010—2017年，OECD成员国宏观税负的平均值缓慢上升，从2010年的32.54%上升至2017年的34.75%，其中瑞典、法国、丹麦、芬兰、比利时、意大利、奥地利处在第一梯队，宏观税负保持在40%以上，墨西哥宏观税负最低，最低的为墨西哥，保持在17%以内。与OECD成员国相比，我国的宏观税负并不高。以2017年为例，我国税收收入与社会保险基金收入之和为211524亿元，占GDP比重为25.42%。35个 OECD成员国同口径收入占 GDP比重的平均值为34.75%，比我国高近9.33个百分点。最高的为法国，高达46.23%。我国仅高于墨西哥、智利、爱尔兰与土耳其，略低于美国。通过表5-2的数据，结合第四章小、中、大口径对中国宏观税负情况进行分析，本研究认为衡量中国不同统计口径的宏观税负水平，应该明确宏观税负水平不是宏观税费水平，税与费必须分开考虑，中国非税收入比重较大，但不宜将此部分收入并入税收收入。因此，小口径的宏观税负是严格意义的税收负担，而大口径的宏观税负包含小口径税收负担与非税负担。就小口径的宏观税负而言，中国税负水平并不高，但如果加上非税收入，大口径税收负担即政府收入占GDP的比重偏高。由于政府收入形式的多样化、复杂化，各项非税收入占政府收入的比重偏高，从而造成公民有较强的税痛感。

二、税负之痛与公共服务投入

政府与民众在税收负担上的争议不仅仅指向政府收入口径的问题或者单纯衡量税负水平的高低，更指向税收收入的支出问题。必须将税收收入的汲取与支出两方面结合起来进行分析，才能对宏观税负水平进行合理的判断。税负水平的高低可以通过数据进行计算，而税负之痛更大程度取决于纳税人的主观感受，即实际缴纳的税收与期望所得（所需政府提供的公共产品和服务）的匹配程度。公众不仅关心从政府拿走多少税收收入，更关注政府从纳税人手中拿走税收后为纳税人是否为纳税人提供了相应的公共物品和公共服务。公众的税负焦虑反映出纳税人意识的增强，也体现了公众在税收问题上对知情权、参与权、表达权和监督权的强烈渴望。税收是政府提供公共物品和服务的价格，判断宏观税负水平的关键不仅在于政府征收多少税，更在于政府财政收入中真正用于民生支出规模占财政支出总规模的比重。正如贡斯当在《古代人的自由和现代人的自由》中所言，“人民不仅由于税负超过他们的财力而痛苦，而且为他们所纳税款的用途而痛苦。”[①]税负的高低本身不是衡量税负痛苦根本性问题，关键是责、权、利的一致性与成本受益的对称性。国际经验表明，在税负合理增加的情况下，如果政府增加公共物品和公共服务的供给以使大多数人福利得到改善，纳税人对自己生活状况满意，那么纳税人通常会理解和支持政府的税收政策。例如，瑞典和丹麦都是世界上宏观税负水平很高的国家，税负水平曾一度高达51%左右，近年来虽有所降低，但2017年仍分别为45.98%和43.96%。由于政府能够通过合理安排财政收入与支出，确保广大国民的社会福祉，

---

① ［法］邦亚曼·贡斯当：《古代人的自由与现代人的自由》，阎克文、刘满贯译，上海：上海世纪出版社，2005年版，第156–157页。

在2017年，瑞典和丹麦的财政支出中社会保障支出分别占到40.7%和38.2%，因此，纳税人认为付出税收负担较重的代价是值得的，国民的税痛感较低。相反，如果政府的公共服务提供不到位，即便宏观税负水平不高，民众仍然会有强烈的税痛感。

1994年分税制改革以来，中国经济快速发展，GDP从1994年的48637.5亿元到2020年的1015986.2亿元，税收收入从1994年的5126.9亿元到2020年的154312.3亿元，小口径宏观税收负担也从1994年的10.64%到2020年的15.19%，经济增长的同时税收收入和税收负担也快速增长。但在经济飞速发展的背后，环境的恶化、收入差距的逐步拉大以及教育和住房成本的逐年增加都直接影响着中国经济、社会的健康、均衡发展和社会公平的实现。中国的财政收入被大量地用于行政开支和那些本应由市场力量发挥主要作用的竞争性与盈利性领域，而在教育、社会保障、医疗等民生领域财政资金供给不足，导致政府提供的公共产品与社会经济发展和公众的需求存在比较大的距离。在相当程度上造成了中国以国富与民生失调为特征的发展失衡问题。统计显示，2019年在中国政府财政支出中，用于教育、社会保障和卫生健康等方面的民生支出分别是14.57%、12.30%和6.98%，这三项总和占财政支出的33.85%，低于OECD国家62%的平均水平。[①]由于公共产品和服务提供不足，公众从突飞猛进的经济发展和税收增长中获得收益不足，公共服务领域的供求矛盾仍然存在，各种本应由政府承担的福利性制度安排没能得到有效强化，形成一种国家经济增长而民众福利未能同步增长的发展悖论，这种悖论从社会公众对政府公共服务的满意度可以窥见一斑，2021年1—2月，《小康》杂志社联合国家信息中心在全国范围内展开了“2021中国现代公共服务发展指数”调查，调查结果显示，公众最盼望改善的三件事是医疗、住房和教育，17.5%的受访者认为医疗价格较贵难以承受；14.9%的受访者表示医疗价格很贵，无法承受。在超五成的受访者看来，保障性住房的公共服务价格“昂贵”，高居“公众眼中‘最贵’的十项公共服务”排行榜第二位。正是这种政府提供基本公共产品和服务与宏观税负水平的不对称，使纳税人产生强烈的税痛感。近年来，尤其是党的十八大以来，国家财政不断加大对民生领域的投入，2020年，我国财政一般公共预算对社会保障和就业的支出达32568.51亿元，比2010年的9130.62亿元增长了2.57倍，年均增长率14.85%，年均增长远高于这11年来税收收入7.93% 的平均增速。2020年财政一般公共预算支出中用于教育、住房保障、医疗卫生以及社会保障和就业的支出为95250.72亿元，比2010年这4项民生支出的28861.7亿元增长2.3倍，年均增长率

① Steffen Bach（2009）. Hansjorg Blochliger and Dominik Wallau，The Spending Power of Sub-Central Governments：A Pilot Study.com/CTPA/GOV/WP8，载朱青：“从国际比较视角看我国的分税制改革”，《财贸经济》，2010年第3期，第34-38页。

12.90%，其增速也高于这期间税收收入的平均增长率。这些数据表明，近年来，我国的税收收入在使用上更多向民生领域倾斜，使老百姓从税收中更多获益，从这个意义而言，我国的税负是不断优化的。同时，在财政用于民生领域的支出，政府所提供的公共服务水平与人民群众的期望和要求还存在一定的差距，优化财政支出结构，使税收更好地做到“取之于民、用之于民”仍是我国政府努力的方向。[①]

公民享受教育、健康和最低生活保障的权利，被视为对基本公民权的拓展或社会公民权（Social Citizenship）的一部分，在西方被统称为“社会权利”或“福利权利”，[②]公民通过纳税换取政府提供相应的公共产品和服务，如果政府不能提供良好的公共物品与公共服务，不能使公民的教育、健康和最低生活保障等最基本的公民权利得到保障，政府税收就将面临公共性的追问，政府治理合法性也会受到质疑。因此，现代政府税收的征收与支出应当以公共利益为依归，以公共福利最大化为其效用函数，优化公共支出结构，加大公共服务支出，在提供基本医疗、社会保障与义务教育等公共服务方面承担起责任，提供公共产品、满足公共需要、改善民生状况。这既是国家税收的根本目的，也是减少民众的税痛感，提高税收的公共性和合法性的重要途径。

三、税负痛感指数的度量

庞凤喜等认为税负痛感指数是公民对自身承担的税负担水平与获得的具有合意性的公共产品供给水平之间状况的一种主观判断及感受到的痛苦程度，即：

$$\text{税负痛感指数}=\frac{\text{公民的税收负担水平}}{\text{具有合意性的公共产品的供给水平}}$$

分子是根据IMF《政府财政统计年鉴》中政府来自国内的政府总收入，包括税收、社会缴款和其他收入，是大口径的税收负担水平。分母是政府提供的公共产品。[③]根据这个公式，可以将分母简化为政府提供指向民生的公共产品，包括政府在经济事务、环境保护、住房和社区设施、医疗保健、娱乐文化和宗教、教育、社会保护7个项目的支出总和。根据这个公式，可以对中国的税负痛苦指数进行测算，相关数据来源于国际货币基金组织出版的《政府财政统计年鉴》。

---

① 朱青：“对当前我国税负问题的看法”，《税务研究》，2017年第3期，第3–8页。

② 中国经济增长与宏观稳定课题组：“增长失衡与政府责任——基于社会性支出角度的分析”，《经济研究》，2006年第10期，第4–17页。

③ 庞凤喜、潘孝珍：“论税负痛感指数的构建及运用”，《中南财经政法大学学报》，2013年第2期，第71–75页。

根据表5-3的数据可知，2010—2015年我国民生支出总额逐年上升，由2010年的90950亿元上升至2015年的178920亿元，年均增长14.52%。其中，医疗保健支出增长最迅速，2010年支出5100亿元，2015年支出19250亿元，5年间增长2.8倍。其次是住房和社区设施支出，5年间增长1.42倍。显然，近年来我国对于民生支出是逐渐加大的。

表5-3　中国2010—2015年民生支出规模　单位：十亿元

支出内容＼年份	2010	2011	2012	2013	2014	2015
经济事务	3638	3883	4319	4903	5229	5984
环境保护	250	264	297	345	378	493
住房和社区设施	735	873	1029	1282	1481	1780
医疗保健	510	437	472	526	586	1925
娱乐文化和宗教	197	210	240	270	286	316
教育	1534	1705	2198	2297	2409	2647
社会保障	2231	3132	3831	4475	5119	4747
民生支出合计	9095	10504	12386	14098	15488	17892

资料来源：IMF. Government Finance Statistics Yearbook 2014—2017。

通过表5-4的数据可知，中国的税负痛感指数从2010年的1.220下降至2015年的1.118，意味着在2010年，公民为获得1个单位具有合意性的公共产品的供给，须付出1.220单位的税收成本，而到了2015年，公民为获得相同单位的合意性公共产品供给，只须付出1.118单位的税收成本。我国的税负痛感指数总体呈不断下降趋势。

表5-4　中国2010—2015年税负痛感指数　单位：十亿元

年份	政府总收入	民生支出	税负痛苦指数
2010	11096	9095	1.2200
2011	13299	10504	1.2661
2012	15235	12386	1.2300
2013	16995	14098	1.2055
2014	18521	15488	1.1958
2015	20013	17892	1.1185

资料来源：IMF. Government Finance Statistics Yearbook 2014—2017。

四、税负痛感指数的国际比较

IMF《政府财政统计年鉴》（2017）共报告了全世界130个国家或地区的政府财政收支情况，由于许多国家的数据并不完整，最终有70个国家的数据可以计算税负痛感指数（见表5-5）。根据IMF《政府财政统计年鉴》（2017）的分类，其中30个为发达国家，40个为发展中国家。

表5-5 发达国家2015年税负痛感指数排名 单位：十亿元

排名	国家	政府总收入	经济事务	环境保护	住房和社区设施	医疗保健	娱乐文化和宗教	教育	社会保障	民生总支出	税负痛感指数
1	日本	189292	19228	6093	3631	40720	1960	17343	85339	174314	1.0859
2	西班牙	409	45	9	6	65	13	44	184	366	1.1175
3	英国	720	57	15	9	143	12	96	308	640	1.125
4	荷兰	287133	27446	9571	2189	54064	9431	37157	113815	253673	1.1319
5	葡萄牙	77319	9076	691	890	11067	1348	10739	32818	66629	1.1604
6	芬兰	111552	9952	501	855	15009	3099	13090	53611	96117	1.1606
7	斯洛文尼亚	17419	2305	389	232	2590	624	2146	6706	14992	1.1619
8	捷克	1853	299	50	31	347	61	225	576	1589	1.1661
9	丹麦	1081	74	9	5	174	36	143	482	923	1.1712
10	美国	5743	586	—	93	1653	46	1108	1417	4903	1.1713
11	比利时	208011	26499	3567	1362	31454	4900	26348	82909	177039	1.1749
12	奥地利	171801	21091	1378	1109	27317	4158	16854	73748	145655	1.1795
13	澳大利亚	556	71	11	13	112	13	86	165	471	1.1805
14	希腊	84802	15619	2603	430	7973	1223	7593	36055	71496	1.1861
15	斯洛伐克	33532	4987	814	668	5635	810	3329	11814	28057	1.1951
16	卢森堡	22323	2799	514	265	2462	588	2527	9452	18607	1.1997
17	瑞典	2052	176	12	32	291	46	273	858	1688	1.2156
18	意大利	779	67	16	11	116	13	65	352	640	1.2172
19	爱沙尼亚	8033	966	140	73	1116	401	1235	2619	6550	1.2264
20	马耳他	3687	473	187	34	540	109	508	1148	2999	1.2294

续表

排名	国家	政府总收入	经济事务	环境保护	住房和社区设施	医疗保健	娱乐文化和宗教	教育	社会保障	民生总支出	税负痛感指数
21	新西兰	92025	7788	2472	1673	16816	2473	15332	28190	74744	1.2312
22	立陶宛	12846	1356	201	119	2164	348	2022	4155	10365	1.2394
23	德国	1337	95	18	12	217	31	127	575	1075	1.2437
24	冰岛	931	110	13	10	165	71	165	210	744	1.2513
25	拉脱维亚	8961	1034	169	238	926	393	1466	2794	7020	1.2765
26	挪威	1686	160	28	24	262	46	170	606	1296	1.3009
27	瑞士	219141	25809	3937	1303	14102	5326	33335	83590	167402	1.3091
28	以色列	429993	26451	6614	327	59311	16189	79685	124723	313300	1.3725
29	塞浦路斯	6917	614	63	319	451	160	1008	2113	4728	1.463
30	新加坡	76208	15869	963	3395	8937	2752	12124	7814	51854	1.4697

资料来源：IMF. Government Finance Statistics Yearbook 2014—2017。

根据表5–5数据可知，2015年发达国家中税负痛感指数平均值为1.2204，最高值与最低值之间波动幅度不大，最低的国家是日本，税负痛感指数是1.0859，税负痛感指数最高的是新加坡，税负痛感指数是1.4697，根据表5–4数据可知，中国2015年税负痛感指数是1.1185，仅仅高于日本和西班牙。

根据表5–6数据可知，2015年发展中国家税负痛感指数波动区间较大，最低的国家是阿根廷，税负痛感指数是1.0808，税负痛感指数最高的是阿富汗，税负痛感指数是3.7734。中国2015年税负痛感指数1.1185，在发展中国家中也属于较低的位置，仅高于阿根廷、哥斯达黎加、塞尔维亚、突尼斯和智利。

表5–6　发展中国家2015年税负痛感指数排名　单位：十亿元

排名	国家	政府总收入	经济事务	环境保护	住房和社区设施	医疗保健	娱乐文化和宗教	教育	社会保障	民生总支出	税负痛感指数
1	阿根廷	1319349	324681	2128	36759	107938	4471	99316	645400	1220693	1.0808
2	哥斯达黎加	7323	624	40	15	1885	58	2166	1984	6772	1.0814
3	塞尔维亚	1463	229	15	57	215	40	147	630	1333	1.0975
4	科威特	13314	2382	14	1308	1596	564	2825	3341	12030	1.1067
5	突尼斯	22710	5919	219	843	1172	633	4013	7563	20362	1.1153

续表

排名	国家	政府总收入	经济事务	环境保护	住房和社区设施	医疗保健	娱乐文化和宗教	教育	社会保障	民生总支出	税负痛感指数
6	智利	33548	4872	136	606	6944	293	7392	9753	29996	1.1184
7	科索沃	1479	385	20	42	168	38	280	386	1319	1.1213
8	摩尔多瓦	43681	5267	450	1036	6456	1116	8462	15717	38504	1.1345
9	埃及	538	48	2	24	40	32	96	232	474	1.1350
10	爱尔兰	70603	8657	1018	1478	14569	1481	9374	24633	61210	1.1535
11	葡萄牙	77319	9076	691	890	11067	1348	10739	32818	66629	1.1604
12	斯洛文尼亚	17419	2305	389	232	2590	624	2146	6706	14992	1.1619
13	保加利亚	34618	5362	699	1881	4833	1499	3522	11753	29549	1.1715
14	波兰	700460	82764	10958	12697	83685	20279	93700	285959	590042	1.1871
15	哈萨克斯坦	7205	1194	18	443	864	294	1365	1841	6019	1.1970
16	特立尼达和多巴哥	62149	19669	3941	2602	4620	1335	9260	10245	51672	1.2028
17	意大利	779	67	16	11	116	13	65	352	640	1.2172
18	吉尔吉斯斯坦	153112	20854	810	8233	15220	3683	29995	46295	125090	1.2240
19	泰国	2032	509	4	73	156	32	516	345	1635	1.2428
20	罗马尼亚	248290	37815	7151	10316	29937	8587	21819	81579	197204	1.2591
21	匈牙利	16542	2936	417	368	1806	731	1754	5085	13097	1.2630
22	格鲁吉亚	8963	1288	133	411	906	574	1074	2467	6853	1.3079
23	白俄罗斯	38	4	0	2	4	1	5	13	29	1.3103
24	乌克兰	831806	38402	5530	15700	71402	16228	114193	368555	630010	1.3203
25	阿塞拜疆	18696	7176	4	418	728	281	1671	3710	13988	1.3366
26	南非	1529	251	14	121	187	46	312	212	1143	1.3377
27	毛里求斯	100590	10446	2661	2983	10082	1185	16352	31185	74894	1.3431
28	土耳其	792	81	8	17	122	19	87	254	588	1.3469
29	不丹	35096	10200	94	1275	3458	1857	7770	24	24678	1.4222
30	乌兹别克斯坦	66757	7671	29	718	5836	600	14200	16889	45943	1.4530

续表

排名	国家	政府总收入	经济事务	环境保护	住房和社区设施	医疗保健	娱乐文化和宗教	教育	社会保障	民生总支出	税负痛感指数
31	萨尔瓦多	5245	837	34	140	908	23	957	527	3426	1.5309
32	塞舌尔	6349	591	291	268	734	251	870	1136	4141	1.5332
33	阿拉伯联合酋长国	281261	47702	6550	16614	31857	5442	22480	36009	166654	1.6877
34	俄罗斯	31110	2179	40	666	2265	304	722	10308	16484	1.8873
35	印度尼西亚	1742	246	24	144	99	13	343	32	901	1.9334
36	印度	14179	3899	—	1315	351	—	620	—	6185	2.2925
37	阿尔巴尼亚	324721	59066	1383	27650	39306	6457	44383	13126	132305	2.4543
38	蒙古	6039	1190	43	52	483	39	330	2	2139	2.8233
39	基里巴斯	291115	46048	3655	22562	—	—	22465	3085	97815	2.9762
40	阿富汗	663397	82652	1123	3536	18478	2658	49468	17895	175810	3.7734

资料来源：IMF. Government Finance Statistics Yearbook 2014—2017，由于数据可得性问题，毛里求斯和蒙古是2016年数据；特立尼达和多巴哥是2014年数据；印度是2013年数据；突尼斯、塞尔维亚是2012年数据。

通过与全球70个国家的横向比较，我们可以发现，中国的税负痛感指数在发展中国家乃至全球国家中都处于较低的水平，而且，中国近些年的税负痛感指数呈持续下降的趋势，这是与我国民生投入不断增加直接相关的。下一步，还需继续优化财政支出结构，不断提高财政资金的使用效益，更好地服务经济社会高质量发展，从而进一步降低公民税负痛感指数。

第三节 失衡的税负：对税收可持续性的追问

透过前述政府与民众在税负问题上的争议，可以发现两者的分歧是在税负公平上有着不同的衡量标准。民众的税负痛苦体验不能仅通过单向度的税负水平测算来衡量，而是要通过获得的公共服务的数量和质量，从责、权、利的一致性或成本与受益的对称性来衡量。这种衡量标准除了关注税收对纳税人自由权和财产权的限制和剥夺程度，更关注的是基于税负公平原则的纳税人平等权利的实现。由于中国现有的税收制度未能很好体现“公平地相同对待和公平地区别对待”的税负公平原则而造成税负失衡，从而给税收可持续性带来不利影响。

一、税制结构的失衡

税制结构（Structure of Tax System）是指实行复合税制的国家在按一定标准进行税收分类的基础上所形成的税收分布格局及其相互关系，[①]它体现了一个国家税种制度的整体布局和内部构造。由于各国经济条件、历史传统和政策目标不同，在税种设置和税收分布格局上也不同，从而形成各具特点的税制结构类型或税制结构模式。根据复合税制中主体税种的不同，大体可分为以流转税为主体、以所得税为主体和以流转税和所得税并重的双主体三种税制结构。由于流转税多采用统一税率、对商品和劳务的流转额课征，征管简单方便，且不易受成本变动的影响能够保证财政收入稳定可靠与及时，而且流转税通常能够将税款以各种方式转嫁给他人负担，使纳税人对国家的课税行为的敏感度较低，因此，发展中国家大多采用以流转税为主体的税制结构。所得税以纳税人所得为课税对象，税收收入能反映国民收入的增减变化，同时能灵活调节纳税人实际收入，对消费、储蓄和投资等行为能产生影响和制约作用，与流转税相比，所得税难以转嫁，所以公众关注程度较高，财政支出受到公众监督的力度更大，再加上所得税的累进税率具有“内在稳定器”的自动调节功能，更能体现税收的公平与公正。但由于以所得税为主体税种的税制结构必须建立在经济高度商品化、货币化和社会化基础上，依靠先进的税收征管系统，[②]因此以所得税为主体的国家以经济发达的西方国家为主。据统计资料分析，世界上经济最发达的工业化国家中，有2/3以上实施了以所得税为主体的税制结构模式。双主体税制结构由于能够兼顾财政收入和调节分配的目标，多为中等收入国家采用。[③]中国在1994年分税制改革确定了以流转税与所得税为主体的双主体税制结构[④]，但在实际运行过程中存在着流转税占绝对主导地位，所得税地位相对弱化，流转税比重过高，主体税种结构失衡、税制结构不合理和不协调等问题，各税种间缺乏相互补

① 胡怡建：《税收经济学》，北京：经济科学出版社，2009年版，第194页。
② 李华罡：《税制结构变迁与优化的政治经济学分析》，北京：中国税务出版社，2009年版，第264—265页。
③ 胡怡建：《税收经济学》，北京：经济科学出版社，2009年版，第196页。
④ 岳树民、李建清：《优化税制结构研究》，北京：中国人民大学出版社，2007年版，第203页。

充机制，不利于各税种的整体作用的发挥。

（一）主体税种结构失衡

在中国税制体系（见表5-7）中大致可归为直接税和间接税两大类，间接税主要对商品课税，包括增值税、消费税、关税等，税负容易转嫁给最终消费者，对纳税人的生产经营行为扭曲作用较小；直接税主要包括所得课税和财产课税两大类，其特点是税负不容易转嫁，可以有效调节纳税人的收入，有利于实现税负公平。

表5-7 中国税制结构 单位：%

税种＼年份	2010	2011	2012	2013	2014	2015	2016	2017	2018	2019
增值税	40.64	38.87	36.52	35.16	34.41	31.68	37.75	45.85	45.70	45.07
消费税	8.74	8.29	8.01	7.58	7.58	8.37	7.85	7.16	6.79	7.83
企业所得税	18.80	20.48	19.87	19.91	20.41	20.37	20.73	20.76	20.88	21.80
个人所得税	6.25	6.32	5.25	5.44	5.69	6.34	7.18	7.68	8.16	6.04
资源税	0.54	0.63	0.82	0.84	0.84	0.76	0.68	0.87	0.96	1.06
城市维护建设税	2.44	2.90	2.82	2.85	2.81	2.87	2.88	2.80	2.86	2.80
房产税	1.16	1.15	1.24	1.32	1.43	1.51	1.58	1.67	1.70	1.74
印花税	1.35	1.09	0.89	1.04	1.19	2.53	1.58	1.4	1.30	1.43
城镇土地使用税	1.30	1.28	1.39	1.43	1.54	1.58	1.61	1.52	1.40	1.28
土地增值税	1.65	2.15	2.45	2.7	3.02	2.82	3.00	3.15	3.32	3.76
车船税	0.31	0.32	0.35	0.40	0.42	0.45	0.48	0.50	0.49	0.51
车辆购置税	2.32	2.14	2.01	2.16	2.23	2.05	1.90	2.11	2.03	2.03
烟叶税	0.10	0.10	0.12	0.13	0.11	0.10	0.09	0.07	0.07	0.06
耕地占用税	—	—	1.44	1.45	1.54	1.51	1.43	1.06	0.78	0.81
契税	—	—	2.58	3.18	3.06	2.85	3.06	3.15	3.37	3.61

资料来源：《中国统计年鉴》，北京：中国统计出版社，2011—2020年版。

从表5-7数据可以看出，增值税作为我国第一大税种，2010年增值税收入在税收总收入中占40.64%，然后逐年下降，2015年达到最低点31.68%，2016年5月1日起，中国全面推开“营改增”试点，2016年增值税占比37.75%，之后每年保持在45%左右。企业所得税作为我国第二大税种，2010年占税收总收入18.80%，2019年占比为21.80%，总体占比稳定。第三大税种消费税和第四大税种个人所得税的占比也比较稳定。2019年，增值税占比45.07%，消费税占比7.83%，两项主要间接税占税收总收入52.90%。企业所得税占比21.80%，个人所得税占比6.04%，直接税两大税种占比总和27.84%，远低于间接税的比重，由此可见，中国现行税制结构是以间接税为主体的税制结构。以直接税与间接税为主体的双主体税制结构并未建立起来。间接税以商品劳务的交易额为税基，不考虑企业经营效益和实际负担能力以及个人的收入水平，有利于政府筹集收入，但是容易以各种方式将税负转嫁，从而造成税收负担的最终承担者往往并不是名义上的纳税人。直接税的主体税种增值税涵盖居民部门生活需要相关的大多数商品和劳务，因此税负的最终承担者是商品和劳务的消费者。[①]从表面上看中国税收大部分由企业交纳，但是企业部门可以将税收负担转嫁给居民部门，实际上主要由居民部门承担税收负担，导致居民部门税负不断加重。[②]

由于增值税实行比例税率，在现实生活中需求弹性较高的商品往往是奢侈品，而需要弹性较低的商品往往是生活必需品，根据经济学高收入者边际消费低于中低收入者的假说，实行比例税率的增值税对收入分配的影响是累退的。[③]中国现行增值税在零售环节是通过价内税的方式筹集的，将税款作为商品价格的组成部分，纳税人难以通过选择性消费来规避增值税。张敏等运用投入产出微观模拟研究方法测算2018年我国城镇居民间接税税负，研究表明间接税税负率与城镇居民收入水平负相关，间接税具有累退性，对城镇居民收入分配具有逆向调节作用。[④]居于税制结构的主体的地位的间接税过重，限制了所得税收入的增长空间，[⑤]造成主体税制结构失衡，使中国目前的税制结构从整体而言具有明显的累退性，有碍于税收负担的公平分配。

（二）辅助税种设置不合理

中国税制结构以流转税和所得税为主体税种外，还选择了特定功能的辅助税种以补充主体税种在实现税收政策目标中的不足。例如在形成环节通过征收资源税、土地使用税等税种调节级差收入、提高资源的利用效率，促进企业公平竞争；在分配环节征收土地增值税，抑制行业暴利，增加政府财政收入；设置房产税、车船使用税等税种，补充所得税之不足，调节社会成员之间的收入差距，促进社会公平；其他还设有属于受益课税的城市维护建设税，以扩大和稳定城市和乡镇建设资金来源。但由于一些矫正性税收和收益性税收的缺位，制约了经济的发展，也造成税收负担的不公。例如随着经济的发展，民众收入水平的提高，社会的贫富差距也在拉

---

①③ 吕冰洋：“我国税收制度与三类收入分配的关系分析”，《税务研究》，2010年第3期，第28–32页。
② 郭庆旺、吕冰洋：“中国税收负担的综合分析”，《财经问题研究》，2010年第12期，第3–10页。
④ 张敏、李颖、曹青：“间接税税负归宿对城镇居民收入分配的影响研究“，2021年第9期，第112–117页。
⑤ 岳树民、李建清：《优化税制结构研究》，北京：中国人民大学出版社，2007年版，第205页。

大，因此，作为辅助个人所得税进行收入调节的财产税体系的课征已十分必要，但目前这一领域的课税体系不够健全，从而使对个人收入分配的调节过多依赖于个人所得税。又例如在全面“营改增”后，地方丧失了能够与营业税相匹配的主力地方税种，引入房地产税不失为一个合理的解决方案。近年来，房地产税法一直备受各界关注，相关部门也曾数次披露其起草和立法进程。从2013年党的十八届三中全会要求“加快房地产税立法并适时推进改革”到党的十九大后明确“立法先行、充分授权、分步推进”的原则，经过多年的探索，我国房地产税改革已到稳步推进立法的阶段，社会各界寄望于其能通过增加保有环节税收的方式，为地方公共服务融资以及应对房地产业出现的周期性波动。而房地产税改革涉及面广、影响深远，待论证的问题较多，既有改革法理依据原因，更有制度设计因素。①2021年10月，全国人民代表大会常务委员会授权国务院在部分地区开展房地产税改革试点工作，为积极稳妥推进房地产税立法与改革，引导住房合理消费和土地资源节约集约利用，促进房地产市场平稳健康发展迈开了重要的一步。但由于目前中国税制结构中辅助税种的缺位，使税收调控系统的层次性调节出现断层，②影响税收调控体系整体功能的发挥，削弱了税收对于资源配置和收入公平分配的调控功能。

二、税收竞争与税收利维坦

税收竞争是指一级政府为吸引流动生产要素，促进经济增长，进而提高国民福利，③在税率设定和税制安排上相互博弈和竞争的行为。④从主体和区域上看，可分为国际税收竞争和一国内部地方政府间税收竞争。国内税收竞争又包括地区间税收竞争（横向税收竞争）和中央与地方政府间的税收竞争（纵向税收竞争）。对地方政府而言，税收竞争是财政分权化的必然产物。最早的税收竞争模型可以追溯到蒂布特（Tiebout）1956在《政治经济学杂志》年发表的论文《地方支出纯理论》，他讨论了在财政分权的制度安排下地方公共产品和辖区竞争的关系，强调地区间的竞争对促进政府效率提高的重要作用，认为居民可以通过“用脚投票”的方式选择公共服务与税收最佳组合的社区进行居住，从而迫使地方政府提高公共服务的效率以达到帕累托最优。⑤而奥茨（Oates）则认为税收竞争可能带来负面效应。地方政府

① 蒋励佳、李秋正：“新加坡房地产税实践经验借鉴及中国的政策选择”，《中国发展观察》，2020年第4期，第117–120页。

② 岳树民、李建清：《优化税制结构研究》，北京：中国人民大学出版社，2007年版，第206–208页。

③ 曾康华：《当代西方税收理论与税制改革研究》，北京：中国税务出版社，2011年版，第213页。

④ Davd E. Wildasin，John Dogulas Wilson.（2004）. Capital Tax Competition：Bane or Boom？. Journal of Economic，vol.88. p.1065–1091.

⑤ Charles M Tiebout（1956）. A pure Theory of Local Expenditures.The Journal of Political Economy，Vol.64.p.416–424.

竞相降低相应的税收以吸引资本，使政府无法筹集足够的资金以提供最优的公共物品和服务产出，尤其是那些与企业投资无关的公共支出项目，从而导致地方公共服务的产出达不到最优水平。①

由于受户籍制度以及较高的地区间迁移成本，中国民众跨地区流动受到很大限制，弱化了“用脚投票”机制作用的发挥，而且中央政府对地方官员的委任制与地方官员晋升锦标赛的制度设计使地方政府行为更多受到来自上级政府政绩考核偏好与目标偏好的约束，而不是受公众的约束。中央与地方的分权使地方政府在推动地方经济增长和提供地区性公共产品的职责大大增强，而不再仅仅是中央政府政策与计划的执行者。以GDP为主要指标的政绩考核机制决定了政府官员需要依靠资本与税收收入的流入来谋求政绩。因此，中国式财政分权下的分税制与晋升锦标赛的结合提供了一种具有中国特色的激励地方官员推动地方经济发展的税收治理模式。在这种治理模式下，中央政府作为税收政策制定者具有相对的垄断性，地方政府基本上是无力与中央政府竞争的，而是通过提高税收征管效率来弥补纵向财政竞争损失，因此中国的税收竞争更多的发生在地方政府间的横向竞争。作为政府间竞争的重要内容，税收竞争服务于地方政府竞争目标，再加上在2018年国地税合并前，中国地方税务机构长期实行“条块结合、以块为主”的管理体制，进一步固化了地方政府间税收竞争的利益格局。

（一）税收竞争异化是造成地区间税负不公的重要原因

当前中国地方政府间税收竞争主要有两种形式：一种以吸引外来投资为导向的税收竞争，主要通过税收奖励、财政补贴、提供综合配套措施、低价甚至无偿出让土地等变相的税收优惠来实现；另一种是地方政府通过行政管制行为，限制本地税源流向外地或限制外地产品进入本地市场，以实行地方保护主义为导向的税收竞争。②适当的税收竞争有利于适度的政府间税收竞争有利于调动各地区的积极性，推动地方政府通过不断改进管理方式、创造优良的纳税环境和优化纳税服务以吸引技术、人才和外来资金等资源以促进地区经济发展。但是过度税收竞争反而会导致地方政府之间的税收竞争异化，不仅不利于地区间优势互补式的协调发展，导致地区间税负不公、公共服务支出不足、税收成本增加等现象的发生，还会破坏依法纳税的环境，加剧区域经济的非均衡发展，弱化了税收的可持续发展。

首先，税收优惠政策在地方政府具体实施过程中走样和“变相税收减免”弱化国家宏观调控效果，扰乱正常的税收秩序。如普遍存在的以地方财政支出为支撑的

---

① Wallace E Oates（1969）. The Effects of Property Taxes and Local Public Spending on Property Values：An Empirical Study of Tax Capitalization and the Tiebout Hypothesis，The Journal of Political Economy，Vol.77.p.957–971.

② 刘晔、漆亮亮：“当前我国地方政府间税收竞争探讨”，《税务研究》，2007年第5期，第55–57页。

税收“税收打折”和“先征后返”等现象成了地区间为争夺资源的不当税收竞争手段，从而造成很多不符合优惠政策的企业也享受了税收优惠，不仅没有起到预期的促进地区经济结构升级和经济发展的作用，反而影响区域间的统筹协调发展和产业结构的调整。

其次，各地方政府采取的“以邻为壑”的过度税收竞争政策违背税负公平原则，扭曲资源与经济活动在区域间的合理流向。税收公平原则的横向公平和纵向公平要求相同经济状况的纳税人应当缴纳形同的税款，不同经济状况的纳税人应当缴纳不同的税款。而各个地方政府擅自出台的税收优惠措施和差异较大的税收执法力度则会破坏税负公平原则，导致过多的资源与经济活动将流向低税负的地区，使具有相同经济状况的纳税人因在不同地区进行经营活动而产生税负差异，造成地区间税负不公，不利于营造一个税负公平的竞争环境。

最后，税收竞争异化造成地方公共服务提供的质量与数量的下降，降低公共服务水平。地方政府通过行政干预等手段，降低实际有效税率以吸引资本、技术及人才等资源，或者是通过税收返还等方式间接进行的税收竞争必然会侵蚀税基，使政府无法为最优的公共服务产出筹集足够的资金，从而未能提高地方政府提供公共产品和公共服务的效率，反而会由于财政收入下降导致政府提供公共产品及公共服务的效率和规模水平的降低。而且，为了为吸引资本品的投入，政府在地方收入总量一定的情况下，将会加大基础建设等特定支出的投入来吸引投资，而忽视社会保障、教育、医疗卫生保障等民生支出的供给，从而降低公共服务的水平。傅勇等通过对1994—2004年的中国省级面板数据实证分析，指出中国的财政分权以及基于政绩考核下的政府税收竞争，加大了生产性基础设施建设投资，而忽视短期内对地区经济增长促进效果不明显的科教文卫支出，造就了地方政府“重基本建设、轻人力资本投资和公共服务”的公共支出结构明显扭曲。①马光荣等的研究也表明在中国式的财政分权体制下，地方政府在政治晋升激励的驱动下为GDP增长实施“打到底线的竞争”，②导致地方公共品，尤其是教育、医疗、社会保障等非生产性公共品的提供不足。

（二）税收竞争异化是税收利维坦扩张的重要因素

英国政治学者托马斯·霍布斯将政府比喻为圣经中的不断自我膨胀的巨兽利维坦（Leviathan），在保护民众的同时又对民众造成祸害，因此需要约束其权力。布伦南和布坎南从这个角度出发，建立了一个使用不同税收和相应财政工具来试图控

① 傅勇、张晏：“中国式分权与财政支出结构偏向：为增长而竞争的代价”，《管理世界》，2007年第3期，第4-12页。

② 马光荣、杨恩艳：“打到底线的竞争——财政分权、政府目标与公共品的提供”，《经济评论》，2010年第6期，第59-69页。

制政府规模扩张的“利维坦”理论及其假说，假说认为政府是一个追求税收收入最大化的组织，其收入和支出越分权，政府对经济的介入就越小，因此，地方政府之间的税收竞争有助于遏制地方政府规模过度膨胀。奥茨提出了相反的观点，他认为相对中央和次中央政府，公民更容易在财政充分分权的体制下参与到地方政府的支出决策过程，同时财政分权使地方政府更易受到地方选民偏好的影响，而选民偏好的多样性会推动地方政府规模的扩大，并且分权带来的负效应也将扩大政府支出。①

中国式财政分权下经济分权是建立在垂直的政治管理体制基础之上的，中央政府在保持在政治上的绝对控制力的同时赋予地方政府财政资源支配权力。中国1994年分税制改革以来，政府间财政关系主要表现为事权逐级下放与财权层层向上集中，中央政府拥有税收的立法权，地方政府没有与事权对应的税收立法权，只拥有征收管理权和部分税种的减免权。在对上负责的官员考核、晋升机制与地方政府之间财政竞争机制的作用下，地方政府积极开展税收竞争而导致地方政府规模不断膨胀，成为税收利维坦扩张的一个重要因素。

首先，在以经济增长率为核心的考核指标压力下，地方政府有极大的动力去推动本地经济的增长。一方面，通过财政补贴、税收减免等税收优惠措施吸引外来投资，拉动本地经济增长；另一方面，地方政府为吸引流动性资源而展开公共服务竞争，并把大量的财政资源投入经济建设和生产性基础设施建设，改善本地区公共设施，营造优良的投资环境，激烈的竞争推动了财政支出规模持续扩大，从而造成地方政府规模的膨胀。特别是经济发展相对落后的西部地区，由于税基小、税源少，当地政府往往通过提高非税收入以满足刚性支出的要求，从而导致政府规模的相对扩大。胡书东通过考察财政分权与地方政府规模的关系，发现中国的财政分权未能约束地方政府规模的扩张。②王文剑运用1996—2005年中国省级面板数据进行实证检验也发现中国的财政收入、支出分权与地方政府整体规模正相关，认为在当前的中国财政分权体制下由于地方政府积极开展财政支出竞争导致地方政府规模不断扩张。③

其次，分税制改革后，由于在税权高度集中，支出责任高度分散的情况下，地方政府缺乏必要的税收收入为公共服务提供所需的资金，因此，转移支付成为填补地方财政失衡的重要手段。由于中国现行的财政转移支付制度并不规范，地方政府在收支权力不对称的财政分权体制下，竞相扩大支出规模，使用税收竞争手段以获得资源，以争取尽可能多的转移支付和财政补贴，而且毗邻城市政府的税收政策存在显著正向的空间策略互动性，由此衍生出地方政府基于土地和投融资平台的

① Oates W E (1997). On the Welfare Gains from Fiscal Decentralization, Journal of Finance and Public Choice.Vol.23.p.83–92.
② 胡书东：《经济发展中的中央和地方关系——中国财政制度变迁研究》，上海：上海三联书店，2001年版，第103–123页。
③ 王文剑："中国的财政分权与地方政府规模及结构"，《世界经济文汇》，2010年第5期，第105–119页。

派生权利，“逐底竞争”成为中西部地区吸引产业落户、弥补资本外流的主要策略选择。[①]

最后，在税收竞争中，地方政府竞争使得辖区财政在改善民生和降低税率的双重挤压下出现较大缺口，于是地方政府债务扩张成为地方政府打破预算硬约束的有效手段，由于政府规模的不断扩大，财政支出、行政管理费支出也在不断增加，从而导致税务利维坦的不断膨胀。根据国家审计署公布的全国地方政府债务审计数据显示，截至2010年，全国地方性政府债务余额107175亿元，占当年全国一般公共预算收入总额的128.97%，2020年中国地方政府债务余额升至256611亿元，占当年全国一般公共预算收入总额的140.30%，地方政府债务快速增长对经济社会发展造成重大风险。

从图5-1的数据可知，2015—2020年，中国地方政府债务一直呈上升趋势，2015年中国地方政府债务余额147586.37亿元，2020年，地方政府债务余额达到256611亿元，5年间，地方债务余额增长了73.89%，竞争性的财政利益表达推动了中国地方政府债务扩张。快速攀升的各项政府支出不仅加重了中国总体税负水平的提高，而且地方政府对政绩的追求使得税收竞争还伴随着财政支出结构的扭曲，政府官员在晋升锦标赛的压力下趋于使用资源密集型的政绩工程[②]和基础设施等容易度量的指标实现更快的经济增长和政绩改善[③]，形成“重基本建设、轻公共服务”的格局。

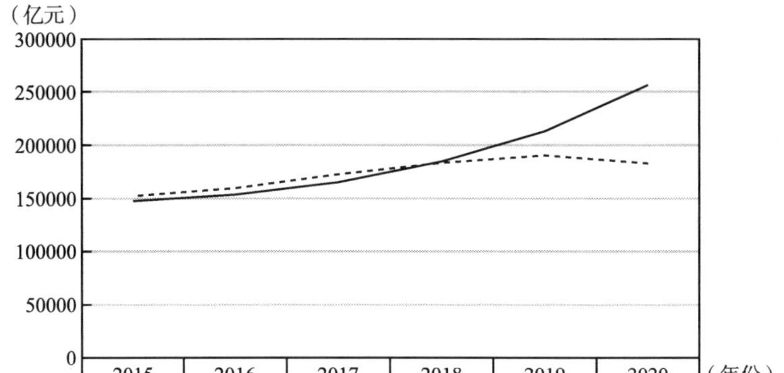

（年份）	2015	2016	2017	2018	2019	2020
—— 地方政府债务余额	147568.37	153557.59	165100	184619	213098	256611
----- 一般公共预算收入	152269.23	159604.97	172592.77	183359.84	190390.08	182913.88

图5-1　2015—2020年中国地方政府债务增长情况

资料来源：《中国统计年鉴》，北京：中国统计出版社，2016—2020年版。

① 马恩涛、姜超：“互补还是替代：地方政府财政支出空间关联性研究”，《公共财政研究》，2018年第5期，第22-37页。
② 周雪光：“‘逆向软约束预算’——一个政府行为的组织分析”，《中国社会科学》，2005年第2期，第132-143页。
③ 张军、高远、傅勇、张弘：“中国为什么拥有了良好的基础设施”，《经济研究》，2007年第3期，第4-19页。

如图5-2所示，中国2009年政府雇员1380万人。2019年达到1957万人，10年间增长了577万人，政府的正常运转需要依靠纳税人缴纳的税款来维持，规模过大的政府只会过度耗费资源而不能使社会因其存在而更富有效率和公平。因此，有必要通过制度安排来改变地方政府的税收行为激励，使地区间、企业间、纳税人间承受公平、合理的税收负担，从而推动政府从政绩导向型向公共服务型转变，促进税收的可持续发展。

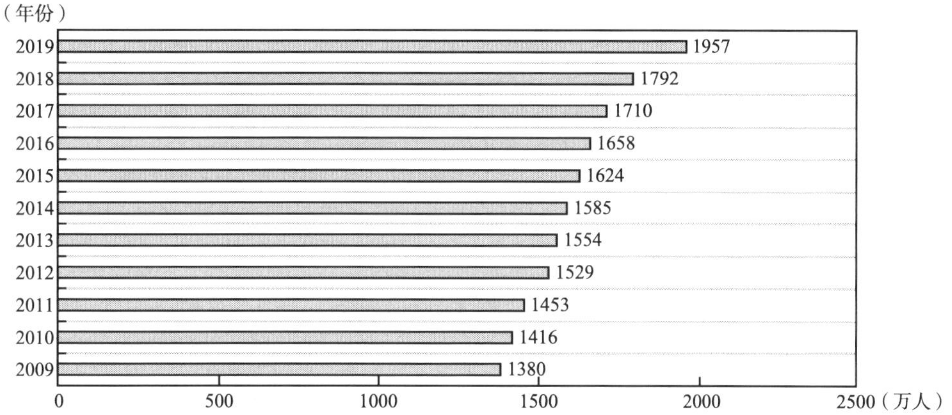

图5-2　2009—2019年中国政府雇员增长情况

资料来源：《中国统计年鉴》，北京：中国统计出版社，2010—2020年版。

三、税负代际公平的忽视

如前所述，现代意义的税负公平观，突破了传统意义上的横向公平和纵向公平内涵，强调时间维度上的代际公平，兼顾社会经济与环境资源的可持续协调发展。税收可持续发展建立在生态可持续能力、社会公正和人们积极参与自身发展的决策的基础上，不仅蕴含着税收程序正义和形式正义，而且进一步体现了税权实体和实质正义的价值目标。但由于中国税收制度制定和执行中不够重视税负的代际公平和可持续发展，从而造成税负的代际不公。

（一）中国现行调节国民收入分配的政策阻碍了税收代际公平的实现

中国现行税收制度中发挥调节国民收入差距，实现社会公平中的主要税种是个人所得税，但由于中国现行调节收入分配的税收体系不尽合理，导致税收的调控功能得不到有效发挥，造成各社会阶层之间和代际间税负不公，在一定程度上弱化了税收的再分配功能，从而限制税收代际公平的实现。

首先，从个人所得税收入规模上看，个人所得税是中国1994年税制改革以来增长速度最快的税种，2011年中国个人所得税已占税收收入总额的6.0%，目前已成为国内税收的第四大税种，但是税收收入总体规模依然偏小，对国民收入的调节力度有限。

其次，从个人所得税收入结构分析，由于税制设计和征管手段等问题，中国个人所得税主要针对劳动要素征税，而对资本要素的所得征税较轻，把征税重点放在了工薪阶层，对高收入人群的征收的力度较弱，造成社会阶层的税负不公。

最后，从调节国民收入分配的其他税种来看，中国现行财产税体系设置不够合理，造成了某些领域的税种缺位，未能有效弥补个人所得税无法对存量财富进行课税的局限，导致调节居民收入分配的税种配合失调。加上中国尚未开征遗产税和赠与税，无法有效抑制财富代际转移，难以发挥税收调节收入分配、引导资源配置和实现社会公平的作用。

（二）中国现行环境保护税收政策限制了税收代际公平的实现

改革开放以来，中国由于粗放的经济增长方式和环境管理不力导致资源过快损耗和环境污染加剧。每年因为水质污染、大气污染、生态环境破坏和自然灾害造成的损失惊人。原来那种“高投入、高消耗、高排放、难循环、低效率”的经济增长方式，是导致经济和社会发展不可持续的关键因素。由此，政府必须建立一套科学、有效的税收体系，引导投资和消费，调整经济结构，优化资源配置，推动资源环境与经济社会的可持续协调发展，从而促进税收的代际公平和可持续发展。

中国现行税制中与保护资源环境有关的税种有环境保护税、企业所得税、耕地占用税、城镇土地使用税、车船税、城市维护建设税、资源税、增值税、消费税9个税种。除了2018年新开征的环境保护税是我国首个以保护环境为目标的税种，其他税种都是传统税种。一方面通过税种的税率、税目对生产、消费等行为进行约束和引导，为保护环境，促进合理利用资源而征收的限制性税收，另一方面是通过税收优惠政策鼓励保护环境，低碳发展，运用税制的双向调控作用，减少碳排放，保护生态环境。虽然中国设置了一些保护资源环境的税种，但有关环境税收政策只是散见于各相关税种之中，并未建立一个有效保护和促进合理利用资源环境的税收体系，存在着政策立法不够规范、调控力度不足；税种间各自独立、互不衔接；缺乏协调和相互补充机制，难以形成环境保护合力系统等问题，从而限制税收代际公平的实现。

首先，现行税种中有关环境保护的政策调节力度不足，弱化了税收对环境保护的作用。一是环境税收收入占总体税收收入比重较低。在2010—2019年10年间，我国资源环境税收总体占比变化不大，在12.54%—14.85%间波动，资源环境税收收入占总体税收收入比重仍然较低，政策调节力度不足，弱化了税收对环境保护的作用，限制了税收的代际公平与可持续发展的实现。二是征收范围较为狭窄，税收调节覆盖面低，就自然资源而言，未包括矿藏资源、森林、草场等环境资源和一些不可再生资源，起不到全面保护资源的作用，也易造成非应税资源的无序开采和使用；三是计税依据不合理、部分税种单位税率过低，弱化了税收对资源的保护作用。例如资源税单位税额设置偏低，无法体现资源的稀缺性，造成自然资源利用率低、浪费严重等现象，而且未能考虑资源的环境价值，难以达到有效控制污染、节约资源的目的。

其次，2018年开征的环境保护税，只规定了四种应税污染物，征收标准与原排污费的征收标准基本一致，总体负担与之前的排污费相比差异不明显，而且二氧化碳、放射性污染物等尚未被纳入征税范围。作为我国唯一以环境保护为目的的税种，总体占比较小，占总税收的比例在0.09%—0.24%波动。未能有效发挥保护生态环境的调节作用。

最后，现行环境保护的税收优惠政策有待完善。现行税制中的环境税收优惠政策形式过于单一，偏重于资源的综合利用和“三废”治理，对环保科技进步与创新的优惠不足；大部分优惠政策和激励措施局限于一般意义的减免税，较多实行直接优惠方式而很少采取间接优惠方式；对技术成果的优惠较多，缺乏对具体保护资源环境科技研究开发项目及其活动的优惠，而且优惠税种和项目偏少，适用范围狭窄，难以充分体现税收政策的导向作用和政策效应。

本章小结

税负公平问题上，政府注重的是客观标准即税收收入占GDP之比，而就民众而言，更重要的是一个主观评价即公平的感受。政府与民众在税负感受上的分歧，不仅再次清晰印证了征税者与纳税者所受制的不同立场，也说明了中国税收在公平上存在的诸多理念缺失与制度不足，而这些缺陷和不足就构成了中国税收改革乃至国家治理转型的时代背景。本章运用税负公平的分析框架，从税收的合法性、公共性和可持续性三个维度对中国税负公平存在的主要问题、形成机理及其成因进行探析，为中国促进税负公平的改革提供现实依据。首先，指出税收法定与税收民主的欠缺、税收制度供给不均衡、税收理念的滞后是造成中国税收合法性不足的主要原因；其次，围绕对税负痛苦指数这一问题的深度解析和思考，指出中国税负之痛的根源不仅仅在于税负水平高低本身，关键在于在国家与公民的税收关系中责权利的对应关系，正是由于公共服务投入与税收增长的不同步以及税收管理公共性的滞后造成税收公共性不彰；最后，在对税收可持续性的分析中得知税制结构的失衡、税收竞争异化导致税收利维坦的快速扩张、对税收代际公平的忽视是造成税收可持续性不足的主要原因。

第六章

路径选择：
促进中国税负公平的路向与对策

问题研究

税负公平作为税收的基本原则，既要求税负在全体纳税人之间合理分配，又要求国家征收的税收总量与国家为社会全体成员提供的总体福利相对称，使社会成员的基本权利得到保障，从而提高征纳双方的税收遵从度，促进经济、社会的发展与国民福祉的增长。而由于当下中国税收的合法性、公共性和可持续性不足，导致地区间、产业间、所有制间、社会阶层间和代际间税负不公，加上政府在民生支出的滞后，造成中国税负公平性不足。税负不公不仅影响到税收政策实施的效果，也影响了征纳双方在税收实践中的态度与行为，更影响了社会的整体公平与稳定。因此，有必要将税负公平的标准和原则置于税收善治的规范性目的之下，通过增强中国税收合法性、公共性和可持续性，寻求一条有利于提升社会资源配置效率、有利于激发生产者和投资者的积极性、有利于促进经济发展运行、有利于促进社会公平与社会和谐的税负公平之路。

第一节　构建行动规则，增强税收合法性，促进税负公平

政府征税的权威并不在于权力的张扬，而在于这种权威是建构在权力制约基础之上的合法性。税收合法性蕴涵着对公民权利和自由的尊重，既是税收获得征纳双方承认的价值根本和价值理由，也体现了个人权利与国家权力之间的博弈与合作关系。因此，必须构建一种在平等的基础上相互承认的税收行动规则，强调税收治理的公平、正义等原初价值和基础性意义，塑造政府公权力与公民私权利间合理的治理结构，以获得征纳双方的真正认可和支持，并在基于政府和公民之间取得共识的基础上推动税收合作治理。

一、相互承认的税收：权力与权利的耦合

政府实施税收过程必然要遵循一定的规则。在中国税收规则的制定和执行中税收合法性的构造与税负公平的实现，“相互承认关系的完整性结构”都是极为重要的基础。诚如查尔斯·泰勒所言：“对承认的需要，有时候是对承认的要求，已经成为当今政治的一个热门话题。”[①]霍耐特主张承认关系是自我实现的社会条件，提

---

① ［加］查尔斯·泰勒：“承认的政治”，载汪晖、陈燕谷：《文化与公共性》，北京：生活·读书·新知三联书店，1998年版，第290页。

出了一种多元的承认原则，作为对“一个社会需要什么样的承认原则”这一问题的回答，他认为不同的承认原则来自于不同的承认关系。泰勒将争取尊重的政治称为“平等尊严的政治”，认为承认强调各种形式的个体和共同体在平等对待基础上的认可。[①]并提出了两种平等承认的模式——平等尊严的政治和差异政治，认同的形式只有通过公开的对话，而不是预先设定的制度性话语构建相互的认同与承认。因此，相互承认的税收应该包含如下几个方面：

第一，相互承认的税收体现为对身份的相互认同。相互承认原则要求政府与民众彼此珍视对方具有的内在价值，在相互承认关系中，客观地将自己与对方理解为有价值的存在并予以尊重，并根据这种价值来相互对待，这是共同体的形式条件。因此在税收关系中，一方面是公民对国家税收征税权力的承认，另一方面是国家对公民财产权和其他合法权利的承认和保障，只有在平等的基础上相互承认对方权力与权利，强调税收治理的理性、公平、有效等原初价值和基础性意义，国家征税的权力和公民的合法权利才值得承认和被承认。

第二，相互承认的税收体现一种平等参与。相互承认原则要求任何规则必须具有相互性而不能是单向承认，只有全部受其影响的人参与实际对话并都认可的规则，才可宣称为有效的规则。[②]这要求通过对话相互理解彼此的要求和理由，从而在信息充分的情况下做出更好的决策。正如塔利所言，“一种正当的规则或法律规范必须是‘民有和民治’的”。[③]从税收治理的视角来看，原有中国税收治理“中心—边缘”治理模式的强制、命令与服从，形成一种排斥和怀疑的主体间关系而导致承认的扭曲。而税收治理的有效运行，是基于政府和公民之间取得共识的基础上获得合法性基础的集体行为，而不是先于表达和协商的单向管理，“中心—边缘”式的结构无法获得相互承认的治理主体地位。因此，必须让民众参与到争取承认的对话网络之中，按照相互承认的政治原则下建设相互关照的税收伦理，通过国家权力与公民权利的耦合形成税收合作治理的机制预设。

第三，相互承认的税收要求通过一种民主程序来决定具体的相互承认规范。民主对话过程是实现相互承认关系的必要条件。由于税收政策的专业性、技术性较强，因此在政策制定过程中的话语就必须是可理解的和向政策相关者开放的，从而通过相互承认基础上的平等协商对话实现对税收权力的监督与约束。

第四，相互承认的税收有益于促进税收关系中的信任与合作。信任关系是一种相互承认基础上的承诺，反映的是道德责任与承诺义务，因为基于平等的承诺是

---

① ［美］南茜·弗雷泽、［德］阿克塞尔·霍耐特：《再分配，还是承认？》，周穗明译，上海：上海人民出版社，2009年版，第3页。

② Jürgen Habermas（1990）. Moral Consciousness and Communication Action，Polity Press. p.66.

③ James Tully（2008）. Public Philosophy in a New Key：Volume 1，Democracy and Civic Freedom，Cambridge University Press.p.302.

相互的，所以共同遵守承诺的合作也是可行的。普特南在其《使民主运转起来》一书中指出："在一个共同体中，信任水平越高，合作的可能性就越大。而且合作本身会带来信任。"[①]福山认为信任的作用像一种润滑剂，它使群体或组织的运作更有效。[②]信任是合作的前提，也是社会治理的"潜能"。公共领域的信任关系首先是政府信任关系，在多中心治理成为社会治理实践形态的"理想类型"阶段，政府信任关系成为公共行政的核心范畴。[③]因此，税收合作治理需要基于政府与公民间相互承认的信任，改变"中心—边缘"模式下管理主导型政府模式中单向度的税收权力运行机制，建构理性平衡和对话协商的场域，对具体的公民和公民团体的承诺与回应，确立合作关系与行为模式，积极促进合作性税收信任的形成。

二、强化权力制衡，增强税收决策科学性

政府是公共责任的首要承担者，通过公共权力分配社会资源和提供社会正常运行所需的基本公共物品。"一个有效政府对于提供物品和服务，以及规则和机构是必不可少的。"[④]因此，基于相互尊重和承认的税收制度要求通过逐渐建立政府与公民对话和交流的治理网络，以及为此需要形成的相互了解、信任和共同判断、观点以及共同提出建议，建立与其他行动者的合作伙伴关系。[⑤]正如彼得斯在《政府未来的治理模式》中指出"协商制定规则"使当代政府治理变革过程更具开放性和协商性，不仅强化了民主程序的本质，也提高了所制定规则的质量。[⑥]基于相互承认的行动者之间的协商制定规则使得"秩序是协商而定的，而非通过服从赢得"。[⑦]那么，这种税收制度就作为一种对社会合作的有效性规则的服从和遵守的正义类型而存在，而且，"这种类型的正义本质上即属于它对每一个人完全平等地获得权力的机会的承诺。其权威性依赖于在引起权力主张环境中普遍道德不偏不倚地发展和适用"[⑧]。

国家税收权力作为一种公共权力直接指向公民的财产权，是极具渗透力也是最容易被滥用的。美国首席大法官约翰·马歇尔曾经说过："征税是事关毁灭性的

---

① ［美］罗伯特·普特南：《使民主运转起来》，王列、赖海榕译，南昌：江西人民出版社，2001年版，第200页。
② ［美］弗朗西斯·福山：《信任——社会道德与繁荣的创造》，李宛蓉译，呼和浩特：远方出版社，1998年版，第125页。
③ 孔繁斌：《公共性的再生产》，南京：江苏人民出版社，2008年版，第137-144页。
④ 世界银行：《1997年世界发展报告：变革世界中的政府》，蔡秋生，等译，北京：中国财政经济出版社，1997年版，第1页。
⑤ ［法］皮埃尔·卡蓝默、让·弗雷斯、瓦莱里·加朗多：《破碎的民主：试论治理的革命》，高凌翰译，北京：生活·读书·新知三联书店，2005年版，第164-165页。
⑥ ［美］B·盖伊·彼得斯：《政府未来的治理模式》，吴爱明译，北京：中国人民大学出版社，2001年版，第71页。
⑦ ［美］P·诺内特、P·塞尔兹尼克：《转变中的法律与社会：迈向回应型法》，张志铭译，北京：中国政法大学出版社，2004年版，第105页。
⑧ ［美］杰里·L.马萧：《官僚的正义》，何伟文，等译，北京：北京大学出版社，2005年版，第34页。

权力。”[①]哈耶克也曾经指出：“在政府所有的权力中，征税权是最容易被滥用的权力。”[②]纵观历史，从1215年英国通过划时代的旗帜性口号——“无代表不纳税”，再到1798年由三级会议讨论税负发生的法国革命，都是以抗税和争取治税权的斗争为起点，以对征税权力的限制为其核心的。相对于普通公民而言，国家处于强势地位，如果不约束国家税收权力，公民的权利和自由难以摆脱被侵害的命运。中国正处于市场经济转轨和民主法治建设的关键时期，经济的发展和各项公共服务的提供都需要政府合理有效筹集财政收入，因此，需要国家与公民间建立基于平等基础上的相互承认的税收体系，强化税收权力制衡，既约束国家税收权力以保护公民的权利，又通过税收权力运行的规范化、民主化和法治化实现税负公平，增进国家与公民的相互信任与合作，推动政府征税与公民纳税之间的良性互动，促进社会总体福利的增长。

第一，明确税收法定，规范政府税收权力。税收法定原则旨在规范国家税收权力的运用，并明确其在保护公民基本财产权利中的基本地位，以有效保障纳税人的权益。中国现行《宪法》在公民权利和国家架构等方面的规定和形式与大多数西方宪政国家很相似，但中国《宪法》文本在税收方面的欠缺是明显的，[③]仅在《宪法》的第五十六条第一款规定：“中华人民共和国公民有按照法律纳税的义务。”既未规定纳税人的权利，也未明确说明征税是否要通过代议机关的同意。而且长期以来中国以行政机关为主、立法机关为辅的税收立法权模式导致了立法机关主体地位的虚置和对行政机关法律限制的弱化，有关重要税种的基本立法采用授权立法的方式加大了政府课税的随意性，呈现出一种行政主导型的税收法律模式，违背了税收法定原则。因此，必须将税收法定原则纳入《宪法》，规范国家税收权力、保障公民权利，确保各级立法机关根据《宪法》制定相关的税收法律，严格限定税收授权立法，并通过立法程序将现行较为成熟的实体性税收行政法规上升到法律层次，完善税务司法体系和救济机制（行政诉讼、行政赔偿），构建一套科学、完备的税收法律体系。

第二，完善监督机制，制衡政府税收权力。税收的征用和支出的过程必须置于有效监督之下，权力受到限制才不被滥用。由此，议会对于行政部门提出的预算案拥有审议权已成为当代各国基于权力分立和制衡税收权力的制度设计。[④]中国现行法律规定由各级人民代表大会审查和批准预算及预算执行报告，意味着中国税收权力的监督归属纳税人的代议机关——人民代表大会，但在运行过程中缺乏可操作性，存在着预算编制审议时间过短、预算编制体系透明度低、编制内容简单笼统、

---

① ［澳］杰佛瑞·布伦南、［美］詹姆斯·M·布坎南：《宪政经济学》，冯克利、秋风、王代、魏志梅，等译，北京：中国社会科学出版社，2004年版，扉页。

② ［英］哈耶克·弗里德利·冯·哈耶克：《自由秩序原理》，邓正来译，北京：生活·读书·新知三联书店，1997年版，第72页。

③ 李炜光：《李炜光说财税》，保定：河北大学出版社，2010年版，第51页。

④ 陈丹：《论税收正义——基于宪法学角度的审查》，北京：法律出版社，2010年版，第163页。

没有详尽的分类分项信息等问题，加上预算审批专业性和技术性较强，代表们无法对税收收入和支出进行有效监督。因此必须完善人民代表大会的监督机制，成立专门的预算审查委员会，承担起提前介入、初审乃至预算的日常监督工作，并通过增强政府收支的透明度，有效实现对税收权力的监督和制衡。

第三，完善公民参与机制，增强税收决策科学性。霍尔姆斯和桑斯坦在《权利的成本》中指出，权利本质不是“对抗政府”，而是“呼吁”政府。①税收治理的有效运行，是基于政府和公民之间取得共识的基础上获得合法性基础的合作行为。只有充分承认公民的权利，建立畅通的利益表达机制，尊重公民的表达言说，建立体现公平正义的税收体制，才能真正获得民众的合法性认同。中国《立法法》第58条规定行政法规在起草过程中应当广泛听取有关机关、组织和公民的意见。但在具体实施过程中，公众利益要求不是由政策系统外部的社会利益群体通过利益表达进入到制定系统中去，而是由政府替代公民选择偏好与决策，整合社会的不同利益，从而使政策问题形成过程表现出高度的政府主导性。因此，要通过法律规定公民参与的程序与规则，为公民参与提供有效的制度平台，②不断完善立法听证、专家论证、征求意见、思想库、申诉专员等各项制度和沟通方式，促进对话和协商机制的形成，并通过开放与真诚地对话，在公民与政府间建立相互信任的关系，使公民能平等地参与公共政策过程，自由表达意见，在理性的讨论和协商中提高税收决策的科学性。同时，公民也通过对整个公共政策辩论过程中的感性体认增强对政府税收治理的认同与信任。

三、培育公民意识，推动基于相互承认的纳税遵从

公民意识是社会成员对于公民角色及其价值的自觉反映，主要体现为公民对于自身在政治和法律上的地位、自身的权利和义务的感受、认知和评价。朱学勤认为公民意识有两层含义，一是民众对公共权力性质的认可和监督；二是民众对公共利益的自身维护和积极参与。③这就是说，公民意识既强调公民对法律规定的国家成员的权力，又突出公民个体对自己在国家和社会中所处政治地位的现实感受和应有认识。纵观西方民主政治发展的历史，从共和主义传统下的积极公民到自由主义传统下的消极公民、从对公民公共责任终极价值的强调到对公民个体自由和公民权利的倚重，不同的时代主题和政治传统下，公民意识被赋予了不同的价值与内涵。总

① ［美］史蒂芬·霍尔姆斯、凯斯·R. 桑斯坦：《权利的成本——为什么自由依赖于税》，北京：北京大学出版社，2004年版，第30页。
② 蒋励佳：“公民权利语境下的我国个人所得税改革”，《税务与经济》，2012年第2期，第91–95页。
③ 朱学勤：《书斋里的革命：朱学勤文选》，长春：长春出版社，1999年版，第363页。

体而言，公民意识包括主体意识和公共意识两个方面，[①]是公民行使权利和履行义务的辩证统一。

（一）公民的主体意识

现代民主政治的良性运作，需要公民具有主体意识，清楚知晓自己的各项权利，独立自主地进行个人选择，积极参与公共事务。因此，公民的主体意识主要包括权利意识、平等意识和参与意识。（1）权利意识。权利意识是公民依据正义和法律规定应该享有利益的主观体认，强调共同体赋予公民的资格和利益。现代民主国家通过宪法和法律确认公民权利，以规范公共权力运行边界，这是一个“应然”状态，而公民权利的实现取决于公民对自己权利的正确理解，通过积极参与国家政治生活，并善于运用权利去追求和实现自己的正当利益。因为，“每一项权利，无论是民众的还是个人的，都是以自己坚持不懈去主张它为前提”[②]。主张权利、为权利而斗争的公民权利意识不仅是培养公民责任意识的前提，也是形成公民参与意识的基础，因此权利意识是民主社会公民意识的核心品质。（2）平等意识。平等意味着公民宪法和法律规定的权利平等地受到尊重和保障，每位公民都是独立的价值主体，都应受到无歧视的平等对待。公民在不违背法律的前提下有同等的机会、同等的权利按照自己的判断去发展，大胆运用自己的理智、敢于批评、善于怀疑，不崇拜权威，不轻信教条，独立自主地作出抉择并对自己的行为负责。[③]同时，平等意识也要求公民应尊重和承认他人的正当权益，在平等的基础上对话与沟通，[④]允许他人作出与自己不同的选择。（3）参与意识。在现代社会参与型政治文化中，公民角色不仅仅是一种身份而更是一种行动。[⑤]公民通过各种渠道积极参与公共事务监督公共权力的运行，获得相关信息和知识，培养公共理性和公共精神，提高沟通技巧和参与技能，通过对话与协商表达自己的意见，通过利益博弈达成共识，从而促进科学决策的产生。

（二）公民的公共意识

任何权利的享有和行使都联系着相关的义务，公民在享受权利的同时必须对他人、社会和国家尽责。国家共同体的维系离不开公共规范，而这些规范对于公民而

---

① 张凤阳：《政治哲学关键词》，南京：江苏人民出版社，2006年版，第144-148页。

② ［德］鲁道夫·冯·耶林：《为权利为斗争》，郑永流译，北京，法律出版社，2007年版，第2页。

③ ［德］康德：《历史理性批判文集》，何兆武译，北京：商务印书馆，1990年版，第22页。

④ ［美］加布里埃尔·A.阿尔蒙德、西德尼·维巴：《公民文化——五个国家的政治态度和民主制》，徐湘林译，北京：东方出版社，2008年版，第223-224页。

⑤ ［美］谢里尔·西姆拉尔·金、卡米拉·斯蒂福斯：《民有政府：反政府时代的公共管理》，北京：中央编译出版社，2010年，第65页。

言意味着或多或少的约束与限制。如果说公民的主体意识派生于公民权利，那么公民的公共意识则反映公民对自己所承担的责任与义务的自觉程度。[①]（1）法律意识。法律意识渊源于人类的社会生活，是保证社会正常运转，对社会成员进行约束和指导的社会调节机制的主观反映，体现了公民与共同体、公民与他人间权利与权力、权利与义务边界的理性划定。[②]公民的法律意识是知法、懂法和守法的统一，尤其强调公民对正义法律的忠诚和信仰，遵循规则与程序，承担守法义务。（2）公共责任意识。公共责任意识是公民对公民身份及其职责的理性和自愿认同，是公共生活领域公民道德责任的自律体现。公民公共责任意识主要包括爱国意识和公共理性意识。公民的身份规定了公民是共同体的重要组成部分，国家的存在为保护公民的权利和自由提供了组织条件，因此认同并忠诚于自己国家的爱国精神就成为公民公共责任意识的一项重要内容。而且，随着现代社会的发展，在公共领域个人和群体的利益诉求均呈现多元化态势，需要形成一种公正、合理及和平解决争端的利益协调机制。这种机制的建立和有效运作，不但依赖于国家的制度安排，还需要公民的公共理性意识，尊重其他共同体成员的权利和自由，通过平等协商合理性对话寻找重叠共识。

因此，良好的公民意识是主体意识和公共意识的结合，是公民行使权力和履行义务的统一。通过公民意识将权利和义务或责任有机结合起来，形成单个公民与他人、与国家以及与社会的良性互动，通过集体、自觉的理性，监督并推动法治国家保障公民的权利和自由。公民意识并非借助制度的设置即自然获得，而是与社会的历史经济情况、文化背景有着密切的关系。中国几千年政治文化塑造了中国民众的“臣民”“顺民”意识，而缺乏现代意义上的公民意识。在向市场经济转轨的过程中，中国民众的权利意识、平等意识等不断增强，但是公共理性意识、法律意识还比较淡漠，特别在税收治理中，中国民众缺乏公民权利意识和法律意识，再加上税收治理中公众参与渠道和机制的缺失，一方面造成公民税收法律意识淡漠，偷逃税现象严重；另一方面没能对政府的征税权和用税权进行监督和制约，从而造成征纳双方税收遵从度低下，制约了税负公平的实现。因此，相互承认的税收治理要求政府积极培育公民意识，尊重公民的权利，并积极引导公民参与国家的税收治理，表达自己的主张和意见，从而推动相互承认的税收遵从。

第一，培育公民权利意识，约束政府税收权力。公民的权利意识包括对权利体系的认知、理解，以及对权利的主张。政府在税收治理中必须摒弃以往过于强调将公民视为单向的纳税义务承担者的理念，明确公民权利相对于国家权力的优先性，积极培育公民的权利意识。切实落实“赞同纳税权”[③]“代表选举权”“纳税义务法定

① 张凤阳：《政治哲学关键词》，南京：江苏人民出版社，2006年版，第146页。
② 章秀英：《公民意识评价与培育机制》，北京：中国社会科学出版社，2010年版，第70页。
③ 杨志勇、张馨：《公共经济学》，北京：清华大学出版社，2007年版，第302页。

权”以及从政府提供的公共产品和公共服务中获得相应利益等公民权利，倡导和鼓励公民通过积极主动参与税收治理，以公民权利规范国家权力边界，确保公民对政府税收权力的有效约束和控制。

第二，培育公民法律意识，提高征纳双方的税收遵从度。公民的法律意识意味着对法律规定的公民身份相关的权利和义务的认知和评价。法律要求按规则和程序办事，既是对公民个体的要求，也是对政府的要求。在税收关系中，税收法律既约束作为纳税人的公民，也约束作为征税人和用税人的政府。一方面公民必须依法纳税，杜绝偷逃税现象的发生；另一方作为征税人和用税人的政府也必须依法征收税款，不得超越税法多征税或减免税，公民有权拒绝各种形式的“暗税”，而且政府必须按照严格法律合理使用税款，公民通过预算监督和约束政府的税收权力，提高征纳双方的税收遵从度。

第三，培育公民公共责任意识和参与意识，推动税收治理合法化进程。相互承认的税收治理的实现需要公民与政府的对话性互动，相互承认的达成需要通过人们意见表达和协商的过程，只有在民众能够充分参与的情况下，才能更好地表达和理解彼此的观点，并通过协商的基础上承认规则形成的理由，从而接受这些规则，因此，有效的税收治理亟待培育公民的公共责任意识和参与意识。正如阿尔蒙德所言，“从亚里士多德到布赖斯，民主理论家们都曾强调要保持民主就需要公民积极地参与到国家事务，需要具有公共事务高水平的情报，以及广泛的公民责任感”[①]。政府必须通过各种渠道引导公民参与税收治理，拓宽公民参与的广度和深度，培育公民的责任意识和参与意识，使公民在协商和建构的过程中能够开放而有效地发出自己的声音。公民的权利经过协调、组合形成权利束与国家权力进行博弈，规制和监督国家税收权力的运行。而且在积极参与的过程中，公民也由于参与对话和协商过程中的感性体认而增强对税收政策的心理认同和信任，不仅有利于提高公民参与的效能感和公共责任感，也通过国家与公民的良性交往不断推动税收合法化进程。

第二节 优化运作场域，提升税收公共性，促进税负公平

“场域”是当代社会学者布尔迪厄的一个社会学分析理论，意指特定的社会结

① ［美］加布里埃尔·A. 阿尔蒙德、西德尼·维巴：《公民文化——五个国家的政治态度和民主制》，徐湘林译，北京：东方出版社，2008年版，第9页。

构、习性、权力和具体的行动者之间的型构关系而形成的一种交往主体间性的关系状态。[①]他认为，任何“场域”都是内含力量的行动者之场，行动者和机构在不同类型的权力分配结构中实际和潜在的处境被型构。[②]社会空间是由人的行动场域组成，并于行动者在权力斗争和较量中所进行的不同类型的社会实践紧密相连，[③]因此根据场域概念进行思考就是从关系的角度进行思考。[④]一方面可以体现出行动者的选择，另一方面可体现出选择的约束和限制。

现代社会的发展需要公共权力对公共事务进行有效管理以维持社会的稳定与秩序。税收的公共性要求政府作为人民权力的授予者和委托权力的执行者，应按照社会的共同利益和人民的意志，从保障公民利益的基本点出发，履行筹集财政收入、调节收入分配、保障公民权利，提供公共产品和公共服务等公共责任以促进社会总福利的增长。而税收公共性的实现必须基于一种以有效促进公共利益最大化为宗旨，以民主、平等、法治等价值为运行基础，以多元参与、合作共治为形式的税收治理场域。因此，在税收善治的语境下，场域的建立与拓展既是政府与其他行动者等治理主体进行合作治理的基础，更是对税收公共性的一种理性回应。

一、合作治理：税收善治的机制与平台

不同的社会治理模式形成了不同的运作机制，统治主导型社会治理模式形成的是“权威—依附—遵从”为特征的权力机制，管理主导型社会治理模式形成的是“契约—控制—服从”的法律机制，服务主导型社会治理模式是“信任—服务—合作”为特征的合作机制。[⑤]服务主导型的合作治理是以多元主体的力量和多种方式整合和优化社会资源配置、协调和理顺社会利益关系，化解和消解社会矛盾、激发社会活力，促进社会的良性运行，维护和增进公共利益的一种治理模式。[⑥]合作治理有别于原有的“中心—边缘”的治理结构，在多个治理主体构成的网络中，政府与其他治理主体是平等的关系。合作治理承认政府对有效治理给予的价值和制度支持，并试图建立一种分担公共责任的合作对话机制，以实现单一中心的政府治理无法实现的公共目标。在合作治理关系中，政府部门、非政府部门和公民参与者组成

---

① 孔繁斌：《公共性的再生产》，南京：江苏人民出版社，2008年版，第169页。

② ［法］皮埃尔·布尔迪厄、［美］华康德：《实践与反思：反思社会学导引》，李猛、李康译，北京：中央编译出版社，1998年版，第133–134页。

③ 冯俊等：《后现代主义哲学讲演录》，北京：商务印书馆，2003年版，第227页。

④ ［法］皮埃尔·布尔迪厄、［美］华康德：《实践与反思：反思社会学导引》，李猛、李康译，北京：中央编译出版社，1998年版，第133页。

⑤ 孔繁斌：《公共性的再生产》，南京：江苏人民出版社，2008年版，第61页。

⑥ 黄健荣：《公共管理学》，北京：社会科学文献出版社，2008年版，第92页。

了多中心的公共行动体系，通过共享知识、交换资源和谈判目标展开有效的集体活动。行动者通过对话机制交流信息，克服信息不对称和有限理性的制约，通过合作抑制机会主义和减少交易成本，并通过反思性决策在持续对话的基础上调整行为，采取合作互惠行动实现共同利益。因此，税收合作治理不再是单一中心治理模式中央政府自上而下的安排，而是各行动主体通过对话协商，形成政府、非政府部门和公民间的互动，在税收活动的场域中通过交流共享资源、减少分歧和增进合意，建立以信任和互利为基础的社会网络，[①]充分发挥社会能动性和自主性，通过博弈达成协同性均衡状态，从而搭建税收善治的机制与平台。

第一，税收合作治理意味着税收治理是基于各税收治理主体相互尊重和信任基础上的合作模式。各税收治理主体之间是对等、协商基础上的合作关系，共同构成网络式税收治理结构。传统社会治理的线性结构，使整个治理体系普遍存在着“各种机构总是根据自身来选择行动的类型和对话者的类型”的现象，其结果造成“公共行动被分割成一系列重叠的机制”[②]。而税收合作治理是通过各参与主体之间通过协商在敞开的体系中论证而形成的合作。因为“合作主义的政策网络的特征就是通过协议、谈判性的相互理解历史地形成的相互依赖”[③]。由此，“公共协商是交换理性的对话性过程，目的是解决那些只有通过人际间的协作与合作才能解决的问题……公共协商与其说是一种对话或辩论形式，不如说是一种共同的合作性活动”[④]。相比较单一治理中心场域，税收合作治理场域走向了“重叠共识”的寻求，各相关主体共同参与到税收治理中，在合作理念下通过博弈达成协同性均衡状态，采取合作互惠行动以实现税收的有效治理。因此，税收合作治理是基于公平和相互承诺、各税收行为主体相互信任，依靠共同被认可的价值和原则基础上的治理模式，是公共权力的重新配置和交往关系的重塑，也是对公共性的张扬。

第二，税收合作治理意味着政府、市场和社会的共同参与和多种治理手段的应用。合作治理的关键是参与主体的权力配置，必须通过民主治理的结构和政治体制的分权化，以保障公民参与决策、管理和监督的权利。正如卡蓝默所指出的：“治理的艺术在于通过最大限度地倡议自由、团结一致和多样性达到最大的和谐。”[⑤]政府和一切社会自治性力量在内的公共组织都应当是服务于公共利益的，在维护和增

① ［英］罗伯特·巴茨：《新的治理》，木易编译，载俞可平：《治理与善治》，北京：社会科学文献出版社，2000年版，第91页。

② ［法］皮埃尔·卡蓝默、让·弗雷斯、瓦莱里·加朗多：《破碎的民主：试论治理的革命》，高凌瀚译，北京：生活·读书·新知三联书店，2005年版，第22页。

③ ［美］查尔斯·J. 福克斯、休·T. 米勒：《后现代公共行政：话语指南》，曹沁颖、吴巧林译，北京：中国人民大学出版社，2002年版，第145页。

④ ［美］詹姆斯·博曼：《公共协商：多元主义、复杂性与民主》，黄相怀译，北京：中央编译出版社，2006年版，第25页。

⑤ ［法］皮埃尔·卡蓝默、让·弗雷斯、瓦莱里·加朗多：《破碎的民主：试论治理的革命》，高凌瀚译，北京：生活·读书·新知三联书店，2005年版，第101–102页。

进公共利益的共同目标下开展广泛的合作，共同去营建合作治理的治理模式。[①]税收合作治理可以看作成为所有社会成员共同参与税收的治理，既非参与精英所组织的治理活动，[②]也不是排斥政府治理的自治，治理者与被治理者的界限走向消融的一种合作治理模式。政府作为治理主体的一元，更多扮演着宏观框架和规则的制定者的角色，因此，政府需要对公民集体价值做更多的调查，更明确的讨论、更有效的商榷，[③]与公民一起投身于共同合作的行动。同时，公民也要建立公民的主体意识和责任意识，提高社会自治的要求和能力，通过对话与协商促进公共利益的实现。

第三，税收合作治理意味着政府从管理主导模式向服务主导模式的转型。服务主导型治理下的税收合作治理模式决定了政府必须超越主体中心，树立社会本位的理念，把对效率和业绩的关注转移到公共性、民主性、参与性和回应性上来。政府通过行动框架与规范的提供来保障不同行动者价值的实现，通过担当公共产品的提供者、公民权利和协商对话的促进者来为公民服务，通过建构制度化的多元主体参与和多元的治理工具、方式相结合的治理平台提高税务部门的服务质量。并通过构建有效的多元参与、利益整合和有序竞争等运行机制形成网络化的治理结构，实现税收治理的良性互动和有效合作，从而推动以有效促进公共利益的最大化为旨归的服务型政府的建立。

二、健全信用体系，完善税收征纳模式

社会信用是指社会行动者在相互的社会互动过程中由于能够履行承诺而形成的相互信任和相互依存的一种社会关系。[④]德国经济学者布鲁诺·希尔德布兰德将经济发展划分为三个阶段：以物易物为主导的自然经济阶段、以货币为主要交换媒介的货币经济时期和以信用为主要媒介的信用经济时代。[⑤]在现代以信用为主要媒介的市场经济时代，信用作为一种社会资本，是实现市场经济公平、健康、有序发展的保障。信守承诺成了整个经济社会秩序得以维持的根本规范。[⑥]正如诺贝尔经济学奖得主阿罗所言："没有任何东西比诚信更具重大的实用价值，诚信是社会系统的重要润滑剂。"税收信用体系作为社会信用体系的重要组成部分之一，体现税收征纳双方履行承诺而形成的相互信任和相互依存的税收合作关系，其有效运行有助

---

① 张康之：《行政伦理的观念与视野》，北京：中国人民大学出版社，2008年版，第350页。
② 张康之、张乾友："论精英治理及终结"，《北京行政学院学报》，2009年第2期，第1–6页。
③ ［美］迈克尔·巴泽雷：《突破官僚制：政府管理的新愿景》，孔宪遂、王磊、刘忠慧译，北京：中国人民大学出版社，2002年版，第133页。
④ 赵文龙：《社会信用——一种经济社会学的初步分析》，西安：西安交通大学出版社，2006年版，第23页。
⑤ 曾康霖、王长庚：《信用论》，北京：中国金融出版社，1993年版，第205–206页。
⑥ ［日］川岛武宜：《现代化与法》，申政武译，北京：中国政法大学出版社，1994年版，第62页。

于减少制度运行成本，提高税收合作效率。

（一）税收信用体系的主要内容及管理模式

税收信用体系是涉税主体在履行职能和应尽的义务过程中基于信用基础的合作制度，主要包括征税信用、纳税信用和用税信用三个方面。[①]征税和用税信用要求政府部门必须依法征税、用税，充分体现公正、公平，为社会提供纳税人所需的公共产品和服务，并接受广大纳税人的监督，维护纳税人合法权益保护纳税人合法权益。纳税信用要求纳税人遵守国家税收法律、法规，履行纳税义务。诚信纳税和诚信征税、用税相辅相成，构成了一种建立在信用基础上合作关系。

税收信用管理模式是通过构建信用管理法律体系和良好的社会信用意识而形成的规范的税收信用管理体系。税收信用管理模式主要有以欧洲、日本和美国为代表的三种模式，[②]分别以政府和央行、会员单位和商业公司为主体建立税收信用管理体系，虽然三种税收信用管理模式各有特点，但也存在一些基本的共性。首先，税收信用体系构建的基础是完善的信用立法。例如20世纪60年代以来，美国先后出台《公共信用报告法》《信用修复机构法》等诸多信用法律，构建了一套比较完整的信用法律体系。加拿大政府2001年通过《个人信息保护和电子文档法》对社会信用专业公司管理个人信息、利用信用数据和保护消费者权利做出具体要求。[③]其次，税收信用中介服务机构在信用体系中发挥重要作用。三是税收信用管理体系的运行离不开专业化的数据分析和完善的数据共享系统。英国政府2016年在《超越区块链》（Distributed Ledger Technology：Beyond Blockchain）中指出，通过应用区块链技术可以增加欧洲增值税体系透明度。加拿大税务部门与其他政府部门和社会金融部门都有着广泛的信息共享。这些数据共享都是以签订数据共享协议为基础进行的。信息共享为税务部门数据比对分析提供了良好的条件，不仅可以降低征税部门征税的随意性，也可以降低纳税人的偷逃税等行为，从而提高征纳行为的科学性和规范性。

（二）信用体系是实现税收合作治理的重要制度基础

税收合作治理意味着政府、市场和社会的共同参与和多种治理手段的应用。因此，在征纳双方相互信任程度的基础上，税收信用体系为税收合作治理提供了可供实现的一个重要制度基础。建立健全税收信用体系的目的在于在征纳双方之间建立

---

① 孙园：《中国税收管理制度研究——基于新制度经济学视角》，北京：中国税务出版社，2010年版，第117页。

② 深圳市国家税务局课题组："构建税收信用体系的理论思考与政策研究"，《中国税务报》，2002年4月23日，第3版。

③ 陈金保、邢堃："加拿大税收信用体系中的'自我遵从'和'失信惩戒'"，《涉外税务》，2008年第2期，第42-46页。

一种相互信任、平等互利、互相尊重、公平正义的良性税收信用机制，并在此基础上寻求一种权利和义务上的平等，通过税收征纳双方共同遵守规则促进征纳关系和谐，在相互承认和相互信任的基础上实现税收合作治理。

第一，建立健全信用体系有利于构建和谐的税收征纳关系。税收信用体系作为社会信用体系的重要组成部分，要求参与税收经济活动的政府部门和纳税人在法律、法规范围内享有权利并履行应承担的义务，体现征纳双方以诚实守信为基础的践约能力。对政府而言，需要在征税、用税过程中充分体现公正、公平，为社会提供纳税人所需的公共产品或服务，保护纳税人合法权益，并接受广大纳税人监督；而对于对纳税人而言，必须遵守国家税法，依法诚信纳税。因此，征纳双方这种相互之间的合作，实际上构成了一种建立在相互尊重和相互承认基础之上明确权利义务内容的信用机制，并通过彼此有效的约束与诚实合作营造和谐的税收征纳关系。

第二，建立健全税收信用体系有利于降低税收遵从成本。税收遵从成本不仅包括纳税人在履行其纳税义务时所支付的纳税成本，也包括征税部门征收税款时的征税成本。税收信用体系要求涉税主体对税收制度的忠诚以及对义务承诺的遵守，确保相关涉税信息的对称性和真实性，有利于促使税收征纳行为在诚实守信的基础上进行合作，从而降低税收遵从成本。一方面，征税和用税信用要求政府部门规范纳税服务，诚信地履行对纳税人的承诺，使税收成为经济发展中可预期的、较为稳定的变量，并通过提高税收征管效率，保护纳税人的合法权益，从而降低纳税人的遵从成本。另一方面，纳税信用要求纳税人自觉按法律规定进行申报和缴纳税款，从而减少征税部门税款征收过程中所耗费的人力物力，降低其监督纳税人以及重新估算税款的时间成本和人力耗费，从而大幅降低税收制度运行费用。

第三，建立健全税收信用体系有利于提高政府公信力。通过征税和用税信用体系约束政府部门的税款收入和支出行为，促进诚信征税、用税以使“税尽其用”。同时通过公开财政收入和支出，接受纳税人和社会各界的监督，使政府部门税款的征收和使用更加公开、透明和规范，提高政府的公信力。

第四，建立健全税收信用体系有利于非政府部门和公民参与到税收合作治理中。在税收信用体系中，政府部门不再只是唯一的税收治理主体，需要各种具有专业化知识的税收信用服务机构等非政府部门和公民积极参与税收合作治理。政府与税收信用中介机构通过税收信用数据共享和集约化管理，形成政府与社会自主治理之间的互补形式，并通过为纳税人提供法律指导、税务代理与税务筹划等服务提高公民的税收信用意识，推动公民共同参与税收合作治理。

（三）通过健全信用体系完善征纳模式，优化税收服务

我国现行的纳税信用与征税信用主要在《税收征管法》中予以规范。国家税

务总局2014年7月发布了《纳税信用管理办法》和《重大税收违法案件信息公布办法》，并于2014年与中央文明办、最高人民法院、公安部、财政部等20个部委及单位签署《关于对重大税收违法案件当事人实施联合惩戒措施的合作备忘录》，对发生重大税收违法案件纳税人信息公开的具体标准、内容、方式和流程等多方面都作出了详细的要求。2020年10月，国家税务总局发布了《国家税务总局关于纳税信用修复有关事项的公告》鼓励和引导纳税人增强依法诚信纳税意识，主动纠正纳税失信行为。但由于相关的法律法规尚未健全，社会信用体系不够完善，导致纳税人偷税、骗税、恶意拖欠税款等行为依然存在，政府部门执法随意等现象时有发生。

一方面是公民纳税信用不足，还没有真正树立起诚信纳税的意识，主要表现为纳税申报不实、逃避纳税义务，税收违法现象依然大量存在。国家税务总局2019年7月23日发布的数据显示，2019年全国税务机关累计公布税收违法“黑名单”案件7282件，同比增长161.85%。其中，打击虚开增值税专用发票和骗取出口退税案件6766件，占比92.91%；新增纳入“黑名单”的走逃（失联）案件222件。自2014年10月税收违法“黑名单”制度实施以来，截至2019年7月，全国税务机关累计公布案件数量已达到2.39万件。[①]从2018年8月，国家税务总局会同公安部、海关总署、人民银行启动打击“假企业”“假出口”“假申报”虚开发票、骗取退税及税费优惠违法犯罪专项行动以来，截至2021年9月，依法查处涉嫌虚开骗税企业44.48万户，挽回出口退税损失345.49亿元，抓获犯罪嫌疑人43459人。[②]这些数据说明税收违法活动的“技术性”显著提高，与税务机关之间的博弈策略在逐步转变。另一方面是政府部门征税信用有待提升。在征税信用方面，由于近年来税收政策法规修改频繁，部分税务工作人员对税收政策的掌握水平有待提高，存在税收执法程序不合理、执法尺度不当等问题，难以对纳税人的税收违法行为进行及时有效查处。

税收各项职能的实现，既依靠税收法律体系的约束，也需要税收征纳行为中税收信用体系的有效运行。由于中国税收信用体系不够健全，导致政府和纳税人失信行为大量发生，从而影响税收制度的有效运行和税收职能的实现。因此必须健全税收信用体系，在征纳双方信用关系的建立的基础上不断完善税收征管模式，优化税收服务，在政府与公民间建立一种相互信任、平等互利、互相尊重、公平正义的税收信用机制，从而实现税收的合作治理。第一，建立健全以税收基本法为核心税收法律体系，完善纳税信用、征税信用和用税体系，从法律上明确公民、企业、和政府的税收信用责任，通过为纳税人和政府诚信纳税、征税和用税创造公平的社会环境，逐步建立起互动与合作的和谐的征纳关系，从而有效降低税收遵从成本。第

① 相关数据来自国家税务总局网站http：//www.gov.cn/xinwen/2019-07/23/content_5413875.htm。

② 相关数据来自国家税务总局网站http：//www.chinatax.gov.cn/chinatax/n810219/n810724/c5170081/content.html。

二，积极推动税收信用中介服务机构和纳税人信用协会的发展，并通过公民和非政府部门对政府的征税信用和用税信用进行有效监督，落实税收信用制度。第三，建立健全以税务部门为主的税收信用评估机构，加强与其他政府部门和金融机构的信息共享，实现税收信用管理的集约化，根据纳税人的财务状况、管理水平和纳税情况等对纳税人的信用等级进行综合评估，从而有针对性地进行纳税服务。第四，构建以纳税人为中心的税收征管体系，发挥现代科技和数据赋能的倍增效应，不断推进执法、服务、监管的系统性融通，通过“算法”准确识别和满足纳税人的需求，不断拓展税收服务的内涵。逐步构建以职能性服务为根本、以程序性服务为基础、以权益性服务为重点的税收服务体系，[①]保障纳税人的知情权和监督权，并通过为纳税人创造文明高效的纳税环境，创建“守信于民、服务社会”的诚信服务税务机关，从而实现基于相互尊重基础上的税收合作治理。

三、增强公共收入与支出的科学性与透明度

国家的存在与运行都是为了满足公共需要，营造稳定的社会秩序并维护人民的权利。建立在公民权利让渡基础之上的国家权力机关通过税收从民众手中集中一部分财力，以提供公共产品和公共服务。税收公共性要求政府必须按社会公众的委托筹集公共收入，并按照社会公众的意愿来安排使用公共支出。同时还应把满足这些公共支出需要的适应性程度或水平，作为组织国家税收收支活动的重要边界，因此，增强公共收入与支出的科学性与透明性，有利于提高税收运行的效率，并通过公民对税收活动加强监督和约束实现对税收公共性的一种理性回应。

第一，明确税收收入的合理规模，建设服务型政府。在参与社会产品的分配过程中，税收不仅可以使政府获得一定数额的财政收入，而且也不可避免地会对社会经济发展产生影响。因此，就如“最好的政府是管制最少而提供服务最多的政府”，[②]最优的税收也是基于公平和效率的基础上使得社会福利最大化的税收。[③]不同的政府类型对于税收收入规模有着不同的要求，比较典型的有两种政府类型[④]：一种是政府权力大而责任也大的福利国家政府，例如瑞典、丹麦等国家；另一种是政府权力小而责任也小的自由放任型政府，例如美国。前者因为需要承担更大的责任，为社会提供尽可能多的社会福利与保障，相应地要求授予政府更多的权力，税收收

---

① 孙园：《中国税收管理制度研究——基于新制度经济学视角》，北京：中国税务出版社，2010年版，第154页。

② Charles Forcey (1972). The Crossroads of Liberalism，Oxford University Press.p.139.

③ [意] 尼克拉·阿克塞拉：《经济政策原理：价值与技术》，郭庆旺、刘茜译，北京：中国人民大学出版社，2001年版，第253页。

④ 张凤阳：《政治哲学关键词》，南京：江苏人民出版社，2006年版，第203页。

入规模和宏观税负水平也较高；后者重视市场的自由竞争，只承担较少的社会福利责任，相应地要求约束政府权力，税收收入规模和宏观税负水平也较低。这两种模式孰优孰劣迄今没有公认的定论[1]，但是作为对公民负责的服务型政府，保护和促进公众利益是其不可推卸的职责与任务。因此，中国在建设服务型政府的过程中，一是要政府逐渐退出一般竞争性领域，把投资重点转到非竞争性的基础设施、公益事业上来；二是优化公共财政支出结构，把财政支出的重点转向公共安全、基础教育、医疗卫生、社会保障等民生支出上来；三是加快建立以公共服务为导向的政府政绩评价体系，把环境保护、社会发展与社会共享、政府提供公共服务的数量和质量等指标纳入考核体系，使各级政府确实从建设型财政体制向民生型财政体制转变，激发政府活力，建设服务型政府。

第二，科学划分央地事权与支出责任，建设权责清晰、财力协调、区域均衡央地财政关系。[2]一方面，加快明确中央和地方事权与支出责任，规范各级政府财政职能，完善共同财政事权分担机制，发挥地方政府的积极性，激发财政体制助推经济社会发展的潜力，推动地方政府对公共服务的供给能力和财政收支可持续发展，有效减轻财政失衡状况，防范因非规范性收入的扩张而可能引致的系统性风险。另一方面，加快一般性转移支付制度化、规范化建设，对各级财政转移支付的政策目标、资金来源、核算标准、分配程序、违规处罚等做出明确的法律规定，强化转移支付资金编报审核、执行监控和绩效评价，强化财政对重点民生领域的兜底保障能力，有效促进区域、城乡、群体的协调发展，不断提升人民全面发展和共同富裕的福祉。

第三，完善预算机制，提高公共收入和支出透明度和科学性。一是提高政府预算的透明度，进一步明确各级政府预决算公开事项，通过公共服务平台及时、准确发布预决算信息，提升在预算编制、审查、执行及绩效评价等环节信息披露质量，更好地满足社会各界的信息需求以及民众对政府预算的监督，从而提高公共收入和开支的透明度和科学性。二是加强财政资源统筹，加强预算管理各项制度的系统集成、协同高效，完善项目财政承受能力论证和预算评审，硬化预算约束。三是进一步强化预算约束和监督。以项目预算支出绩效评价为起点，根据预算执行情况建立相应的奖惩机制和责任追究机制，严格绩效目标管理，提高财政资金使用质效。四是完善政府债务管理体制，合理确定政府债务规模，强化地方政府债务限额管理，引导地方政府合理配置收支结构，构建公开透明、风险可控的地方政府举债融资机制，防控化解债务风险。

---

① 秦晖："权力、责任与宪政——关于政府'大小'问题的理论与历史考查"，《社会科学论坛》，2005年第2期，第10-37页。

② 吕炜："新时期财政工作的几个重要关系"，《财政研究》，2021年第9期，第3-13页。

第三节 推动结构转型，拓展税收可持续性，促进税负公平

税负公平不仅包括国家间、地区间、企业间和个人间的税收负担公平，还包括代际间的税负公平。以期通过公平地满足当代人与后代人在发展与环境方面的平等需求，实现当代人与后代人公平享有生存与发展、自然永续及文明传承的正当权益。税负公平关注机会选择的平等性和资源分配的公正性，强调环境、经济和社会的均衡系统可持续发展，是一个复合的税收发展目标体系。正如一位经济学者所言："如果说20世纪的税制是以经济增长为中心的税制，那么21世纪的税制将是以可持续发展为核心的税制。"[①]因此，通过促进税收治理的结构转型，维持公平合理的获得性机会和环境，在基于相互承认的税收合作治理的基础上协商、互利合作，提供可持续发展所需的条件和平台，从而实现生态、经济和社会系统观的协同进化，不仅是税收可持续发展的要求，也正是实现税负公平的应有之义。

一、改善税制结构，保持适度张力的税收秩序建构

对最优税收的追求一直以来都是人们不懈努力的目标，税收原则的演变从一个侧面反映了税制结构优化抑或最优税收理论的发展过程。与此同时，人们逐渐意识到最优税收是建立在一系列的假设前提基础之上的一种理想状态，是政府进行税制设计和制定税收政策时的参照系，现实中的税制往往只是根据当时经济、政治、文化发展要求的"最适"选择。归根结底，税制结构优化是一个长期的、动态的发展过程，不同的时期和发展阶段，税制优化的重点也不同。中国现行的税收制度在为政府筹集财政资金方面发挥了重要作用，但是在调节收入分配、优化资源配置、推动经济社会可持续发展等方面存在明显的滞后性。因此，税制结构优化的重点必须从原来的效率优先转移到公平优先，通过不同税系、不同税种间的合理布局、协调配合，保持适度张力的税收秩序建构，通过发挥税制结构的

---

① 高凌江：《中国税收分配与税制结构问题研究》，北京：中国经济出版社，2011年版，第130页。

整体功能寻求公平与效率的均衡，建立有利于科学发展、社会公平的税收制度体系。

税制模式是指由主体税种特征决定的税制结构类型。一个国家的税制体系中，各类税收在税制结构中的地位有主次之分，各税种在各类税收中的地位也有主次之别。因此，在组织财政收入和调节经济方面处于主要地位和发挥主要作用的主体税种就成为区别不同税制结构的类型的主要标志。[①]最优税收理论认为，税制模式的选择取决于政府对公平和效率等政策目标的倾向，直接税系主要适用于公平分配目标的达成，间接税系主要适用于实现经济发展和效率目标的实现，因此政府根据政策目标选择决定了是以直接税系还是以间接税系为主体税种的税制模式，体现了政府对效率和公平目标的权衡。[②]目前，大多数发展中国家多采用以间接税为主体的税制结构，发达国家大多采用以直接税为主体的税制结构。结合中国的具体国情，当前应该构建起以间接税和直接税为"双主体"的税制结构模式，既可保证财政收入、又可以发挥税收的经济调节作用，从而实现公平与效率的均衡。同时，由于直接税的征收需要社会成员更高的服从程度，[③]随着中国民众民主意识的增强，采取更多以所得税为主的直接税种有助于政府与公民之间在相互尊重和相互承认的基础上进行互动和协商，拨开财政迷雾幻觉，有利于制度化政治结构建设基础上的财政收入形式，从而推动国家的制度建设和税收合作治理。

首先，以促进经济发展和社会公平为目标优化直接税体系。将结构性减税与结构性增税相结合，适当提高直接税比重，发挥直接税对经济社会的调节作用。一是藉改革国际税收改革之机，调整企业所得税结构，提升税制竞争力，同时加强企业所得税和个人所得税制度之间的协调，增强所得税调节收入分配的作用。二是优化我国个人所得税再分配效应，进一步完善综合与分类相结合的个人所得税制度，优化分类与综合征收结构和税率结构，将网络直播、共享经济等新的个人收入形式纳入个人所得税的征收范围。加强对重点领域和高净值人群的税收征管，适时推行家庭申报制度。三是审时度势推进房地产税改革，建立宽税基，交易与保有环节并重的房地产税制结构，采用渐进、温和的策略以不断凝聚共识，分阶段稳步推进房地产税改革，建立一套符合中国国情的房地产税制度。[④]四是发挥发挥财产税优化财富分配格局的作用，改变我国现有财产税"重流转、轻保有"的特征，适时开征遗产税、赠与税。

其次，在保持宏观税负基本稳定的前提下优化间接税体系。一是完善增值税制度，全面清理过渡性减免税优惠，分步实现增值税税率简并目标，缓解行业税负差

---

① 胡怡建：《税收经济学》，北京：经济科学出版社，2009年版，第195页。

② 陈共：《财政学》，北京：高等教育出版社，2004年版，第180页。

③ [美]玛格丽特·利瓦伊：《统治与岁入》，周军华译，上海：上海人民出版社，2010年版，第186-197页。

④ 蒋励佳、李秋正："新加坡房地产税实践经验借鉴及中国的政策选择"，《中国发展观察》，2020年第4期，第117-120页。

异、增强增值税抵扣链条的完整性，进行税负的合理调整与分配。二是完善消费税制度。根据社会经济发展状况，调整消费税征收范围，将消费税征税范围拓展至服务领域，适时对含糖饮料、电子烟等征收消费税，引导健康消费，同时逐步将消费税征收环节后移至零售环节，调整消费税归属，理顺课税环节，使税价传导机制更为顺畅。

二、完善税收管理体制，合理划分税权

税收管理体制是各级政府在税收管理权限、税收收入分配和税收管理机构设置等方面的制度，是财政管理体制的重要组成部分。[①]税收管理体制中对于税权的合理划分涉及中央和地方，地方和地方之间的权限和利益关系，关系到中央与各级政府能否充分发挥其组织收入和调节经济的职能作用。税权的具体内容包括税收立法权、征管权和收益权。税权的划分有横向划分和纵向划分之别，横向划分是指在相同级次的不同国家机关之间的税权划分与配置，纵向划分是指不同层级的同类国家机关在税权方面的划分与配置。由于税收纵向划分更能体现税收对各级政府行为和经济运行产生影响，[②]因此本研究分析税收管理体制的重点在于政府间税权的纵向划分。

对于税权在各层级政府之间的划分，塞利格曼认为应以效率、适应和适当的标准确定税种的归属。丁·迪尤认为应遵循效率原则，以促进经济效率的提高为标准划分税权。[③]马斯格雷夫将政府的财政职能归纳为资源配置、收入分配以及保证宏观经济稳定，并基于公共产品提供及其空间受益归宿对这三种职能在中央和地方之间进行了分工，将收入分配和稳定宏观经济职能完全赋予中央政府，把确保资源的优化配置划归为各级政府的共同职能。[④]这种财政职能的划分对于税权的划分具有重要意义——税权的划分应当尽量反映公共服务的收益。以此为基础，马斯格雷夫提出了具体的多级政府分税原则：[⑤]（1）可能影响宏观经济稳定的税收应由中央政府负责；（2）税基在各地分布严重不均的税种划归中央政府；（3）累进性很强的再分配税种应由中央政府征收；（4）税基地区间流动性较高的税种由中央政府课征；（5）其他累进个人税应由最有能力全面征收的那一级政府征收；（6）各级政府都

---

① 胡怡建：《税收经济学》，北京：经济科学出版社，2009年版，第215页。
② 吕冰洋：《税收分权研究》，北京：中国人民大学出版社，2011年版，第9页。
③ 平新乔：《财政原理与比较财政制度》，上海：上海三联书店，1995年版，第363–364页。
④ Richard A. Musgrave（1959）.The Theory of Public Finance，New York：McGraw–Hill，p.15–21.
⑤ Richard A. Musgrave（1983）.Who Should Tax，Where and What？In Charles E. Mclure Jr.（ed.），Tax Assignment in Federal Countries，Canberra：Centre for Research on Federal Financial Relations，Australian National University，p.201–219.

应该向公共服务的受益人收取使用费。马斯格雷夫的分税理论在划分财政职能的基础上提出了多级政府分税原则。在具体实践中，实施这些原则的结果是中央政府征收公司所得税、[①]个人所得税和资源税[②]，地方政府主要对不动产征税和对使用者收费。在传统税收分权理论的基础上，麦克鲁提出了用以解决“对什么征税以及由谁征税”问题的两项原则：一是地方各级政府需要有收入来源以满足支出分权化的要求；二是地方政府必须通过税收政策和税率选择来调整收入水平。[③]1997年《世界发展报告》对于一国政府的支出责任划分和相应的税收划分进行了总结，提出了针对各级政府支出责任划分确定的税收划分的原则：中央政府的税收应包括适合于经济稳定的税种、累进性与再分配性强的税种、税基在各辖区间分布不均的税种以及对流动性生产要素课征的税种；省（州）的税收主要是以居住为依据的税种；地方政府税收主要是对流动性较差的要素进行课征的税种。[④]根据税收分权的原则，各国政府在中央和各级政府间明确划分事权及支出范围的基础上，根据本国政治体制、经济发展水平以及税收管理水平，对中央政府与地方政府税收管理权限和税收收入划分，形成了不同的税收管理体制。

（一）税收管理体制的基本模式

中央政府与地方政府之间存在着总体利益的协调性和局部利益的差异性，为满足政府支出需求，各级政府需要具有稳定可靠的收入来源及收入规模。因此，必须在界定中央和地方事权范围的基础上划分财政支出范围，据此划分税权形成各自的收入。在此基础上通过税收立法、征收管理权限和税收收入归属对税收管理体制进行分类，可划分为税权分散型、税权集中型和适度分权型三种类型。[⑤]

（1）税权分散型。即地方政府拥有一定税收管理和税收收入权的模式，在这种模式下，中央和地方分别拥有独立的税收课征权责。美国、意大利、丹麦、挪威等国的税收管理体制都属于这种类型，其中以美国最为典型。美国各级政府有明确的事权和独立的征税权，实行“分别立法、分别征管、互不干扰、财源共享”税收管理体制。在税收立法权方面，税种设置最大特点是重点征收的多级同源分享征收，联邦税、州税和地方税各成体系，独立行使税收立法权；在税收征管权

① Charles E.Mclure. Jr（1983）. Assignment of Corporate Taxes in A Federal System？ In Charles E. Mclure.Jr.（ed.），Tax Assignment in Federal Countries，Canberra：Centre for Research on Federal Financial Relations，Australian National University，p.165-179.

② Peter Mieszkoski（1983）.Energy Policy，Taxation of Natural Resources，and Fiscal Federalism？ In Charles E. Mclure. Jr.（ed.），Tax Assignment in Federal Countries，Canberra：Centre for Research on Federal Financial Relations，Australian National University，p.129-145.

③ Charles E.Mclure. Jr（2000）.Tax Assignment and Sub national Fiscal Autonomy，Bulletin for International Fiscal Documentation，54（12），p.626-635.

④ 胡怡建：《税收经济学》，北京：经济科学出版社，2009年版，第219-220页。

⑤ 吕冰洋：《税收分权研究》，北京：中国人民大学出版社，2011年版，第40页。

上，分别设有联邦、州和地方税务机构。在税收收益权上，联邦税收以所得税为主体，州政府以销售税为主体，地方政府以财产税为主体，各级政府拥有相应的主体税种和稳定可靠的税收收入来源，在转移支付方面采取从上至下的补助金制度。

（2）税权集中型。即将税收管理权和国家税收集中掌握在中央政府的模式。法国、英国、瑞典为这种类型的典型代表。以法国为例，在税收立法权方面，各种税收法律和政策均由中央统一制定，地方无税收立法权；在税收征管权方面，虽然区分中央税与地方税，但只设一套国家税务机关，而不设地方税务机关，并且实行自上而下的垂直管理体制；在税收收益权方面，采取完全划分税种的办法，不设共享税，地方政府基本上依靠中央政府的转移支付来维持收支平衡，转移支付采用一般补助和专项补助相结合的纵向财力分配制度。

（3）适度分权型。即处于税权集中型和税权分散型之间的税收管理体制模式，在这种模式下，税收课征的各项权责既不是高度集中于中央，也不完全由地方和中央分享，而是有些权责完全归中央，有的权责完全归地方，有的权责由中央和地方共同承担。其特点是地方自治和中央集权相结合，实行集权分权兼顾的混合型分税制。德国和日本就是这种类型的典型代表。以德国为例，税收立法权上绝大部分集中在联邦立法机关，德国联邦立法机关不仅享有关税专有立法权，而且对全部收入或部分应归联邦政府的所有其他税种享有优先立法权。在不与联邦立法权抵触的情况下，各州享有一定程度的立法权。在税收征管权上，分设联邦管理局和州管理局两个系统进行税收管理；在税收收益权上，实行以共享税为主体，共享税与专享税并存的分税模式，将一些大的税种如个人所得税、公司所得税、工资税、增值税等为共享税，共享税的收入占税收收入总额的70%左右，各级财政的主要来源是共享税，除增值税外，其他共享税的分配比例一经确定相对固定，增值税的分配比例每两年根据各级收支情况进行调整。在转移支付方面，通过建立“横向财政平衡体系”[①]来实现财政平衡和州内纵向财政资助。

从世界各国的实践来看，一国税权的划分模式主要取决于本国的具体国情，由于政治体制的不同及其经济发展水平和税收管理水平的差异，所采用的税收管理体制差别很大。因此，在税收管理体制模式的选择上，并不存在绝对统一的标准，但各个国家税权划分存在一些共同的规律：一是，在税权划分中在强调中政府的主导和控制地位，把基本的税收法律或主要税种的立法权集中于中央政府；二是，通过法律法规明确各级政府的税收权限，税权划分法制化、规范化，在具体的实施过程中有法可依有章可循；三是，在保证中央政府财力集中的基础上，不同程度地赋予

① 靳万军、付广军：《外国州际税收调查》，北京：中国税务出版社，2009年版，第8–9页。

地方政府一定的税收自主权，致力于调动和发挥地方政府的积极性和主动性；四是，合理界定各级政府的事权、财权与税权，建立规范和责权明晰的税收管理体制；五是，实行不同形式的转移支付制度，以弥补地方财力的不足。

（二）合理划分税权的理论构想

税收管理体制是一国税收制度的重要组成部分，也是中国当前和下一步完善税制体系要着力解决的重要问题。中国幅员辽阔，各地区经济和社会发展极不平衡，因此在税权的划分上，需要充分考虑中央集权与地方分权的适度平衡，既要充分调动地方的积极性，又要确保中央的宏观调控能力。因此，要根据事权与财权相统一的原则，在界定中央和地方事权范围的基础上划分财政支出范围，据此划分税种形成各自的收入，并根据需要进行均等化或具有特定政策意图的转移支付，[①]从而实现有效的税收分权。

（1）明晰事权界定。按照“比较优势”的原则科学界定各级政府的事权和支出保障范围，明确中央政府与地方政府共同承担的事务以及相应的责任。中央政府更多地承担起国防、外交、全国性公共服务和宏观调控等事务；地方政府主要承担辖区的基础设施建设和地方公共公益事业等由地方政府承办会效率更高的事务，对介于中央与地方事权之间如教育、卫生、环境保护和生态工程等“准全国公共事项”[②]及一些突发性事项列为中央与地方的共管事项，由中央与各地政府按一定比例承担管理和支出责任，将政府事权在各级政府间合理划分，并以法律的形式固定下来。只有通过各级政府的支出需要引导政府间税收划分才能避免因随意分税而导致的政府支出与支出分权的矛盾，使分税进入有序状态，这也是市场经济以规则为依据处理政府间财政收支关系的要求。[③]

（2）科学划分税权。一是将地方税体系建设与提升地方治理能力相结合，根据事权与税权相匹配的原则科学划分税权，赋予地方一定的立法权，逐步建立独立运行的中央税和地方税收入体系，既保证中央的权威和宏观调控能力，又可以调动地方政府的自主性和积极性。二是调整现行基于本地生产性税基划分收入的政府间收入分享办法，规范管理区域税收优惠政策，建立地方政府的激励约束机制，促进地区间公平竞争，引导地方政府提供高质量公共服务。[④]三是对明确属于地方的房地产税、资源税等税种，适当扩大地方税制要素选择权限与税收管理权限，通过合理配置资源以有效提供辖区居民所需的公共产品和公共服务。[⑤]

---

① 孙德超：《财政体制的政治分析》，北京：社会科学文献出版社，2012年版，第78页。

② 郑永年、吴国光：“论中央地方关系——中国制度转型中的一个轴心问题”，《当代中国研究》，1994年第6期，第35页。

③ 谷成：《财政分权与中国税制改革研究》，北京：北京师范大学出版社，2012年版，第71页。

④ 吕冰洋、贺颖：“分权、分税与市场分割”，《北京大学学报》，2019年第5期，第54-66页。

⑤ 刘尚希、樊轶侠：“论税收高质量发展与适应性改革”，《税务研究》，2019年第5期，第12-17页。

三、构建绿色税收体系，促进税负代际公平

人类发展的历史进程中，自然环境一直发挥着能量提供和资源支持的关键作用。然而长期以来，人类常常把自然环境作为一种“取之不尽、用之不竭”的系统加以利用，忽视了对资源和环境的保护。特别是18世纪英国产业革命以来，工业化进程和科学技术进步推动了社会经济的高速发展，人类在“从事推翻自然的平衡以利于自己”[①]过程中也付出了高昂的代价。以全球变暖为主要特征，累积性的环境污染和自然资源匮乏等问题日益凸显，生态系统持续恶化。环境污染和不可再生资源短缺已成为经济发展的两大制约因素。[②]传统的以“高投入、高消耗和高污染”为特征的粗放型发展模式已经无法持续。如何应对当前的环境问题与经济发展的关系，解决遏制人类发展的“瓶颈”问题，使资源、环境与经济协调、可持续性发展，实现当代人和后代人之间的代际公平，已成为各国税收领域必须面对的重要课题。

（一）绿色税收的内涵

绿色税收的思想最早可以追溯到英国经济学者庇古在其《福利经济学》一书中建议对排污征税以使外部成本内部化，进而达到福利最大化的理论。后继的学者们在其基础上从不同的角度对环境税进行了研究，成为绿色税收研究的渊源。20世纪70年代，随着全球资源环境的持续恶化，OECD提出了“污染者付费原则（Polluter Pays Principe，PPP）”，并制定和实施了一系列的绿色财税政策。1972年，诺德豪（Nordhaus）和托宾（Tobin）对环境损失的影响进行分析，认为以国民生产总值（GNP）或国内生产总值（GDP）作为国民经济福利的指标并不适当，因为这两个标准集中于考虑经济增长的因素，而没能反映环境资源作为决定经济社会发展的一个重要变量，具有自身无法克服的稀缺性和独特的社会经济价值以及对人类生活品质的影响。此后，世界各国针对资源和环境保护设立排污税、碳税、能源税等绿色税种，进行综合的“绿色税制改革”，[③]逐步通过税收政策引导经济与环境的协调发展。

绿色税收是指对污染行业和污染物的使用所征的税或对投资于防治污染或环境保护的纳税人给予的税收减免。[④]不仅包括为环保资源而特定征收的各种税，还包

① ［英］J·D. 贝尔纳：《历史上的科学》，伍况甫，等译，北京：科学出版社，1959年版，第535页。
② 梁云凤：《绿色财税政策》，北京：社会科学文献出版社，2010年版，第28页。
③ 梁云凤：《绿色财税政策》，北京：社会科学文献出版社，2010年版，第14–15页。
④ 国家税务总局税收科学研究所：《国际税收辞汇》，北京：中国财政经济出版社，1992年版，第301页。

括为环境保护而采取的各种减免、补贴等税收措施。绿色税收以促进环境保护和可持续发展为目的，把环境问题纳入税收制度的设计中，重新审视现行税收制度的理念、结构和具体内容。20世纪80年代末以来世界上各国开始了“税制绿化”的改革，[①]许多不利于生态环境和自然资源保护的税种、税目和各种税收政策逐步被减少或取消；一些有利于遏制环境污染、生态环境破坏和自然资源过度消耗的绿色税种纷纷开征；用于环境保护的收入不断增加，税收制度体系逐渐朝着资源节约型和环境友好型的方向发展。

（二）绿色税收与可持续发展

可持续发展的核心是正确处理人类社会发展与自然生态系统之间的关系。对资源与环境而言，可以理解为保持或者延长资源的生产使用性和资源基础的完整性，意味着不能造成自然资源耗竭而影响后代人的生产与生活。[②]绿色税收正是基于人类社会和谐与可持续发展理念，通过建立由若干不同性质和作用的绿色税种和一般税种组成的主次分明、长短互补、具有生态功能的税收体系，通过向市场经济主体征收绿色税收，将环境资源的外部成本内化到市场主体的生产成本中以引导绿色行为，对资源和生态环境进行有效保护和公平利用保护，促进经济、生态环境与社会的协调发展。

首先，绿色税收体系的建立有利于资源环境的保护。可持续发展强调发展必须以自然资源为基础，与环境承载能力相协调，在满足当代人的需求的同时又不对后代人满足其自身需求的能力构成危害。而资源与环境的公共产品属性，以及环境污染的负外部性与环境保护的正外部性决定了仅通过市场机制无法解决对资源的过度开采、不当利用和环境污染的公地悲剧，因此必须通过政府采取绿色税收等经济干预手段，将与环境污染、资源开发、生态系统的破坏等相关的外部成本内部化，使当事人为环境破坏和资源利用付出相应的代价，引导市场主体进行有利于环境的选择。同时，通过税收减免等优惠政策，加大对环保产业的税收支持力度，促进投资激励机制的形成，吸引各类经济主体对环保产业的投资，促进环境友好型、资源节约型、科技先导型产业的发展，优化资源配置，推动产业结构调整，促进资源和经济的可持续发展。

其次，绿色税收体系的建立有利于代际公平的实现。代际公平强调世代之间机会选择和资源分配方面的公平。只有当代人在考虑自己需求的同时，也对不在场的后代人的需求与消费负起历史的责任，确保后代人拥有同样的选择机会和健康的生

① OECD（1997）. Environment Taxes and Green Tax Reform，Paris，p.8.

② George，H（1979）.1879，Progress and Poverty，An Enquiry into the Cause of Industrial Depression and Increase of Wealth—The Rmedy，San Fransisco. New York：Schalkenbach Foundation.p.398.

活环境，这样的发展才是公平的。绿色税收体系通过具有生态功能的税收政策，一方面将环境资源的外部成本内化到市场主体的生产成本中以引导绿色行为，对资源和生态环境进行有效保护和公平利用保护；另一方面有效筹集社会资金，发挥其调节收入分配的功能，缩小现有税收体系在资源利用和社会福利分配上的差别，对有可能向后代人传递的外部性加以调节，促进社会公平，使国家间、区域间、当代人与后代人之间公平分享利用自然资源的效益和健康的环境，从而实现机会选择的平等性和资源分配的公正性，促进代际公平的实现。

最后，绿色税收体系的建立有利于促进国民经济整体效益的提高和持续发展。绿色税收通过对符合资源和环境保护的行为进行正向激励（减免税负），以及对破坏环境和耗费资源的行为进行逆向激励（征收税款），引导资本的投资方向转向资源节约型，促进资源的有效配置和经济平稳协调增长。一是，通过税收政策鼓励市场经济主体对节能环保项目进行投资或是使用能提高资源使用效率的设备，提高更新设备和提高对节能项目投资的积极性，促进在技术创新和进步基础上的产业结构调整和优化升级，优化资源配置，促进经济的可持续发展；二是，绿色税收具有“双重红利”效应，即在收入中性的综合性税收体制中，征收绿色税不仅有利于改善环境质量和节约资源，同时，其税收收入可以减轻现行税制对资本、劳动产生的扭曲作用，进而导致税制本身效率的提高从而获得国民收入增长效应。[①]三是，通过绿色税收政策促使市场经济主体在经济决策中全方位考虑环境污染和浪费资源的行为的成本，引导经济主体从注重眼前利益和局部利益的发展向注重长远利益和整体利益的发展模式转变，提高资源利用率、降低资源消耗、减少环境污染，进行适度规模的社会生产与消费，形成资源节约型的循环经济发展道路，促进国民经济整体效益的提高和持续发展。

（三）构建中国绿色税收体系，促进税负代际公平

2018年1月1日，环境保护税作为我国第一个体现“绿色税制”的综合税种开征，实现“费改税”的平稳过渡，激励市场主体绿色生产、科技创新，鼓励消费者绿色消费、支持生态优化。提高资源使用效率，降低资源消耗、防止环境污染加剧，增强生命保障系统，进行适度规模的社会生产与消费，形成资源节约型的循环经济发展道路，使之与可持续发展要求相适应，既保证当代人的发展需求又为后代留下和当代人同等发展机会，使资源环境、经济、社会稳步协调发展，促进税负公平代际公平的实现。

首先，进一步“绿化”现行相关税种。一是扩大资源税征税范围，调整计税依

① 武亚军：“转型、绿色税制与可持续发展”，《中国地质大学学报》，2008年第1期，第5-14页。

据和计征方法，并根据不同资源的类型实行差别税额，限制掠夺性开采和利用，强化国家对自然资源和环境的保护。二是加强消费税的调节力度。将损害环境和资源再生较慢的商品纳入消费税征税范围，适当提高原有与资源环境相关的税目，并实行差别税率，提高造成环境污染以及大量消耗自然资源消费品的税率，通过不同的消费税税率，以引导消费者的正确消费倾向，减轻资源环境压力。三是对有利于保护自然资源和生态环境的产业和企业给予所得税税收优惠，以鼓励经济主体对保护资源和环境的技术和产品的研发、生产及使用。

其次，完善绿色税收政策。一方面要取消不利于资源环境的税收政策，并对浪费资源和污染环境的产业、产品及行为提高税负；另一方面逐步扩大绿色税收优惠范围，使税收优惠遍及整个绿色产业。以促进循环经济发展和环保产业为方向，对于节能减排、降低能耗以及实行清洁生产的产品设备的生产使用以及相关的技术研发活动都应予以税收优惠。对于保护自然环境，维护生态平衡，促进生态经济发展的产品和服务，根据环境保护、资源循环利用的程度给予或加大一定时期的减免税优惠或即征即返政策，可采用加速折旧，再投资退税、税收抵免、延期纳税等国际上通用的间接优惠方式以增强税收优惠政策的灵活性和针对性。

最后，进一步优化环境保护税。为达到2030年和2060年实现碳达峰和碳中和的目标，在建设全国统一碳交易市场的同时，适时将碳税纳入环境保护税的征税范围。扩大绿色税收在整个税收体系中所占的比重，强化税收体系的绿化程度和税收的环境调节功能，促进资源环境、经济和社会的可持续发展。

本章小结

在探寻促进税负公平所应当遵循的原理与规律的基础上，本章提出优化中国税负公平的理论构想与对策：首先，建立政府与公民间相互承认的税收，强调税收治理的理性、公平、有效等原初价值和基础性意义，在积极促进合作性税收信任合作关系与行为模式的基础上形成国家权力与公民权利的耦合；强化国家税收权力制衡，增强税收决策科学性；培育公民精神，推动基于相互承认的税收遵从，从而增强税收的合法性。其次，优化税收治理的运作场域，通过搭建税收善治的机制与平台，促进税收合作治理的发展；建立税收信用制度，完善税收征管模式，并通过增强公共收入与开支的科学性与透明度提升税收的公共性。最后，通过改善税制结构，保持适度张力的秩序建构，完善税收管理体制，合理划分税权，构建绿色税收体系，促进税负代际公平以实现税收的可持续性。通过构建行动规则、优化运作场域和推动结构转型，增强税收合法性、公共性和可持续性，促进税负公平，推动经济、社会与国民福祉的同步协调增长。

第七章

结　语

问题研究

一、主要结论

通过对当下中国税负公平的研究，本书得出以下主要结论：

第一，虽然中国宏观税负不高，但是非税负担偏高，并且税负结构失衡，加上政府民生支出的缺位与滞后，税负公平问题应引起重视。中国小口径宏观税负即税收收入与GDP之比并不高，但各种非税收入占政府财政收入比重较大，大口径宏观税负即政府总收入与GDP之比却偏高，并且税负结构失衡，主要表现为地区间、产业间、所有制间和代际间税负分配不均，再加上政府民生支出的缺位与滞后，引发税负公平方面的一些问题。

第二，税收合法性、公共性与可持续性不足是造成中国税负公平性问题的主要原因。（1）由于税收法定与税收民主的缺失、税收制度供给不均衡、税收理念的滞后造成中国税收合法性有待进一步加强；（2）由于公共服务投入与税收增长的不同步、税收管理公共性的滞后造成中国税收公共性不彰；（3）由于税制结构的失衡、税收竞争异化导致税收利维坦的快速扩张、忽视税收代际公平，从而影响中国税收的可持续性。

第三，民众实际缴纳的税收与所需政府提供的公共产品和服务不匹配是税负痛苦的最主要原因。民众的税负痛苦与税负公平感不仅仅指向政府收入口径的问题或者单纯衡量税负水平的高低，更大程度取决于纳税人的主观感受，即实际缴纳的税收与期望所得（所需政府提供的公共产品和服务）的匹配程度。因而，税负的高低本身不是衡量税负痛苦的根本性问题，而是责权利的一致性和成本与受益的对称性。促进税负公平必须拓展至政府财政收入的支出，与公共服务的提供和国民福祉的增长结合起来。

第四，税收理念滞后是造成中国征纳双方税收遵从度不高的深层原因。1949年以来中国税收理念的演变经历了计划经济时期的税收理念、改革开放初期税收理念和市场经济时期的税收理念三个阶段。税收理念的演变经过从传统只强调纳税义务到注重保护纳税人权利的税收理念；从片面强调效率到逐渐注重公平的税收理念；从传统封闭式的以税收计划和税收任务为中心的管理转向以依法治税为宗旨的现代税收管理；从传统的税收管理到强调税收服务的转变过程。在中国税收制度的变迁过程中，税收理念的滞后是造成征纳双方税收不遵从的深层原因，从而影响了税收政策的实施效果。

第五，中国税制变迁的路径依赖是制约中国税收制度改革的主要因素之一。1949年以来中国历次税收制度变迁是以政府为主导，在现有的制度模式内不断优化以适应经济和社会环境的过程。税收制度变迁主要采取需求累增与阶段性突破的方式，保持制度安排的相对稳定和有效衔接，具有明显的渐进式的强制性运行特点，而且随着制度实施规模的扩大以及自我强化和自我积累形成制度惯性，造成税收收入来源、税制结构、税权划分的路径依赖，从而制约了中国税收制度的改革。

第六，中国宏观税负水平低于OECD国家平均水平，社会保障和医疗卫生等民生支出低于发达国家水平。与发达国家的税制结构相比，中国税制结构中所得税比重较低，限制了税收收入分配功能的发挥和税负公平的实现。在财政支出方面，中国的财政支出主要投向经济事务支出和一般公共服务项目，而民生支出除了教育以外，社会保障支出和医疗卫生的投入比例低于发达国家平均水平。

第七，增强税收合法性、公共性和可持续性是促进中国税负公平的必由之路。（1）建立政府与公民间相互承认的税收，强调税收治理的理性、公平、有效等原初价值和基础性意义，在积极促进合作性税收信任合作关系与行为模式的基础上，形成国家权力与公民权利的耦合，从而增强税收的合法性；（2）优化税收治理的运作场域，通过搭建税收善治的机制与平台，推动税收合作治理的发展，建立税收信用制度，并通过增强公共收入与开支的科学性与透明度，提升税收的公共性；（3）改善税制结构，保持适度张力的秩序建构，完善税收管理体制，合理划分税权，构建绿色税收体系，促进税负代际公平，以实现税收的可持续性。通过构建行动规则、优化运作场域和结构转型，增强税收合法性、公共性和可持续性，促进税负公平，推动经济、社会与国民福祉的同步协调增长。

二、有待进一步研究的问题

首先，本研究涉及多个领域的知识，包括政治学、经济学、法学、社会学等学科的理论，试图构建一个国家治理与善治视阈下涵盖税负公平导向、体现税负公平原则的三维分析框架。在研究过程中更多偏重理论层面的分析，对税收合法性、公共性和可持续性三个维度定量研究不足。因此，进一步具体和细化各项分析指标，将论证框架系统化和模型化，并在运用过程中不断验证和调适各项具体指标权重的设置，是后续研究需要完善的主要内容。其次，本研究构建了税负公平的分析体系并据此对中国的税负公平状况进行了实证分析。但由于现有资料的限制，未能对税负水平与公共服务支出的对比关系进行精细的量化分析和更深层次的剖析，进而提出一个税收负担与公共服务支出的适当比例，因此缺乏一定的解释力和说服力，这是进一步研究必须解决的问题。

三、财税善治——促进税负公平之根本

财政是庶政之母，国家治理的所有活动都依赖于有限资源的合理与权威分配而展开。作为一种将有限资源与国家目标系统结合起来的治理手段，财政对政治、经济和社会的运行都有极为重要的影响。税负公平领域作为“公平”这一古老命题在当代被重新审视的众多领域之一，其含义并非一元的，而是综合与多元的。既必须考量税负在全体纳税人之间合理分配，又要考量社会成员的基本权利是否得到保障；既必须保证政府筹集足够的财政收入以有效提供公共产品和公共服务，又要促进经济健康持续发展的同时实现社会的公平和正义。在既定的财政收入水平下，税负公平的实现取决于国家能否有效地筹集与分配财政资源以提供社会所需公共产品和公共服务；通过公平、透明和科学地使用和配置财政资金，避免收入差距的过分扩大，维护和实现社会公正，以使纳税人承受的税收负担与其经济状况以及获得公共产品与公共服务相适应的税负公平之根本要义得以贯彻和落实。因此，税负公平的实现不能仅局限于税收负担的公平分配，必须拓展至政府财政收入的支出，将财政资源的汲取和支出两方面结合起来，与公共产品和公共服务的提供和国民福祉的增长结合起来。从这个角度而言，要真正实现税负公平，必须依赖于国家财税治理的有效运行。

在国家治理的过程中，财政无疑是一个非常关键的环节。因为一国财政资源的多少直接影响着政府的公共支出，而政府的公共支出对维持政府的运转和促进国家其他目标的实现以及提高治理能力至关重要。正如熊彼特指出的那样：在一个国家的历史中，财政史是最为基本的。为了满足国家需要对经济进行的汲取及其使用的结果对国家的命运产生了极大的影响。从这个意义上看，如何筹集和使用财政资金固然首先是一个财政问题，但更是一个国家治理问题。财政治理的转型对国家治理发展的促进作用，可以概括为：一方面，财政通过影响一国财政征收方式、支出水平、税制结构及其调节社会分配等机制作用于国家的制度建设和治理水平；另一方面，随着国家的收入逐渐来源于一般公众的普遍性税收和国家支出责任不断向服务和保障的方向倾斜，财政转型促进国家治理不断朝着公共性发展，并且通过国家政府间财政关系和预算管理制度方面的不断完善推动国家制度的建设。1978年以来中国实行的经济改革不仅改变了社会面貌与政治生态，国家治理的职能与方式也发生了重大变化。在社会转型与国家治理重塑的过程中，中国逐渐从自产国家向税收国家过渡，[①]私人部门缴纳的税收在国家财政中所占比重越来越大，财政体系也由原

① 马骏：《中国公共预算改革：理性化与民主化》，北京：中央编译出版社，2005年版，第32页。

来的供给型财政、生产建设型财政逐步向公共财政体系转变。[①]第一，实行部门预算改革，将预算内资金和预算外资金全部编入预算；第二，实行单一账户的国库集中收付制度改革；第三，推行以招标集中采购为代表形式的政府采购制度改革；第四，推行“收支两条线”改革，将各部门的行政收费和罚没收入等直接划入财政专户归为预算统筹，不再与部门支出和福利待遇挂钩；第五，推进财政转移支付制度改革；第六，实施与国际通行接轨的政府收支分类改革。随着公共财政体系逐渐建立，财政支出逐渐向以教育、就业、医疗、社会保障和住房等基本民生事项倾斜；通过加大财政转移支付的力度推进地区间基本公共服务均等化；强化预算监督管理，推进政府收支机制及其行为的规范化。一系列面向“公共化”的财政改革推动了中国国家治理的法治化、民主化进程。正如王浦劬所指出的那样，“财政问题常常比政治问题和管理问题会先行一步引起社会深入变革，也就是说，财政和预算问题会是社会和政治发展的契机和切入点。”[②]但是，中国在国家治理转型与变革过程中，由于受历史机遇、国际环境和现代化进程等因素的影响，西方国家转型历史上所发生的种种社会问题和冲突在中国市场经济转型期集中体现出来，并对人们的生活方式、思想观念、社会价值以及自然环境等方面产生不可逆转的影响，也给国家治理结构和能力提出新的挑战。[③]而且，中国短短几十年的“赶超型发展”与西方国家上百年的发展历程相比还有很大差距，经济和社会发展的历史欠账较多，各种经济和社会发展的矛盾发展逐渐凸显。一方面，由于政府公共职能的扩张，各种公共支出的增长促使政府的财政收入在国民收入的份额中不断增大；另一方面，中国作为发展中国家，政府基于国家财政来增强治理合法性的考虑，在发展初期将主要精力投向了经济发展和基础设施建设，经济事务支出在财政支出中比重较大。而且由于民生建设基础较差，虽然政府逐渐加大义务教育、公共卫生、最低生活保障等方面的财政支出，但依然滞后于经济发展的步伐和民众群众日益增长的公共产品和公共服务需求。现有的财政体系与公众要求的公共财政收入与支出的理想类型相去甚远，加上社会财富占有和收入分配的格局不断拉大，造成国家治理的现实与民众需求之间的落差。因此，对处于市场经济转轨和民主法治建设关键时期的中国而言，当前财税改革思路应当是力图通过实现以公平正义、民主、法治和责任等社会价值为运行基础的财税善治，在国家和公民、公民与公民间均衡地分配社会财富，并藉此为突破口推动国家治理转型，以实现公平正义与社会和谐发展。

---

① 贾康：“公共财政的制度建设与改革创新”，载刘小楠：《追问政府的钱袋子——中国公共预算改革的理论与实践》，北京：社会科学文献出版社，2011年版，第17-40页。

② 王浦劬：“公共预算与财政学”，载马骏、王浦劬、谢庆魁、肖滨：《呼吁公共预算——来自政治学、公共行政学的声音》，北京：中央编译出版社，2008年版，第8页。

③ 徐湘林：“中国的转型危机与国家治理：历史比较的视角”，载陈明明：《转型危机与国家治理》，上海：上海人民出版社，2011年版，第42-69页。

（一）从“建设财政”走向“民生财政”

民生，并非一个专门的学术概念，亦无异域语境下的直接对应，在很大程度上是一种植根于中国历史传统之中的人文关怀，是一种对保障生存权和发展权等公民基本权利价值的表达。[①]对于中国这样一个全面建成小康社会的发展中大国来说，关注民生、重视民生、保障民生、改善民生是经济社会进步和发展的逻辑起点，也是当下中国各项公共政策制定和执行所必须遵循的基本原则。公共财政是政府为民理财的经济行为，其出发点和落脚点都在于“民”。尽管公共财政所有正常适度的公共服务都与民生相关，但各项服务与民生的直接关联度是不同的。而民生财政关注与人民生活直接相关的教育、医疗卫生、社会保障和就业、住房、文化等民生领域方面的民生问题，其实质是“人本财政”，目的在于建立以社会公平、发展正义为价值目标的财政运行机制。民生财政不仅承载人文关怀的终极诉求，亦包含普世性的基本价值。

中国改革开放四十多年来，社会主义市场经济建设取得巨大成就，财政收入迅猛增长、综合国力大幅提升、经济增长取得了举世瞩目的成就。但由于在发展过程中过于强调以经济建设为中心，各级政府为了经济增长而尽可能增大政府投入形成“建设财政”，经济建设支出占财政支出结构中的比重一直保持较高水平，而那些非生产性的却直接事关民生需求的支出在有限财政资源配置格局中没有得到足够的重视，由义务教育、卫生医疗、社会保障等公共产品公共服务获得来衡量的民生状况有待提高，上学难、看病贵、房价高、社会阶层分化、贫富差距扩大等社会问题逐渐凸显，从而出现了国富与民生关系失衡的局面。中国经济增长与宏观稳定课题组指出中国增长失衡的重要原因是与民生状况直接相关的政府社会性支出的不足。[②]虽然近年来政府通过量化单项民生支出项目的具体目标、提高民生支出在整个财政支出结构中的所占比例等各种财政政策逐渐加大民生投入，但还存在着民生需求与财政投入之间差距较大、覆盖范围比较窄、民生财政体系还不够完善等问题。而且不同阶层或收入群体因民生支出增加而获益程度差异很大，民生支出的公平性有待提高。因此，必须将以经济建设为中心转到以民生为中心，建立民生财政支持体系，优化财政收支结构，以民众的公共需求为基准，在财政预算和支出结构体现民意，逐步提高民生支出比重。在扩大民生支出的过程中，要充分考虑民生保障的公平性，在义务教育、基本医疗服务和社会保障等公民基本权利保障方面向社会弱势群体适当倾斜，以改善由于资源禀赋和机会造成的不平等地位并获得竞争与发展的

---

① 刘尚希：“论民生财政”，《财政研究》，2008年第8期，第2-10页。

② 中国经济增长与宏观稳定课题组：“增长失衡与政府责任——基于社会性支出角度的分析”，《经济研究》，2006年第10期，第4-17页。

机会。完善财政转移支付制度，促进基本服务供给均等化，逐步缩小城乡之间保障水平的差距，切实保障和改善民生，使全体民众分享到经济与社会发展的成果，推动社会总体福利的提高。

（二）从税收国家走向预算国家

预算是政府为履行其职能而安排的财政资金收入和支出的计划，其范围和内容反映了政府活动的范围和内容，是政府组织分配资金的重要工具。现代公共财政不仅要求政府包括税收在内的一切收入都应严格按照法律征收，更重要的是每一笔支出均需用之有度、公开透明。因此，建立预算机制，从制度上确保纳税人及其代表机构高效行使审议、批准预算的权力成为各个国家健全财政制度的共同选择。王绍光将实行现代预算制度的国家称为“预算国家”，认为一个没有预算的政府是“看不见的政府”，而一个看不见的政府不可能是负责任的政府[①]，因此现代政府预算必须是经法定程序批准，而且经代议机构批准与授权后方可实施的政府机关财政收支计划。他同时指出税收国家依靠征税维系，而预算国家是在税收国家的基础上用公开、受监督的计划控制政府收支，由此而言，预算国家是税收国家的提升形态。

税收国家向预算国家的转型，反映了国家理财重心的转移和国家治理理念的转变。现代国家通过公共预算建立一套有效的监督控制体制，确保所有的公共资金都用于公共目的，提高公共资金的配置效率，从而建立廉洁、有效、负责的现代政府。[②]因此，从税收国家到预算国家是将政府收支透明化的过程，也是不断规范政府行为的过程，在此过程中必须经过财政统一和预算监督两个过程，各个国家根据国情采取不同的转变模式。法国采取的先实现财政统一，后实现预算监督的模式；英国采取的是财政统一与预算监督交替推进模式；而美国建立现代预算制度过程呈现出两个特点：一是先实现财政监督后实现财政统一, 二是从中央到地方的转变模式。美国预算改革是在20世纪初“进步时代”运动的大背景下进行的。为了应对当时工业化发展和社会经济结构转型所产生的大量社会政治冲突和治理危机，美国政府通过现代预算等公共财政改革等一系列措施扩大民主、加大政府透明度，遏制腐败，提高政府效率和提倡社会公平，缓解社会矛盾，从而推动国家治理的转型，有效应对了经济社会变迁带来的各种挑战。

（三）从经济导向型政府走向服务型政府

在现代国家中，提供公共服务和增进公共利益是政府的基本职责也是其合法性

① 王绍光：“从税收国家到预算国家”,《读书》，2007年第10期，第3-13页。
② 中国发展研究基金会：《公共预算读本》，北京：中国发展出版社，2008年版，第5页。

的来源。一个良好的政府，应该是有效履行公共服务职能的政府。因此，服务是政府的首要职能和本质特征，也是公共管理运行的核心。[①]从这个意义上说，创建服务型政府正是政府管理改革的题中之义和必然趋势。[②]20世纪70年代末，以西方为开端，席卷全球的政府治理模式变革运动蓬勃发展，“服务导向”的行政价值体系与政府治理模式在改革进程中日渐完善。服务型政府是随着人类社会从工业社会进入后工业社会而出现的公共事务管理范式的转换，既体现了政府为中心管理模式向以公民为中心服务模式的转变，也体现了政府本位、权力本位体制向公民本位体制的转变。在服务型政府下，为民众服务不仅是一种行政理念，而是通过立法以制度的形式确定下来，公共权力的运行机制不是一种来自政府自上而下的制约，而是一种来自公民自下而上的监督。换而言之，服务型政府治理模式使政府真正回归其本源——公共服务性，从而能更好体现当代社会政府的本质特征。

中国改革开放以来长期实行的是经济导向型政府治理模式，过多注重GDP的增长而相对忽视环境保护、社会建设和社会公平等问题。2003年抗击“非典”是一个重大的历史契机，促使政府意识到忽视公共服务和社会全面发展所带来的危机，并进而明确提出建设和谐社会的目标，这标志着经济导向型政府管理模式开始向公共服务型治理模式的嬗变。[③]从经济导向型政府向公共服务型政府的转型对中国未来的发展具有极其重要的意义。第一，通过树立政府服务理念，重新审视政府的行为及政策，由直接干预微观经济活动和从事经济建设转向创造公平竞争的市场环境转变，提高资源的有效配置，有利于促进中国社会主义市场经济的健康发展。第二，建立以回应公共需求为导向的服务型政府，使政府不再成为经济资源和公共事务的垄断者，有利于满足民众不断增长的公共需求，并通过公众参与，实现公共物品的协商、透明、高效供给，从而促进公共福祉的提升。第三，建立政府与公民社会合作互动的公共治理模式有利于培养公民的公共精神，通过国家与公民社会的良好合作，促使政府履行使命，担负起为公民提供公共产品和公共服务的责任。第四，建立公民导向和结果导向的政府绩效评估体系，促使政府关注民众需求并采取积极有效措施加以满足，进而改善政府与民众信任关系，增强政府治理的合法性与合理性。第五，通过政府组织建设，建立有效的跨部门合作机制，以适应社会发展和社会问题超过单个部门职责权限和管理范围的问题，整合公共部门的政策与服务，为民众提供优质服务。因此，通过对服务型政府理念的积极探索与实践，有助于建立一个以公民为本位、以服务为宗旨的法治、公开、透明的责任政府。2020年，面对近百年来人类遭遇的影响范围最广的全球性大流行病——新型冠状病毒肺炎，中国

---

① 黄健荣：《公共管理学》，北京：社会科学文献出版社，2008年版，第96页。
② 黄健荣：《公共管理学》，北京：社会科学文献出版社，2008年版，第3页。
③ 褚添有：《嬗变与重构：当代中国公共管理模式转型研究》，桂林：广西师范大学出版社，2008年版，序言第4页。

政府将人民生命安全和身体健康放在首位，有效阻断病毒传播链条，坚决抗击疫情的各种努力，正是推进治理体系和治理能力现代化，建设公共服务型政府进程的一次积极探索与实践。

通过以上分析可以得知，民生财政、预算国家、服务型政府都强调以民为本，将保障公民的权利，促进政府履行公共责任，有效满足民众需求，实现公共利益作为价值依归，通过国家与社会、政府与公民的良性互动与合作实现国家的良善治理。因此，民生财政、预算国家和服务型政府构成了财税善治的三位一体，是其得以顺利运行的基础，换而言之，只有在建立民生财政、预算国家和服务型政府基础上的财税善治才能真正实现税负公平。正如对公平理念的认识一样，国家的治理也是一个持续不断的前进过程，只要存在税收，人们就会持续不断地去找寻税负公平实现的理想模式。对于当下中国而言，财税善治的实现，不仅是国家和公民关系重塑的过程，也是公民权利得到重视和保障以及公共服务型社会治理模式成长的历史契机，是国家治理转型的一个重要组成部分。因此，对税负公平的价值表达与理论探索，不仅是对公平这一永恒主题的不懈追求，更表达了对建设一个民主、法治和责任型国家的殷切期待。

参考文献

（一）译著

[1]［印］阿马蒂亚·森:《以自由看待发展》，任赜、于真译，北京：中国人民大学出版社，2002年版。

[2]［美］爱蒂丝·布朗·魏伊丝:《公平地对待未来人类：国际法、共同遗产、世代公平》，汪劲、于方、王鑫海译，北京：法律出版社，2000年版。

[3]［英］安德鲁·海伍德:《政治学核心概念》，吴勇译，天津：天津人民出版社，2008年版。

[4]［美］B·盖伊·彼得斯:《政府未来的治理模式》，吴爱明译，北京：中国人民大学出版社，2001年版。

[5]［日］坂入长太郎:《欧美财政思想史》，张淳译，北京：中国财政经济出版社，1987年版。

[6]［法］邦亚曼·贡斯当:《古代人的自由与现代人的自由》，阎克文、刘满贯译，上海：上海世纪出版社，2005年版。

[7]［美］保罗·A. 萨缪尔森:《经济学》（上册），高鸿业译，北京：商务印书馆，1979年版。

[8]［美］保罗·A. 萨缪尔森、威廉·D·诺德豪斯:《经济学》（第14版），胡代光译，北京：北京经济学院出版社，1996年版。

[9]［美］保罗·萨巴蒂尔:《政策过程理论》，彭宗超，等译，北京：生活·读书·新知三联书店，2004年版。

[10]［古希腊］柏拉图:《理想国》，郭斌和、张竹明译，北京：商务印书馆，1986年版。

[11]［美］伯纳德·施瓦茨蕃:《行政法》，徐炳译，北京：群众出版社，1986年版。

[12]［英］C·V. 布朗、P·M. 杰克逊:《公共部门经济学》，张馨译，北京：中国人民大学出版社，2000年版。

[13]［美］查尔斯·J. 福克斯、休·T. 米勒:《后现代公共行政：话语指南》，曹沁颖、吴巧林译，北京：中国人民大学出版社，2002年版。

[14]［日］川岛武宜:《现代化与法》，申政武译，北京：中国政法大学出版

社，1994年版。

［15］［美］丹尼尔・贝尔:《资本主义文化矛盾》，赵一凡、蒲隆、任晓晋译，北京，生活·读书·新知三联书店，1989年版。

［16］［美］丹尼尔・W. 布罗姆利:《经济利益与经济制度：公共政策的理论基础》，陈郁、郭宇峰、汪春译，上海：上海三联书店，1996年版。

［17］［美］丹尼斯・米都斯，等:《增长的极限》，李宝恒译，长春：吉林人民出版社，1997年版。

［18］［美］戴维・伊斯顿:《政治生活的系统分析》，王浦劬译，北京：华夏出版社，1999年版。

［19］［英］戴维・米勒、韦农・波格丹诺:《布莱克维尔政治学百科全书》，邓正来主译，北京：中国政法大学出版社，2002年版。

［20］［美］道格拉斯・C. 诺思:《经济史中的结构与变迁》，陈郁、罗华平译，上海：上海三联书店，1994年版。

［21］［美］道格拉斯・C. 诺思:《制度、制度变迁与经济绩效》，杭行译，上海：上海三联书店，2008年版。

［22］［美］凡勃伦:《有闲阶级论：关于制度的经济研究》，蔡受百译，北京：商务印书馆，2004年版。

［23］［美］盖伊・彼得斯,《税收政治学》，郭为桂、黄宁莺译，南京：江苏人民出版社，2008年版。

［24］［美］哈维・罗森:《财政学》，平新乔、董勤发、杨月芳，等译，北京：中国人民大学出版社，2000年版。

［25］［英］哈耶克・弗里德利・冯・哈耶克:《自由秩序原理》，邓正来译，北京：生活·读书·新知三联书店，1997年版。

［26］［英］汉默顿:《西方名著提要》，何宁译，北京：中国青年出版社，1957年版。

［27］［美］汉娜・阿伦特:《人的条件》，上海：上海人民出版社，1999年版。

［28］［美］赫伯特・A. 西蒙:《管理行为》，北京：机械工业出版社, 2004年版。

［29］［英］霍布斯:《利维坦》，黎思复，黎延弼译，北京：商务印书馆，1985年版。

［30］［英］J・D. 贝尔纳:《历史上的科学》，伍况甫，等译，北京：科学出版社，1959年版。

［31］［美］J・范伯格:《自由、权力和社会正义》，王守昌、戴栩译，贵阳：贵州人民出版社，1998年版。

［32］［美］加布里埃尔・A. 阿尔蒙德等:《比较政治学：体系、过程和政策》，

曹沛霖，等译，上海：上海译文出版社，1987年版。

[33] [美] 加布里埃尔·A. 阿尔蒙德、西德尼·维巴：《公民文化——五个国家的政治态度和民主制》，徐湘林译，北京：东方出版社，2008年版。

[34] [澳] 杰佛瑞·布伦南、[美] 詹姆斯·M. 布坎南：《宪政经济学》，冯克利，等译，北京：中国社会科学出版社，2004年版。

[35] [美] 杰里·L. 马萧：《官僚的正义》，何伟文，等译，北京：北京大学出版社，2005年版。

[36] [英] 杰里米·边沁：《道德与立法原理导论》，时殷弘译，北京：商务印书馆，2009年版。

[37] 经济合作与发展组织：《政府概览2011》，黄宗晞译，北京：中央编译出版社，2011年版。

[38] [日] 金子宏：《日本税法原理》，刘多田，等译，北京：中国财政经济出版社，1989年版。

[39] [日] 金子宏：《日本税法》，战宪斌，等译，北京：法律出版社，2004年版。

[40] [德] 康德：《历史理性批判文集》，何兆武译，北京：商务印书馆，1990年版。

[41] [美] 康芒斯·J. R：《制度经济学》（下册），于树生译，北京：商务印书馆，1962年版。

[42] [德] 柯武刚、史漫飞：《制度经济学：社会秩序与公共政策》，韩朝华译，北京：商务印书馆，2000年版。

[43] [英] 昆廷·斯金纳：《近代政治思想的基础》（上卷），奚瑞森，等译，北京：商务印书馆2002年版。

[44] [加] L·W. 萨姆纳：《权利的道德基础》，李茂森译，北京：中国人民大学出版社，2011年版。

[45] [美] 罗伯特·诺齐克：《无政府、国家与乌托邦》，何怀宏译，北京：中国社会科学出版社，1991年版。

[46] [美] 罗伯特·普特南：《使民主运转起来》，王列、赖海榕译，南昌：江西人民出版社，2001年版。

[47] [美] 罗纳德·德沃金：《至上的美德：平等的理论与实践》，冯克利译，南京：江苏人民出版社，2003年版。

[48] [美] 罗伊·鲍尔：《中国的财政政策——税制与中央及地方的财政关系》，北京：中国税务出版社，2000年版。

[49] [美] 理查德·A. 马斯格雷夫、佩吉·B. 马斯格雷夫：《财政理论与实践》，邓子基译，北京：中国财政经济出版社，2002年版。

［50］［美］理查德・A. 马斯格雷夫：《美国财政理论与实践》，邓子基、邓力平译，北京：中国财政经济出版社，1987年版。

［51］［美］理查德・A. 波斯纳：《法律的经济分析》（下），蒋兆康译，北京：中国大百科全书出版社，1997年版。

［52］［美］理查德・派普斯：《财产论》，蒋琳琦译，北京：经济科学出版社，2003年版。

［53］［德］鲁道夫・冯・耶林：《为权利为斗争》，郑永流译，北京：法律出版社，2007年版。

［54］［英］伦纳德・霍布豪斯：《社会正义要素》，孔兆政译，长春：吉林人民出版社，2006年版。

［55］［美］迈克尔・巴泽雷：《突破官僚制：政府管理的新愿景》，孔宪遂，等译，北京：中国人民大学出版社，2002年版。

［56］［美］玛格丽特・利瓦伊：《统治与岁入》，周军华译，上海：上海人民出版社，2010年版。

［57］［德］马克斯・韦伯：《经济与社会》（上、下卷），林荣远译，北京：商务印书馆，1997年版。

［58］［德］马克斯・韦伯：《学术与政治》，钱永祥译，桂林：广西师范大学出版社，2004年版。

［59］［德］马克思、恩格斯：《马克思恩格斯选集》（第2卷），北京：人民出版社，1972年版。

［60］［德］马克思、恩格斯：《马克思恩格斯选集》（第4卷），北京：人民出版社，1995年版。

［61］［德］马克思、恩格斯：《马克思恩格斯全集》（第8卷），北京：人民出版社，1965年版。

［62］［英］马歇尔：《经济学原理》（上册），朱志泰、陈良壁译，北京：商务印书馆，1994年版。

［63］［英］迈克・希尔、［荷］彼特・休普：《执行公共政策：理论与实践中的治理》，黄健荣译，北京：商务印书馆，2011年版。

［64］［美］迈克尔・巴泽雷：《突破官僚制：政府管理的新愿景》，孔宪遂、王磊、刘忠慧译，北京：中国人民大学出版社，2002年版。

［65］［美］迈克尔・罗斯金：《政治科学》，林震，等译，北京：华夏出版社，2001年版。

［66］［美］迈克尔・沃尔泽：《正义诸领域：为多元主义与平等主义一辩》，褚松燕译，北京：译林出版社，2002年版。

[67]［美］曼瑟·奥尔森:《权力与繁荣》，苏长河、嵇飞译，上海：上海人民出版社，2005年版。

[68] 美国联邦税制总统顾问团:《简化、公平、促进经济增长：美国的税制改革》，北京：中国市场出版社，2007年版。

[69]［法］孟德斯鸠:《论法的精神》(上)，张雁深译，北京：商务印书馆，1961年版。

[70]［美］米尔斯·弗里德曼、罗斯·弗里德曼:《自由选择》，北京：商务印书馆，1982年版。

[71]［美］南茜·弗雷泽、［德］阿克塞尔·霍耐特:《再分配，还是承认？》周穗明译，上海：上海人民出版社，2009年版。

[72]［意］尼古拉·阿克塞拉:《经济政策原理：价值与技术》，郭庆旺、刘茜译，北京：中国人民大学出版社，2001年版。

[73]［美］P·诺内特、P·塞尔兹尼克:《转变中的法律与社会：迈向回应型法》，张志铭译，北京：中国政法大学出版社，2004年版。

[74]［法］皮埃尔·布尔迪厄、［美］华康德:《实践与反思：反思社会学导引》，李猛、李康译，北京：中央编译出版社，1998年版。

[75]［法］皮埃尔·布尔迪厄:《科学的社会用途——写给科学场的临床社会学》，刘成富、张艳译，南京：南京大学出版社，2005年版。

[76]［法］皮埃尔·卡蓝默、让·弗雷斯、瓦莱里·加朗多:《破碎的民主：试论治理的革命》，高凌瀚译，北京：生活·读书·新知三联书店，2005年版。

[77]［美］全钟燮:《公共行政的社会建构：解释与批判》，孙柏瑛、张钢、黎洁等译，北京：北京大学出版社，2008年版。

[78]［美］乔治·弗雷德里克森:《公共行政的精神》，张成福译，北京：中国人民大学出版社，2003年版。

[79]［日］青木昌彦:《比较制度分析》，周黎安译，上海：上海远东出版社，2001年版。

[80]［美］R·科斯、A·阿尔钦、D·诺思等:《财产权利与制度变迁——产权学派与新制度学派译文集》，上海：上海三联书店，2000年版。

[81]［法］让-马克·夸克:《合法性与政治》，佟心平、王远飞译，北京：中央编译出版社，2002年版。

[82]［法］让-雅克·卢梭:《社会契约论》，何兆武译，北京：商务印书馆，1980年版，第5-6页。

[83]［意］萨尔沃·马斯泰罗内:《欧洲政治思想史》，黄华光译，北京：社会科学文献出版社，2001年版。

[84] [法] 萨伊:《政治经济学概论》, 陈福生、陈振骅译, 北京: 商务印书馆, 2009年版。

[85] [美] 史蒂芬·霍尔姆斯、凯斯·R·桑斯坦:《权利的成本——为什么自由依赖于税》, 毕竟悦译, 北京: 北京大学出版社, 2004年版。

[86] 世界环境与发展委员会:《我们共同的未来》, 王之佳、柯金良译, 长春: 吉林人民出版社, 1997年版。

[87] 世界环境与发展委员会:《我们共同的未来》, 长春: 吉林人民出版社, 1997年版。

[88] 世界银行:《1997年世界发展报告: 变革世界中的政府》, 蔡秋生, 等译, 北京: 中国财政经济出版社, 1997年版。

[89] [法] 托克维尔:《旧制度与大革命》, 冯棠译, 北京: 商务印书馆, 1992年版。

[90] [法] 托克维尔:《论美国的民主》(上册), 北京: 商务印书馆, 1988年版。

[91] [美] V·奥斯特罗姆、D·菲尼、H·皮希特:《制度分析与发展的反思》, 王诚译, 北京: 商务印书馆, 1992年版。

[92] [英] 威廉·配第:《赋税论: 献给英明人事货币略论》, 陈冬野译, 北京: 商务印书馆, 1978年版。

[93] [英] 西蒙·詹姆斯、克里斯托弗·诺布斯:《税收经济学》, 罗晓林译, 北京: 中国财政经济出版社, 2002年版。

[94] [美] 西摩·马丁·李普塞特:《政治人: 政治的社会基础》, 张绍宗译, 上海: 上海人民出版社, 2011年版。

[95] [美] 谢里尔·西姆拉尔·金、卡米拉·斯蒂福斯:《民有政府: 反政府时代的公共管理》, 北京: 中央编译出版社, 2010年版。

[96] [英] 亚当·斯密:《国民财富的性质和原因的研究》(下卷), 郭大力、王亚南译, 北京: 商务印书馆, 1994年版。

[97] [古希腊] 亚里士多德:《尼各马科伦理学》, 廖申白译, 北京: 商务印书馆, 2003年版。

[98] [古希腊] 亚里士多德:《政治学》, 吴寿彭译, 北京: 商务印书馆, 1983年版, 第199页。

[99] [美] 亚历山大·汉密尔顿、约翰·杰伊、詹姆斯·麦迪逊,《联邦党人文集》, 程逢如译, 北京: 商务印书馆, 1980年版。

[100] [美] 约翰·L. 坎贝尔:《制度变迁与全球化》, 上海: 上海人民出版社, 2010年版, 第92页。

[101] [美] 约翰·罗尔斯:《正义论》, 何怀宏、廖申白、何包钢译, 北京:中国社会科学出版社, 1988年版。

[102] [美] 约翰·罗尔斯:《政治自由主义》, 万俊人译, 北京: 译林出版社, 2000年版。

[103] [美] 约翰·罗尔斯:《作为公平的正义》, 姚大志译, 上海: 上海三联书店, 2002年版。

[104] [英] 约翰·洛克:《政府论》(下篇), 叶启芳、翟菊农译, 北京: 商务印书馆, 1982年版。

[105] [英] 约翰·斯图亚特·穆勒:《政治经济学原理及其在社会哲学上的若干应用》(下卷), 赵荣潜、胡企林、朱泱译, 北京: 商务印书馆, 1991年版。

[106] [英] 约翰·斯图亚特·穆勒:《功利主义》, 叶建新译, 北京: 九州出版社, 2007年版。

[107] [美] 约拉姆·巴泽尔:《国家理论——经济权利、法律权利与国家范围》, 钱勇、曾咏梅译, 上海: 上海财经大学出版社, 2006年版。

[108] [德] 尤尔根·哈贝马斯:《后民族结构》, 曹卫东译, 上海: 上海人民出版社, 2002年版。

[109] [德] 尤尔根·哈贝马斯:《交往与社会化》, 张博树译, 重庆: 重庆出版社, 1989年版。

[110] [德] 尤尔根·哈贝马斯:《在事实与规范之间: 关于法律和民主治国的商谈理论》, 童世骏译, 北京: 生活·读书·新知三联书店, 2003年版。

[111] [德] 尤尔根·哈贝马斯:《公共领域的结构转型》, 曹卫东, 等译, 上海: 学林出版社, 1999年版。

[112] [美] 詹姆斯·博曼:《公共协商: 多元主义、复杂性与民主》, 黄相怀译, 北京: 中央编译出版社, 2006年版。

[113] [美] 詹姆斯·M. 布坎南:《民主财政论》, 穆怀鹏译, 北京: 商务印书馆, 1993年版。

[114] [美] 詹姆斯·M. 布坎南:《公共财政》, 赵锡军, 等译, 北京: 中国财政经济出版社, 1991年版。

[115] [美] 詹姆斯·C. 斯科特:《国家的视角: 那些试图改善人类状况的项目是如何失败的》, 王晓毅译, 北京: 社会科学文献出版社, 2012年版。

[116] [美] 珍妮特·V. 登哈特、罗伯特·B. 登哈特:《新公共服务: 服务, 而不是掌舵》, 丁煌译, 北京: 中国人民大学出版社, 2004年版。

[117] [日] 猪口孝:《国家与社会: 宏观政治学》, 高增杰译, 北京: 经济日报出版社, 1989年版。

（二）中文著作

［1］安福仁:《政府职能与税收问题研究》，大连：东北财经大学出版社，2002年版。

［2］安仲文:《中国税制》，大连：东北财经大学出版社，2009年版。

［3］白彦锋:《税权配置论——中国税权纵向划分问题研究》，北京：中国财政经济出版社，2006年版。

［4］陈丹:《论税收正义——基于宪法学角度的审查》，北京：法律出版社，2010年版。

［5］陈共:《财政学》，北京：高等教育出版社，2004年版。

［6］陈明明:《转型危机与国家治理》，上海：上海人民出版社，2011年版。

［7］陈振明:《政治学——概念、理论与方法》，北京：中国社会科学出版社，2004年版。

［8］陈嘉明:《现代性与后现代性》，北京：人民出版社，2001年版。

［9］褚添有:《嬗变与重构：当代中国公共管理模式转型研究》，桂林：广西师范大学出版社，2008年版。

［10］崔皓旭:《宪政维度下的税收研究》，北京：知识产权出版社，2010年版。

［11］崔运政:《财政分权与完善地方财政体制研究》，北京：中国社会科学出版社，2012年版。

［12］丁文:《税收与财务手册》，北京：经济管理出版社，1987年版。

［13］杜莉、徐晔:《中国税制》，上海：复旦大学出版社，2008年版。

［14］冯俊等:《后现代主义哲学讲演录》，北京：商务印书馆，2003年版。

［15］付伯颖:《外国税制教程》，北京：北京大学出版社，2010年版。

［16］傅勇:《中国式分权与地方政府行为：探索转变发展模式的制度性框架》，上海：复旦大学出版社，2010年版。

［17］葛克昌:《国家学与国家法——社会国、租税国与法治国》，台北：月旦出版社，1996年版。

［18］葛克昌:《所得税与宪法》，北京：北京大学出版社，2004年版，第86页。

［19］葛克昌:《税法基本问题》（财政宪法篇），台北：元照出版有限公司，2005年版。

［20］郝如玉、曹静韬:《当代税收理论研究》，北京：中国财政经济出版社，2008年版。

［21］高凌江:《中国税收分配与税制结构问题研究》，北京：中国经济出版社，

2011年版。

［22］高培勇：《财政与民生》，北京：中国财政经济出版社，2008年版。

［23］高培勇、杨之刚、夏杰长：《中国财政经济理论前沿（4）》，北京：社会科学文献出版社，2005年版。

［24］高培勇、杨之刚、夏杰长：《中国财政经济理论前沿（5）》，北京：社会科学文献出版社，2008年版。

［25］高培勇、杨志勇：《世界主要国家财税体制：比较与借鉴》，北京：中国财政出版社，2010年版。

［26］龚辉文：《后金融危机时代：世界税收政策比较研究》，北京：中国税务出版社，2012年版。

［27］龚胜生、敖荣军：《可持续发展基础》，北京：科学出版社，2009年版。

［28］谷成：《财政分权与中国税制改革研究》，北京：北京师范大学出版社，2012年版。

［29］郭庆旺、苑新丽、夏文丽：《当代西方税收学》，大连：东北财经大学出版社，1994年版。

［30］国家税务总局税收科学研究所：《国际税收辞汇》，北京：中国财政经济出版社，1992年版。

［31］胡书东：《经济发展中的中央和地方关系——中国财政制度变迁研究》，上海：上海三联书店，2001年版。

［32］侯梦蟾：《税收经济学导论》，北京：中国财政经济出版社，1990年版。

［33］胡怡建：《税收学》，上海：上海财经大学出版社，1999年版。

［34］胡怡建：《税收经济学》，北京：经济科学出版社，2009年版。

［35］胡怡建：《税收学教程》，上海：上海人民出版社，2008年版。

［36］黄鼎成、王毅、康晓光：《人与自然关系导论》，武汉：湖北科学技术出版社，1997年版。

［37］黄佩华、迪帕克等：《中国：国家发展与地方财政》，吴素萍、王桂娟等译，北京：中信出版社，2003年版。

［38］黄茂荣：《税法总论》（第一册），台北：月旦出版社，2002年版。

［39］黄健荣：《公共管理新论》，北京：社会科学文献出版社，2005年版。

［40］黄健荣：《公共管理学》，北京：社会科学文献出版社，2008年版。

［41］黄俊杰：《纳税人权利之保护》，北京：北京大学出版社，2004年版。

［42］贾康、阎坤：《中国财政：转轨与变革》，上海：上海财经出版社，2000年版。

［43］蒋亚娟：《可持续发展视域下的能源立法研究》，厦门：厦门大学出版社，

2009年版。

[44] 金人庆:《中国当代税收要论》，北京：人民出版社，2002年版。

[45] 金鑫、刘志城、王绍飞:《中国税务百科全书》，北京：经济管理出版社，1991版。

[46] 靳万军、付广军:《外国州际税收调查》，北京：中国税务出版社，2009年版。

[47] 靳继东:《预算政治学论纲》，北京：中国社会科学出版社，2010年版。

[48] 孔繁斌:《公共性的再生产》，南京：江苏人民出版社，2008年版。

[49] 李华罡:《税制结构变迁与优化的政治经济学分析》，北京：中国税务出版社，2009年版。

[50] 李炜光:《李炜光说财税》，保定：河北大学出版社，2010年版。

[51] 厉以宁:《经济学的伦理问题》，北京：生活·读书·新知三联书店，1995年版。

[52] 梁云凤:《绿色财税政策》，北京：社会科学文献出版社，2010年版。

[53] 刘飞鹏:《税收负担理论与政策》，北京：中国财政经济出版社，1995年版。

[54] 刘丽:《税权的宪法控制》，北京：法律出版社，2006年版。

[55] 刘磊:《税收控制论》，北京：中国财政经济出版社，1999年版。

[56] 刘隆亨:《财税法论坛》，北京：北京大学出版社，2004年版。

[57] 刘剑文:《税法专题研究》，北京：北京大学出版社，2002年版。

[58] 刘剑文:《财税法学》，北京：高等教育出版社，2004年版。

[59] 刘剑文、熊伟:《税法基础理论》，北京：北京大学出版社，2004年版。

[60] 刘剑文:《财税法论丛》(第4卷)，北京：法律出版社，2004年版。

[61] 刘剑文:《财税法论丛》(第9卷)，北京：法律出版社，2007年版。

[62] 刘军、郭庆旺、谷志杰、王建凡:《世界性税制改革理论与实践研究》，北京：中国人民大学出版社，2001年版。

[63] 刘守刚:《国家成长的财政逻辑》，天津：天津人民出版社，2009年版。

[64] 刘薇:《财政分权的经济与社会发展影响研究》，北京：经济科学出版社，2009年版。

[65] 刘小楠:《追问政府的钱袋子——中国公共预算改革的理论与实践》，北京：社会科学文献出版社，2011年版。

[66] 刘志诚:《社会主义税收理论若干问题研究》，北京：中国财政经济出版社，1996年版。

[67] 刘佐:《中国改革开放以来税收制度的发展》，北京：中国财政经济出版

社，2001年版。

[68] 卢洪友:《政府预算学》，武汉：武汉大学出版社，2005年版。

[69] 卢现祥:《新制度经济学》，武汉：武汉大学出版社，2004年版。

[70] 吕冰洋:《税收分权研究》，北京：中国人民大学出版社，2011年版。

[71] 吕炜:《完善体制阶段的和谐社会建设与公共财政安排》，大连：东北财经大学出版社，2008年版。

[72] 马骏:《中国公共预算改革：理性化与民主化》，北京：中央编译出版社，2005年版。

[73] 马骏:《治国与理财：公共预算与国家建设》，北京：生活·读书·新知三联书店，2011年版。

[74] 马骏、王浦劬、谢庆魁、肖滨:《呼吁公共预算——来自政治学、公共行政学的声音》，北京：中央编译出版社，2008年版。

[75] 毛志峰:《人类文明与可持续发展——三种文明论》，北京：新华出版社，2004年版。

[76] 牛文元、毛志峰:《可持续发展理论的系统分析》，武汉：湖北科学技术出版社，1998年版。

[77] 庞凤喜、薛刚、高亚军:《税收原理与中国税制》，北京：中国财政经济出版社，2008年版。

[78] 裴广川:《环境伦理学》，北京：高等教育出版社，2002年版。

[79] 平新乔:《财政原理与比较财政制度》，上海：上海三联书店，1995年版。

[80] 强世功:《法制与治理：国家转型中的法律》，北京：中国政法大学出版社，2003年版。

[81] 上海财经大学公共政策研究中心:《2011年中国财政发展报告——中国宏观税负及其扩展研究》，上海：上海财经大学出版社，2011年版。

[82] 盛洪:《现代制度经济学》(上)，北京：北京大学出版社，2003年版。

[83] 宋冰:《程序、正义与现代化》，北京：中国政法大学出版社，1998年版。

[84] 宋凤轩、谷彦芳、于艳芳:《税收理论与制度》，北京：人民邮电出版社，2011年版。

[85] 孙德超:《财政体制的政治分析》，北京：社会科学文献出版社，2012年版。

[86] 孙开、彭健:《财政管理体制创新研究》，北京：中国社会科学出版社，2004年版。

[87] 孙玉栋:《中国税收负担问题研究》，北京：中国人民大学出版社，2006年版。

[88] 孙园:《中国税收管理制度研究——基于新制度经济学视角》，北京：中国税务出版社，2010年版。

[89] 谭安奎:《公共性二十讲》，天津：天津人民出版社，2008年版。

[90] 汪晖、陈燕谷:《文化与公共性》，北京：生活·读书·新知三联书店，1998年版。

[91] 王诚尧:《国家税收》，北京：中国财政经济出版社，2009年版。

[92] 王国华、张京萍:《外国税制》，北京：中国人民大学出版社，2008年版。

[93] 王海明:《公正与人道——国家治理道德原则体系》，北京：商务印书馆，2010年版。

[94] 王鸿貌、陈寿灿:《税法问题研究》，杭州：浙江大学出版社，2004年版。

[95] 王金南等:《环境税收政策积极实施战略》，北京：中国环境科学出版社，2006年版。

[96] 王浦劬:《政治学基础》，北京：北京大学出版社，2006年版。

[97] 王绍光、胡鞍钢:《中国国家能力报告》，沈阳：辽宁人民出版社，1993年版。

[98] 王绍光:《分权的底限》，北京：中国计划出版社，1997年版。

[99] 王诗宗:《治理理论及其中国适用性》，杭州：浙江大学出版社，2009年版。

[100] 王玮:《税收学原理》，北京：清华大学出版社，2010年版。

[101] 文长春《正义：政治哲学的世界》，哈尔滨：黑龙江大学出版社，2010年。

[102] 项怀诚:《中国财政体制改革》，北京：中国财政经济出版社，1994年版。

[103] 谢旭人:《中国税收管理》，北京：中国税务出版社，2007年版。

[104] 辛波:《政府间财政能力配置问题的研究》，北京：中国经济出版社，2005年版。

[105] 许善达:《国家税收》，北京：中国税务出版社，1999年版。

[106] 燕继荣:《政治学十五讲》，北京：北京大学出版社，2004年版。

[107] 杨斌:《治税的公平与效率》，北京：经济科学出版社，1999年版。

[108] 杨斌:《税收学》，北京：科学出版社，2011年版。

[109] 杨金田、葛察忠:《环境税的新发展：中国与OECD比较》，北京：中国环境出版社，2000年版。

[110] 杨志勇、张馨:《公共经济学》，北京：清华大学出版社，2007年版。

[111] 杨志勇、杨之刚:《中国财政制度改革30年》，上海：上海人民出版社，2008年版。

[112] 杨之刚等:《财政分权与基层公共财政改革》，北京：经济科学出版社，

2006年版。

［113］姚大志《何谓正义：当代西方政治哲学研究》，北京：人民出版社，2007年版。

［114］姚洋：《转轨中国：审视社会公正和平等》，北京：中国人民大学出版社，2004年版。

［115］袁庆明：《新制度经济学》，北京：中国发展出版社，2005年版。

［116］袁振宇、朱青、何乘才、高培勇：《税收经济学》，北京：中国人民大学出版社，1995年版。

［117］俞可平：《治理与善治》，北京：社会科学文献出版社，2000年版。

［118］俞可平：《全球化：全球治理》，北京：社会科学文献出版社，2003年版。

［119］俞可平：《政治与政治学》，北京：社会科学文献出版社，2003年版。

［120］岳树民、李建清：《优化税制结构研究》，北京：中国人民大学出版社，2007年版。

［121］翟继光：《税法学原理》，上海：立信会计出版社，2011年版。

［122］张康之：《寻找公共行政的伦理视角》，北京：中国人民大学出版社，2002年版。

［123］张康之：《行政伦理的观念与视野》，北京：中国人民大学出版社，2008年版。

［124］张凤阳：《政治哲学关键词》，南京：江苏人民出版社，2006年版。

［125］张静：《国家与社会》，杭州：浙江人民出版社，1998年版。

［126］张立荣：《中外行政制度比较》，北京：商务印书馆，2002年版。

［127］张千帆：《西方宪政体系》（上册），北京：中国政法大学出版社，2000年版。

［128］张晓君：《国家税权的合法性问题研究》，北京：人民出版社，2010年版。

［129］张馨：《公共财政论纲》，北京：经济科学出版社，1999年版。

［130］张馨、杨志勇、郝联峰、袁东：《当代财政与财政学主流》，大连：东北财经大学出版社，2000年版。

［131］章秀英：《公民意识评价与培育机制》，北京：中国社会科学出版社，2010年版。

［132］曾康华：《西方财税理论研究》，北京：中国财政经济出版社，2007年版。

［133］曾康华：《当代税收理论与税制改革研究》，北京：中国税务出版社，2011年版。

［134］曾国祥、刘佐：《税收学》，北京：中国税务出版社，2000年版。

［135］曾康霖、王长庚：《信用论》，北京：中国金融出版社，1993年版。

［136］赵文龙:《社会信用——一种经济社会学的初步分析》，西安：西安交通大学出版社，2006年版。

［137］中国发展研究基金会:《公共预算读本》，北京：中国发展出版社，2008年版。

［138］中国国际税收研究会:《2010年世界税收发展研究报告》，北京：中国税务出版社，2012年版。

［139］周全林:《税收公平研究》，南昌：江西人民出版社，2007年版。

［140］周敬宣:《可持续发展与生态文明》，北京：化学工业出版社，2009年版。

［141］朱明熙、刘蓉、蒙长寿:《税收学》，成都：西南财经大学出版社，1997年版。

［142］朱学勤:《书斋里的革命：朱学勤文选》，长春：长春出版社，1999年版。

（三）中文期刊论文、报纸及其他

［1］安体富:“当前世界减税趋势与中国税收政策取向”，《经济研究》，2002年第2期。

［2］安体富:“如何看待近几年我国税收超常增长和减税的问题”，《税务研究》，2002年第8期。

［3］安体富:“我国宏观税负水平多维视角解析”，《广东商学院学报》，2011年第1期。

［4］安体富、岳树民:“我国宏观税负水平的分析判断及其调整”，《经济研究》，1999年第3期。

［5］安体富、岳树民:“加入WTO后的中国税收负担与经济增长”，《中国人民大学学报》，2003年第2期。

［6］财政部财政科学研究所课题组:“优化公共收入结构：财政增收的重要途径之一”，《经济研究参考》，2005年第49期。

［7］曹润林、陈海林:“税收负担、税制结构对经济高质量发展的影响”，《税务研究》，2021年第1期。

［8］曹广忠、袁飞、陶然:“土地财政、产业结构演变与税收超常规增长——中国‘税收增长之谜’的一个分析视角”，《中国工业经济》，2007年第12期。

［9］陈金保、邢堃:“加拿大税收信用体系中的‘自我遵从’和‘失信惩戒’”，《涉外税务》，2008年第2期。

［10］崔景华:“2006年日本税制改革主要内容及几点启示”，《现代日本经济》，2007年第3期。

［11］戴毅："中国政府间财政转移支付制度的理论分析与现实思考"，《经济问题探索》，2008年第6期。

［12］邓大才："论制度变迁的组合模式——制度创新方式与制度演进方式相机组合研究"，《北京行政学院学报》，2002年第4期。

［13］董伟、应柏璐："民调显示：87.7%纳税人对权益所知甚少"，《中国青年报》，2006年4月17日。

［14］傅勇、张晏："中国式分权与财政支出结构偏向：为增长而竞争付出的代价"，《管理世界》，2007年第3期。

［15］甘功仁："我国税收立法现状评析"，《税务研究》，2003年第1期。

［16］高培勇："论强化纳税意识"，《税务与经济》，1996年第4期。

［17］高培勇："论更新税收观念"，《税务研究》，1999年第2期。

［18］高培勇："理念与规则：关于依法治税的深层分析"，《中央财经大学学报》，2002年第12期。

［19］高培勇："中国税收持续高速增长之谜"，《经济研究》，2006年第12期。

［20］高培勇："公共财政：概念界说与演变脉络——兼论中国财政改革30年的基本轨迹"，《经济研究》，2008年第12期。

［21］高培勇："什么才是衡量税负水平高低的根本标准"，《财会研究》，2012年第5期。

［22］高培勇："新发展阶段的税制建设该往什么方向走"，《税务研究》，2021年第5期。

［23］高兆明："分配正义的两个考察维度"，《南京师大学报（社会科学版）》，2010年第1期。

［24］［英］格里·斯托克："作为理论的治理：五个论点"，《国家社会科学》（中文版），1999年第2期。

［25］葛克昌："租税国危机及其宪法课题"，《台大法学译丛》，第22卷第1期。

［26］谷成："财产税归宿：理论分析与政策引申"，《改革》，2005年第8期。

［27］国家税务总局收入规划核算司课题组："我国宏观税负目前仍处世界较低水平"，《中国税务报》，2009年9月2日。

［28］郭健："我国地区税负差异及其影响因素的实证分析"，《上海财经大学学报》，2006年第2期。

［29］郭庆旺、吕冰洋："中国税收负担的综合分析"，《财经问题研究》，2010年第12期。

［30］韩文辉、曹利军、李晓明："可持续发展的本质与实施的复杂性"，《科技进步与决策》，2002年第7期。

[31] 何平："宏观税负判断性标准研究"，《财政科学》，2019年第6期。

[32] 黄健荣："论现代社会之根本性和谐——基于公共管理的逻辑"，《社会科学》，2009年第11期。

[33] 黄健荣："政府决策注意力资源论析"，《江苏行政学院学报》，2010年第6期。

[34] 黄健荣："论现代政府合法性递减：成因、影响与决策"，《浙江大学学报（人文社会科学版）》，2010年第9期。

[35] 黄健荣："中国若干重要领域政府决策能力论析"，《南京社会科学》，2013年第1期。

[36] 黄健荣："当下中国公共政策差等正义批判"，《社会科学》，2013年第3期。

[37] 黄健荣、杨占营："新公共管理批判及公共管理的价值根源"，《中国行政管理》，2004年第2期。

[38] 黄健荣、胡建刚："公共危机治理中政府决策能力的反思与前瞻"，《南京社会科学》，2012年第2期。

[39] 黄君洁："中国纵向税权划分的设想"，《税务研究》，2008年第4期。

[40] 黄夏岚、胡祖铨、刘怡："税收能力、税收努力与地区税负差异"，《经济科学》，2012年第4期。

[41] 贾康、刘尚希、吴晓娟、史兴旺："怎样看待税收的增长和减税的主张——从另一个角度的理论分析与思考"，《管理世界》，2002年第7期。

[42] 贾明琪、付春香、李秉文："新形势下的宏观税负问题探讨——基于税收平滑线模型的分析"，《税务与经济》，2006年第2期。

[43] 蒋励佳："公民权利语境下的我国个人所得税改革"，《税务与经济》，2012年第2期。

[44] 蒋励佳："公共管理模式嬗变过程中正义观念发展进路"，《社会科学家》，2012年第4期。

[45] 蒋励佳："美国进步时代改革对当下中国社会管理的启示"，《学术论坛》，2012年第6期。

[46] 蒋励佳、李秋正："新加坡房地产税实践经验借鉴及中国的政策选择"，《中国发展观察》，2020年第4期。

[47] 靳东升、陈琍："90年代中国宏观税负的国际比较研究"，《财政研究》，2003年第5期。

[48] 孔繁斌："多中心治理诠释——基于承认政治的视角"，《南京大学学报（哲学社会科学版）》，2007年第6期。

[49] 孔刘柳、谢乔昕："财政分权对地方政府规模影响的区域差异实证"，《上

海经济研究》，2010年第2期。

［50］李波：“我国宏观税负水平的测度与评判”，《税务研究》，2007年第12期。

［51］李波：“宏观税负、产业税负与结构性减税政策”，《税务研究》，2010年第1期。

［52］李方旺：“2000—2005年我国税收收入增长的数量特征与新一轮税制改革”，《税务研究》，2006年第8期。

［53］李飞、李怡君：“我国税收成本分析”，《税务研究》，2008年第6期。

［54］李普亮：“宏观税负与财政民生支出增长——基于省际动态面板数据模型的经验分析”，《税务与经济》，2012年第6期。

［55］李晓东：“我国税收体制改革三十年回顾”，《中国经贸导刊》，2009年第8期。

［56］李炜光：“论税收的宪政精神”，《财政研究》，2004年第5期。

［57］李文、樊丽明：“影响宏观税负的因素分析”，《税务研究》，1998年第8期。

［58］李曦：《中国现阶段税制结构合理性判别与优化研究》，浙江大学博士论文，2012年。

［59］李永刚：“中国宏观税负是高还是低——基于国际比较和经济增长视角”，《华中科技大学学报（社会科学版）》，2010年第6期。

［60］廖楚辉、胡涛：“对我国宏观税负水平判断的几点认识”，《税务研究》，2006年第12期。

［61］刘尚希：“论民生财政”，《财政研究》，2008年第8期。

［62］梁朋、周天勇：“解决中央和地方事权与财权失衡的理性探索”，《地方财政研究》，2004年第1期。

［63］林晓：“税收公平的四种体现与重塑我国税收公平机制”，《税务研究》，2002年第4期。

［64］林颖：“我国区域间税负差异原因的实证分析”，《税务研究》，2009年第8期。

［65］林颖：“我国宏观税负水平评析：基于IMF和OECD税收收入口径”，《涉外税务》，2009年第11期。

［66］林赟、李大明、邱世峰：“宏观税负的国际比较：1994—2007年——基于OECD的概念界定”，《学习与实践》，2009年第1期。

［67］刘涵：“我国宏观税负国际比较的不同口径研究”，《经济论坛》，2008年第10期。

［68］刘秋生：“关于财政收入占国民收入比重的几个问题”，《经济研究》，1991年第10期。

[69] 刘尚希："公共支出范围：分析与界定"，《经济研究》，2002年第6期。

[70] 刘尚希、樊轶侠："论税收高质量发展与适应性改革"，《税务研究》，2019年第5期。

[71] 刘守刚："财政类型与现代国家建构——一项基于文献的研究"，《公共行政评论》，2008年第1期。

[72] 刘新利："论我国宏观税负的发展趋势"，《税务研究》，2007年第12期。

[73] 刘晔、漆亮亮："当前我国地方政府间税收竞争探讨"，《税务研究》，2007年第5期。

[74] 刘宇飞："西方税收公平思想的两大传统及其演进"，《经济科学》，1995年第4期。

[75] 刘喆："美国联邦政府预算的编制方法及其特点"，《财经科学》，2006年第2期。

[76] 刘佐："二十年来我国税制改革简要回顾"，《中国税务》，1998年第11期。

[77] 楼继伟："40年重大财税改革的回顾"，《财政研究》，2019年第2期。

[78] 吕冰洋、李峰："中国税收超GDP增长之谜的实证解释"，《财贸经济》，2007年第3期。

[79] 吕冰洋、禹奎："我国税收负担的走势与国民收入分配格局的变动"，《财贸经济》，2009年第3期。

[80] 吕冰洋："我国税收制度与三类收入分配的关系分析"，《税务研究》，2010年第3期。

[81] 吕冰洋、郭庆旺："中国税收高速增长的源泉：税收能力和税收努力框架下的解释"，《中国社会科学》，2011年第2期。

[82] 吕冰洋、贺颖："分权、分税与市场分割"，《北京大学学报》，2019年第5期。

[83] 吕炜、王伟同："发展失衡、公共服务与政府责任——基于政府偏好和政府效率视角的分析"，《中国社会科学》，2008年第4期。

[84] 吕炜："新时期财政工作的几个重要关系"，《财政研究》，2021年第9期。

[85] 马光荣、杨恩艳："打到底线的竞争——财政分权、政府目标与公共品的提供"，《经济评论》，2010年第6期。

[86] 倪洪涛："从'道德宪法'到'政治宪法'——一种税权控制的研究视角"，《法学评论》，2006年第3期。

[87] 潘春阳："'中国式分权'能遏制政府规模的膨胀吗？"，《世界经济情况》，2008年第10期。

[88] 潘石、孙飞："论中国税负公平原则"，《税务与经济》，1999年第2期。

［89］逄锦聚、孙飞：“中国宏观税负合理水平的分析判断”，《南开经济研究》，2000年第4期。

［90］彭高旺、李里：“我国税收负担：现状与优化”，《中央财经大学学报》，2006年第2期。

［91］平新乔、张海洋、梁爽、郝朝艳、毛亮：“增值税与营业税的税负”，《经济社会体制比较》，2010年第3期。

［92］齐志宏：“西方发达国家多级政府间税收权限与税收范围划分的比较分析”，《税务研究》，2002年第1期。

［93］秦晖：“权力、责任与宪政——关于政府‘大小’问题的理论与历史考查”，《社会科学论坛》，2005年第2期。

［94］覃有土、刘乃忠、李刚：“论税收法定主义”，《现代法学》，2000年第3期。

［95］［法］让－彼援尔·戈丹，“现代的治理，昨天、今天、明天：借重法国政府政策得以明确的几点认识”，《国际社会科学（中文版）》，1992年第2期。

［96］［法］让－马克·思古德：“什么是政治的合法性？”，《外国法译评》，1997年第2期。

［97］沈满洪、何灵巧：“外部性的分类及外部性理论的演化”，《浙江大学学报（人文社会科学版）》，2002年第1期。

［98］深圳市国家税务局课题组：“构建税收信用体系的理论思考与政策研究”，《中国税务报》，2002年4月23日。

［99］施正文：“论征纳权利——兼论税权问题”，《中国法学》，2002年第6期。

［100］宋圭武、王渊：“公平、效率及二者关系新探”，《江汉论坛》，2005年第9期。

［101］孙琳、潘春阳：“‘利维坦假说’、财政分权与地方政府规模膨胀——来自1998—2006年的省级证据”，《财经论丛》，2009年第2期。

［102］孙玉栋：“我国税收负担的走势及其政策调整——兼评‘税负痛苦指数’”，《当代经济研究》，2007年第6期。

［103］谭韵：“税收调控与经济可持续发展研究”，《中南财经政法大学学报》，2008年第4期。

［104］汤玉刚、苑程浩：“不完全税权、政府竞争与税收增长”，《经济学》（季刊），2010年第1期。

［105］万斌、陈业欣：“公平概念的历史发展及当代意义”，《浙江社会科学》，2000年第4期。

［106］王冬：“行政主导型税收法律实践模式之利弊评析”，《经济体制改革》，2012年第4期。

［107］王鸿貌：“税收合法性研究”，《当代法学》，2004年第4期。

［108］王鸿貌：“税收公平原则新论”，《浙江学刊》，2005年第1期。

［109］王慧：“论税负公平”，《法学家》，1994年第6期。

［110］王赛德、潘瑞姣：“中国式分权与政府机构垂直化管理：一个基于任务冲突的多任务委托—代理框架”，《世界经济文汇》，2010年第1期。

［111］王绍光：“国家汲取能力的建设——中华人民共和国成立初期的经验”，《中国社会科学》，2002年第1期。

［112］王绍光：“从税收国家到预算国家”，《读书》，2007年第10期。

［113］王绍光、马骏：“走向‘预算国家’——财政转型与国家建设”，《公共行政评论》，2008年第1期。

［114］王玮：“纳税人权利与我国税收遵从度的提高”，《税务研究》，2008年第4期。

［115］王文剑：“中国的财政分权与地方政府规模及结构”，《世界经济文汇》，2010年第5期。

［116］王永钦、张晏、章元、陈钊、陆铭：“中国的大国发展道路——论分权式改革的得失”，《经济研究》，2007年第1期。

［117］武亚军：“转型、绿色税制与可持续发展”，《中国地质大学学报》，2008年第1期。

［118］夏杰长、王新丽：“目前宏观与税制结构对经济增长的消极影响”，2003年第4期。

［119］夏晶、李波：“影响中国城镇居民收入分配的税收制度改革——基于增值税的实证分析”，《税收经济研究》，2012年第2期。

［120］肖捷：“走出宏观税负的误区”，《中国改革》，2010年第10期。

［121］肖鹏：“我国税收制度改革三十年回顾与展望”，《经济纵横》，2008年第10期。

［122］谢舜、魏万青、周少君：“宏观税负、公共支出结构与个人主观幸福感”，《社会》，2012年第6期。

［123］辛波：“从有效政府的角度看我国对税收负担率的合理选择”，《管理世界》，2005年第12期。

［124］辛波、余淑俐：“谈我国中央与地方政府间税权配置的进一步改进”，《财贸经济》，2006年第3期。

［125］徐孟洲：“论税法原则及其功能”，《中国人民大学学报》，2000年第5期。

［126］徐现祥、李郇、王美今：“区域一体化、经济增长与政治晋升”，《经济学》（季刊），2007年第4期。

[127] 徐勇、项继权:“公民国家的建构与农村公共物品的供给”,《华中师范大学学报(人文社会科学版)》,2006年第2期。

[128] 洋龙:“平等与公平、正义、公正之比较”,《文史哲》,2004年第4期。

[129] 杨瑞龙:“我国制度变迁方式转换的三阶段论——兼论地方政府的制度创新行为”,《经济研究》,1998年第1期。

[130] 杨盛军、曹刚:“论税收正义——公共利益、个人权利与国家权力的关系辨析”,《西南大学学报(社会科学版)》,2011年第2期。

[131] 杨志清:“二十年我国税收制度改革与展望”,《中央财经大学学报》,1998年第11期。

[132] 杨志勇:“稳步推进房地产税立法的主要争议及对策思路”,《税务研究》,2019年第8期。

[133] 杨中全、邹俊伟、陈洪宛:“中国宏观税负、非税负担与经济增长”,《中央财经大学学报》,2010年第3期。

[134] 仰先平:“论我国宏观税负的数量界限”,《税务研究》,1991年第5期。

[135] 姚大志:“何谓正义:罗尔斯和哈贝马斯”,《浙江学刊》,2001年第4期。

[136] 俞可平:“治理与善治:一种新的政治分析框架”,《南京社会科学》,2001年第9期。

[137] 余雁刚:《中国税收制度变迁研究》,厦门大学博士论文,2002年。

[138] 岳希明、张斌、徐静:“中国税制的收入分配效应测度”,《中国社会科学》,2014年第6期。

[139] 约翰·罗默:“公平促进效率:对2006年世界发展报告的评论”,《经济社会体制比较》,2006年第3期。

[140] 詹姆斯·艾尔姆:“何谓‘最适’税制”,《税收译丛》,2002年第2期。

[141] 张爱珠:“构建我国‘绿色’税收体系”,《税务研究》,2006年第7期。

[142] 张长东:“税收与国家建构——发展中国家政治发展的一个研究视角”,《经济社会体制比较》,2011年第3期。

[143] 张斌、樊丽明:“税收法治的内涵与目标”,《税务研究》,2002年第4期。

[144] 张成福:“论公共行政的‘公共精神’”,《中国行政管理》,1995年第5期。

[145] 张凤阳:“社会契约框架中的自由主义言说”,《南京大学学报(哲学、人文科学、社会科学版)》,2001年第5期。

[146] 张慧君、黄秋菊:“国家制度能力与经济转型:理解中国模式的政治经济模式”,《天津社会科学》,2011年第2期。

[147] 张军:“中国经济发展:为增长而竞争”,《世界经济文汇》,2005年第3期。

［148］张军、高远、傅勇，等：“中国为什么拥有了良好的基础设施”，《经济研究》，2007年第3期。

［149］张康之、王喜明：“公共性、公共物品和自利性的概念辨析”，《行政论坛》，2003年第7期。

［150］张康之、张乾友：“论精英治理及终结”，《北京行政学院学报》，2009年第2期。

［151］张铭洪、罗振华：“西方财政幻觉假说研究述评”，《财政研究》，2002年第8期。

［152］张培生、付广军：“我国经济税源的产业与行业税负结构分析”，《数量经济技术经济研究》，2003年第5期。

［153］张守文：“论税收法定主义”，《法学研究》，1996年第6期。

［154］赵丽芬、赵扬：《我国不同所有制企业税负比较研究——基于2005~2009年上规模企业数据》，《经济管理》，2011年第8期。

［155］赵丽江、陆海燕：“参与式预算：当今实现善治的有效工具——欧洲国家参与式预算的经验与启示”，《中国行政管理》，2008年第10期。

［156］赵薇薇：“从大、中、小口径分析我国宏观税负水平”，《涉外税务》，2009年第11期。

［157］赵志耘、夏杰长、李勇坚：“我国宏观税负的定量分析与政策取向”，《数量经济技术经济研究》，2001年第4期。

［158］郑永年、吴国光：“论中央地方关系——中国制度转型中的一个轴心问题”，《当代中国研究》，1994年第6期。

［159］中国经济增长与宏观稳定课题组：“增长失衡与政府责任——基于社会性支出角度的分析”，《经济研究》，2006年第10期。

［160］中国社会科学院财政与贸易研究所课题组：“‘十二五’时期的财政收支规模”，《经济研究参考》，2011年第3期。

［161］中国税收管理体制改革研究课题组：“我国税收管理体制的改革研究”，《财政研究》，2009年第11期。

［162］《中国财政年鉴》，北京：中国财政杂志社，2012年版。

［163］《中国国土资源统计年鉴》，北京：地质出版社，2012年版。

［164］《中国统计年鉴》，北京：中国统计出版社，1992—2012年版。

［165］《中国税务年鉴》，北京：中国税务出版社，2002—2012年版。

［166］钟鸣明：“我国当前的税负水平评析”，《税务研究》，2007年第12期。

［167］祝灵君、聂进：“公共性与自利性：一种政府分析视角的再思考”，《社会科学研究》，2002年第2期。

［168］朱青：“中国税负高低辨析”，《中国税务》，2007年第8期。

［169］朱青：“关注民生：财政支出结构调整的方向与途径”，《财贸经济》，2008年第7期。

［170］朱青：“对我国税收负担和减税问题的剖析”，《税务研究》，2008年第11期。

［171］朱青：“从国际比较视角看我国的分税制改革”，《财贸经济》，2010年第3期。

［172］朱青：“对当前我国税负问题的看法”，《税务研究》，2017年第3期。

［173］庄玉乙、张光：“‘利维坦假说’、财政分权与政府规模扩张：基于1997—2009年的省级面板数据分析”，《公共行政评论》，2010年第4期。

［174］周飞舟：“分税制十年：制度及其影响”，《中国社会科学》，2006年第6期。

［175］周黎安：“晋升博弈中政府官员的激励与合作——兼论我国地方保护主义和重复建设问题长期存在的原因”，《经济研究》，2004年第6期。

［176］周黎安：“中国地方官员的晋升竞标赛模式研究”，《经济研究》，2007年第7期。

［177］周黎安、李宏彬、陈烨：“相对绩效考核：中国地方官员晋升机制的一项研究”，《经济学报》，2005年第1卷第1辑。

［178］周琪、沈鹏：“‘占领华尔街’运动再思考”，《世界经济与社会》，2012年第9期。

［179］周雪光：“‘逆向软约束预算’——一个政府行为的组织分析”，《中国社会科学》，2005年第2期。

（四）英文文献

［1］Alanc. Lamborn（1983）. Power and the Politics of Extraction，International Studies Quarterly，1983，vo1.27.

［2］Ardant，Gabriel（1975）. Financial Policy and Economic Infrastructure of Modern States and Nations，p . 174. In Charles Rilly（ed.），The Formation of National States in Western Europe，Princeton，NJ：Princeton University Press.

［3］Blanchard O. A Sheleifer（2001）. Federalism with and without Political Centralization：China versus Russia，IMF Staff Papers.

［4］Brennan G，J. M. Buchanan（1980）. The Power to Tax：Analytical Foundations of a Fiscal Constitution. Cambridge：Cambridge University Press.

［5］ Cambell, J.L.（1993）.The State and Fiscal Sociology.Annual Review of Sociology.

［6］ Carol W.Lewis（2006）. In pursuit of the Public Interest, Public Administration Review, vol.66, no.5（2006）.

［7］ Change in U.S Family Finance from 2007 to 2010：Evidence from the Survey of Consumer Finances, Vol.98, No.2, 2012, Federal Reserve Bulletin.

［8］ Charles E.Mclure. Jr（1983）. Assignment of Corporate Taxes in A Federal System？ In Charles E. Mclure.Jr.（ed.）, Tax Assignment in Federal Countries, Canberra：Centre for Research on Federal Financial Relations, Australian National University.

［9］ Charles E.Mclure. Jr（2000）.Tax Assignment and Sub national Fiscal Autonomy, Bulletin for International Fiscal Documentation, 54（12）.

［10］ Charles Forcey（1972）. The Crossroads of Liberalism, Oxford University Press.

［11］ Charles M Tiebout（1956）. A pure Theory of Local Expenditures. The Journal of Political Economy, Vol.64.

［12］ Charles Tilly（1985）. War making and state making as organized crime, in Peter B.Evans, Dietrich Rueschemeyer and Theda Skocpol（eds.）, Bringing the State Back In, New York：Cambridge University Press.

［13］ David E. Wildasin John Dogulas Wilson（2004）. Capital Tax Competition：Bane or Boom？ Journal of Economic.

［14］ E. R. Seligman（1928）. Studies on Public Finance, Macmillan.

［15］ E. R. Seligman（1931）. Essays In Taxation, Macmillan.

［16］ Evan S. Lieberman（2002）. Tax Data as Indicators of State-Society Relations：Possibilities and Pitifalls in Cross-National Research, Studies in Comparative International Development, Winter.

［17］ Evans, Peter B（1995）.Embedded Autonomy：States and Industrial Transformation.Princeton, N.J.：Princeton University Press.

［18］ Gabriella Montinola. YingyiQian. Barry R.Weingast（1995）. "Federalism, Chinese Style：The Political Basis for Economic Success in China", World Politics, October, 48（1）.

［19］ George, H（1979）.1879, Progress and Poverty, An Enquiry into the Cause of Industrial Depression and Increase of Wealth—The Rmedy, San Fransisco. New York：Schalkenbach Foundation.

[20] Goodland R, Ledoc G（1987）. Neoclassical Economics and Principles of Sustainable Development, Ecological Modeling.

[21] Hirst, P . Democracy and Governance, in Pierre, J.（eds）, Debating Governance, New York：Oxford University Press.

[22] Holmstorm, Bengt and Paul Muilgrom（1991）. Multitask Principal-Agent Analyses：Incentive Contracts, Asset Ownership, and job Design, Journal of Law, Economic and Organization.

[23] J. Cohen（1991）. Deliberation and Democratic Legitimacy, A. Hamlin, P. Pettit（eds.）, The Good Polity, Oxford.

[24] J. M. Buchanan（1967）. Public Finance in Democratic Process. North Carolina：University of North Carolina Press.

[25] James Tully（2008）. Public Philosophy in a New Key：Volume 1, Democracy and Civic Freedom, Cambridge University Press.

[26] Janet V.Denhardt & Robert B Denhardt（2003）. The Public Service, M.E.Shape Inc.

[27] John L.Campbell（1993）. The State and Fiscal Sociology, Annual Review of Sociology. Vol.19.

[28] John L Campbell（2005）. Fiscal Sociology in an Age of Globalization：Comparing Tax Regimes in Advanced Capitalist Countries, in Victor Nee and Richard Swedberg（eds.）, The Economic Sociology of Capitalism, Princeton：Princeton University Press.

[29] John Rawls（1971）. A Theory of Justice, The Belknap Press of Harvard University Press.

[30] Khan, J（1997）.Budgeting Democracy：State Building and Citizenship in America, 1890-1928.New York：Cornell University Press.

[31] Lazear, Edward P. and Sherwin Rosen（1981）. Rank-order Tournaments as Optimum Labor Contracts, Journal of Political Economy, Vol. 89, No. 5, October.

[32] Li, Hongbin and Li-An Zhou（2005）. Political Turnover and Economic Performance：the Incentive Role of Personnel Control in China, Journal of Public Economics.

[33] Margaret Levi（1988）. Of Rule and Revenue, Berkeley：University of California Press.

[34] Jürgen Habermas（1990）. Moral Consciousness and Communication Action, Polity Press.

[35] Marjorie E. Kornhauser（1996）. Equality，Liberty，and a Fair IncomeTax，23，Fordham Urb. L. J.

[36] Migdal，Joel S（1988）.Strong Societies and Weak States：State—society Relations and State Capabilities in the Third World.Princeton，N.J.：Princeton University Press.

[37] Moore，M.（2004）.Revenues，State Formation，and the Quality of Governance in Developing Countries.International Politieal Science Review，25（3）.

[38] Musgrave Richard A（1985）.A Brief History of Fiscal Doctrine，In：Auerbach AJ，Feldstein M，eds. The handbook of Public Economics，Amsterdam：North-Holland.

[39] Musgrave Richard A（1980）.Theories of Fiscal Crises：An Essay in Fiscal Sociology，in Henry J. Aaron. Michael J.Boskin eds.1980，The Economics of Taxation. Washington，D.C：The Brooking Institution.

[40] North，D. C，Wallis，J. J. Webb，S. and Weingast，B. J.（2007）. limited Access Orders in the Developing World：A New Approach to the Problems of Development [EB]. The World Bank，Policy Research Working Paper，WPS4359，September.

[41] Oates W E（1997）. On the Welfare Gains from Fiscal Decentralization，Journal of Finance and Public Choice.

[42] OECD，Revenue Statistics1965-2010，2011 Edition.

[43] OECD，Environment Taxes and Green Tax Reform，Paris.

[44] Pearce D（1988）. Optimal Price for sustainable Development，Collard D，Pearce D，Ulph D，Economics，Growth and Sustainable Environment，London：MacMillan.

[45] Peter Mieszkoski（1983）. Energy Policy，Taxation of Natural Resources，and Fiscal Federalism？In Charles E. Mclure.Jr.（ed.），Tax Assignment in Federal Countries，Canberra：Centre for Research on Federal Financial Relations，Australian National University.

[46] R. A. Musgrave（1959）. The Theory of Public Finance. New York：McGraw-Hill Pres.

[47] R. A. Musgrave（1969）. Provision for Social Goods，in Margolis，J. and Guitton，H. eds. Public Economics. London：McMillan.

[48] Rhodes，R（1996）. The New Governance：Governing without Government？，Political Studies，1996，44（4）.

[49] Rhodes, R（2000）. Governance and Public Administration, in Pierre, J.（eds），Debating Governance, New York：Oxford University Press.

[50] Richard A. Musgrave（1959）.The Theory of Public Finance, New York：McGraw−Hill.

[51] Richard A. Musgrave（1983）.Who Should Tax, Where and What？ In Charles E Mclure Jr.（ed.），Tax Assignment in Federal Countries, Canberra：Centre for Research on Federal Financial Relations, Australian National University.

[52] Richard B.Mckcnxie（1984）. Constitutional Economic：Containing the Economic Powers of Government, DC Hcath and Company.

[53] Ronal Dwokin（2000）. Sovereign Virtue：the Theory and Practice of Equality, Cambridge, MA：Harvard University Press.

[54] Sabrina Tavernise（2011）. Poverty Rate Soars to Highest Level since 1993, New York Times, September 14.

[55] Skocpol, T.（1985）. Bringing the State Back In：Strategies of Analysis in Current Research. In Evans, P.Rueschemeyer D. & Skoepol, T.Eds.Bring the State Back In.New York：Cambridge University Press.

[56] Smith, Benjamin B（2007）. Hard Times in the Lands of Plenty：Oil Politics in Iran and Indonesia.Ithaca：Cornell University Press.

[57] Tilly, C.（1975）. The Formation of National States in Western Europe.New Jersey：Princeton University Press.

[58] Vito Tanzi（1987）. Quantitative Characteristics of the Tax Systems of Developing Countries, in David Newberry and Nicholas Stern（eds.），The Theory of Taxation for Developing Countries, DC：Oxford University Press.

[59] Wallace E Oates（1969）. The Effects of Property Taxes and Local Public Spending on Property Values：An Empirical Study of Tax Capitalization and the Tiebout Hypothesis, The Journal of Political Economy.

[60] Webber. C, Wildavsky. A（1986）. A History of Taxtion and Expenditure in the Western World, New York：Simon, Schus.

后　记

本书是在我博士论文基础上修改而成，获得了国家社科基金项目“数字经济挑战下中国与东盟国家税收征管合作机制的重构研究”（项目编号：20XJY020）的资助。毕业论文从选题到完成，历经一年，但却浓缩了三年博士学习乃至更长时间的思考。毕三年之功从事一项研究，是一个艰苦而快乐的过程。言其艰苦，一千多个朝八晚十图书馆内的思想探索难言轻松；谈其快乐，能在阔别校园多年后重返象牙塔畅游学术与知识的海洋，何其幸福！我庆幸有这样的机会在南大这所历史底蕴深厚、治学精神严谨、学术氛围浓郁的学府得到历练，更庆幸在论文写作的长途跋涉中有睿智尊长的指导、热心学友的陪伴、无私亲情的支持，令我在紧张而充实的求学生涯中体会到无数的感动与幸福。

衷心感谢我的导师黄健荣教授。先生学贯中西、儒雅风范，授予学生博爱、博学、博雅、博识之为人为学精粹，正是先生宏阔的学术视野和深厚的人文关怀，激发了学生对中国税负公平问题的关注并作为博士论文的选题。在写作过程中，从提纲的撰写到论文的修改和定稿，先生都倾注了大量的心血，让学生深切体会到先生严谨求实和精益求精的治学精神。先生高尚的品格、豁达的心胸更让学生终身受益。师母姜秀珍老师慈爱宽厚、细致体贴，每当学生彷徨与迷惑之时，总能在师母那里得到鼓励与挑战困难的信心，让异乡求学的学生感受到家的温暖。导师和师母的关爱与教诲，学生将永远铭记在心，并加倍努力，以期不辜负导师师母之厚望。

诚挚感谢张凤阳教授、张康之教授、严强教授、童星教授、庞绍堂教授、林闽钢教授、孔繁斌教授、李永刚教授、魏姝教授、陈志广教授、杨德瑞教授给予的诸多建议与提点，他们各具魅力的学术风范和治学态度使我获益良多。感谢赵娟老师、唐民老师、张冰老师和庄蕾老师，她们认真负责的工作为我的博士学习提供了诸多便利。

感谢褚添有、杨占营、向玉琼、余敏江、陈宝胜、廖业扬、钟裕民、梁莹、叶芬梅、王子明、刘伟、张华、韦正富、胡建刚、刘超、钱洁、宋学文、谢治菊、姚莉、徐西光、李玲、鲍林强、王绪正、廖尹航、姜维、王君君等同门和袁光锋、丁学娜、秦莉、刘娟等同学对我学习和生活上的关心与关照。感谢廖尹航师弟，论文的大部分图示都是出自其专业之手。感谢我的同门兼室友谢治菊、中文系许凌、哲学系王雪和朱敏同学，在南大三年的求学时光中，我们共同渡过在图书馆“战斗”的日日夜夜，共同经历论文写作过程的困惑与释然、压力与欣喜。犹记博士论文开题期间，经常与室友谢治菊探讨论文直至深夜，论及激动之处从床上跳起来奋笔疾书的场景仍历历在目。正是相互地勉励与扶持，才让博士学习生活如此美丽而令人难忘，并将成为我一生中最为珍贵的回忆与财富。

诚谢广西财经学院夏飞校长、科研处张建中处长、研究生院邓文勇常务副院长，财政与公共管理学院蒙强院长、张文平书记、李静敏副院长的悉心引导与深切关爱。感谢学院同事的关心与支持。尤谢中国财政经济出版社的张晓丽编辑，其工作兢兢业业，一丝不苟，令人尊敬。

铭谢广西地方税务局与柳州市地方税务局的领导与同志们的关心与帮助。尤为感谢广西地方税务局的关礼局长、李伟副局长和赵汉臣副局长，柳州市地方税务局的黎刚敏局长、赵庆华副局长、雷海杰科长、黄元莲主任、梁俐娟书记和刘绍武主任，在他们的理解与大力支持下，我才得以在人生的黄金时间全心全意在校完成博士学习的全过程。感谢我的硕士导师华中科技大学的王国华教授，在我读博期间还一直关心着我的学习与生活，并为我的论文提供了大量宝贵的意见和建议。

致谢我的家人，正是他们的无私与包容、奉献和扶持，令我能够心无旁骛地去追逐心中的梦想。

我将继续努力，为了爱我与我爱的人。

此为记。

蒋励佳

二〇二一年十二月于相思湖畔